纪念改革开放40周年
推动者系列

塑造企业家精神

刘未鸣／主编

柳传志　马化腾等／著

中国文史出版社

图书在版编目（CIP）数据

塑造企业家精神 / 柳传志等著. —北京：中国文史出版社，2018.5
（纪念改革开放 40 周年·推动者系列）
ISBN 978-7-5205-0235-1

Ⅰ.①塑… Ⅱ.①柳… Ⅲ.①企业管理—研究—中国 Ⅳ.① F279.23

中国版本图书馆 CIP 数据核字（2018）第 088276 号

责任编辑：秦千里　蔡丹诺

出版发行：**中国文史出版社**
社　　址：北京市西城区太平桥大街 23 号　邮编：100811
电　　话：010-66173572　66168268　66192736（发行部）
传　　真：010-66192703
印　　装：北京温林源印刷有限公司
经　　销：全国新华书店
开　　本：787×1092　　1/16
印　　张：21.75
字　　数：310 千字
版　　次：2018 年 6 月北京第 1 版
印　　次：2018 年 6 月第 1 次印刷
定　　价：68.00 元

纪念改革开放 40 周年·推动者系列

总策划、主编: 刘未鸣

策划、副主编: 张剑荆　詹红旗

编　　　委: 王文运　张春霞　马合省　窦忠如　金　硕

历史将记住这个名字

刘未鸣

我们为这套丛书取名"推动者"。

因为，中国改革开放40年是中国人的奋斗史，也是思想史。13亿中国人是改革开放的参与者，也是推动者。

而曾经活跃或正活跃在改革开放舞台上的各领域的标志性人物，以其深刻的思想、艰苦的求索和卓越的成就，成为推动者的代表，他们的名字将连同那些标志性的事件写进中国改革开放的历史。

中国的改革开放发轫于农村。只要谈及农村的改革，就自然会想到小岗村，想到严俊昌，正是这位村领头人的勇敢，小岗村的包产到户才成为农村家庭承包责任制的序曲；就自然会想到被誉为"中国农村改革之父"的杜润生、"杂交水稻之父"的袁隆平、"中国农民伟人"的吴仁宝，以及含泪给朱镕基总理写信直言农民疾苦的乡官李昌平。

中国改革开放的纵深地带在经济领域。只要谈到经济领域的改革，就自然会想到于光远，作为中国改革开放的重要参与者和见证人，于光远为转型中国所提出的真知灼见，影响深远；就自然会想到董辅礽、高尚全、吴敬琏、厉以宁、萧灼基、周其仁，以及林毅夫、钱颖一和李稻葵，他们的名字与经济领域的重大改革举措息息关连。

经过40年的洗礼，科技引领未来、教育改变中国的观念已根植人心，也因此这些名字被越来越多的人所熟知：吴良镛、孙家栋、金怡濂、屠呦呦、戚发轫、胡启恒、潘建伟，李希贵、柳斌、刘道玉、朱永新、陶西平，以及俞敏洪、徐永光。

经过40年的洗礼，依法治国、依法行政、依法经商、做守法公民的观念日渐深入人心。而在驶向法治中国的进程中，王铁崖、高铭暄、郭道晖、许崇德、巫昌祯、江平、李步云、应松年、王利明这些名字将会被人们牢牢记住，这些法学家们以他们的家国情怀和专业精神，推动着法制改革。

40年改革开放，中国大地上孕育出许多新的群体，农民工、律师、会计师、北漂、白领、海归，而企业家无疑是这些群体中十分耀眼的一个，这个群体中的佼佼者如柳传志、任正非、鲁冠球、曹德旺、张瑞敏、马蔚华、刘永好，以及许家印、李书福、马化腾等，以敢为天下先的改革、创新精神和义利兼顾的情怀诠释了中国当代企业家的精神。

40年间，不论物质生活的方式如何变化与创新，人们对精神生活的追求、对传统文化的眷念从来没有中止过，而侯仁之、吴冠中、张君秋、谢晋、李学勤、王蒙、傅庚辰、冯骥才、刘心武、叶小钢等，则无疑是我们精神家园的守望者，他们关于文化大国建设的思考、对于文化自信与自觉的探求，启迪亦感动了无数人。

40年间，即便在一些地方为追求经济高速发展而不惜过度消耗资源、伤及生态环境的时候，依然有人执著于青山绿水的守护。曲格平、梁从诫、李文华、张新时、牛文元、解振华、廖晓义、王文彪，他们不仅让世界了解了中国传统文化中"人与自然和谐共生"的价值观，也让国际社会看到了当代中国人为实现这一价值观所做出的不懈努力。

......

这套丛书收录了80位改革开放的标志性人物和他们深刻思考改革开放、艰难探索发展路径的精品力作。我们深知，中国的改革开放是全方位的，涉及所有领域、所有群体，但限于时间和精力，我们只选择了7个领域和1个群体。我们同样深知，所选7个领域和1个群体中改革开放的标志性人物远不止丛书所列举的这80位，还有很多如告别铅与火的王选、中国第一商贩年广久、国企改革试水者步鑫生，以及以一首《致橡树》开启诗歌新流派的舒婷、问鼎诺贝尔文学奖的莫言，等等，因为篇幅等原因，未能收录进来，我们谨在此向他们致敬。

我们相信，历史将记住这80个名字。

历史也将记住更多的名字。

更重要的是，历史将记住这个名字：推动者。

目　录

柳传志

中国经济发展将迎来新高潮 ⋯⋯⋯⋯⋯⋯⋯⋯⋯⋯⋯⋯ 2

企业视野中的 30 年 ⋯⋯⋯⋯⋯⋯⋯⋯⋯⋯⋯⋯⋯⋯ 7

中国制造的国际化 ⋯⋯⋯⋯⋯⋯⋯⋯⋯⋯⋯⋯⋯⋯⋯ 11

以创新迎接时代大拐点 ⋯⋯⋯⋯⋯⋯⋯⋯⋯⋯⋯⋯⋯ 15

新常态下企业家的历史机遇和时代责任 ⋯⋯⋯⋯⋯⋯ 19

前无古人的时代 ⋯⋯⋯⋯⋯⋯⋯⋯⋯⋯⋯⋯⋯⋯⋯⋯ 27

对话柳传志：柳传志详解联想控股资本大棋局

⋯⋯⋯⋯⋯⋯⋯⋯⋯⋯ 葛　玮　卢怀谦　任明杰 33

任正非

我们向美国人民学习什么 ⋯⋯⋯⋯⋯⋯⋯⋯⋯⋯⋯⋯ 44

要鼓励自主创新就更要保护知识产权 ⋯⋯⋯⋯⋯⋯⋯ 49

理解国家，做好自己 ⋯⋯⋯⋯⋯⋯⋯⋯⋯⋯⋯⋯⋯⋯ 56

相信制度的力量 ⋯⋯⋯⋯⋯⋯⋯⋯⋯⋯⋯⋯⋯⋯⋯⋯ 61

我们需要怎样的创新 ………………………………………… 64

对突破基础理论和掌握核心技术的两点认识 ……………… 68

对话任正非：必须坚定实施供给侧改革 ………………… 赵东辉等 71

鲁冠球

应对"入世"诚信是第一通行证 ……………………………… 80

入世：中国零部件企业如何创造生存优势 ………………… 83

小平给了我们致富的勇气和机会 …………………………… 89

从田野走向世界 ……………………………………………… 91

企业家要把握政策大方向 …………………………………… 97

对话鲁冠球：我是改革开放的参与者、实践者、享受者 ………… 周慧敏 101

曹德旺

塑造企业家的人格魅力 ……………………………………… 106

品牌是现代文明的核心 ……………………………………… 113

做慈善的人不一定十全十美 ………………………………… 115

中国企业怎样在国际上做生意 ……………………………… 121

商战不败之信仰 ……………………………………………… 124

应客观分析中美制造业的成本对比 ………………………… 130

对话曹德旺：一片玻璃半生缘 …………………………… 史小诺 132

张瑞敏

中国企业如何应对跨国竞争 ………………………………… 138

没有改革开放就没有海尔 …………………………………… 140

中国式管理的三个终极难题 ………………………………… 142

改革也是自我松绑的过程 …………………………………… 149

从模仿到引领：走向世界管理舞台的中心 ………………… 151

　海尔集团创建价值体系的沿革路径 ⋯⋯⋯⋯⋯⋯⋯⋯⋯⋯⋯⋯⋯ 155

　创建联网时代的商业模式 ⋯⋯⋯⋯⋯⋯⋯⋯⋯⋯⋯ 165

马蔚华

　中国转轨时期的企业家精神 ⋯⋯⋯⋯⋯⋯⋯⋯⋯⋯⋯ 180

　积极稳健有序地推进人民币国际化 ⋯⋯⋯⋯⋯⋯⋯⋯⋯ 185

　银行业国际化实践与策略 ⋯⋯⋯⋯⋯⋯⋯⋯⋯⋯⋯⋯⋯ 187

　新常态下商业银行的经营管理 ⋯⋯⋯⋯⋯⋯⋯⋯⋯⋯⋯ 195

　完善政府引导基金体制机制　加快推进大众创业万众创新 ⋯⋯ 205

　以金融创新支持制造业技术创新 ⋯⋯⋯⋯⋯⋯⋯⋯⋯⋯⋯ 209

　对话马蔚华：强化金融创新　加快银行发展 ⋯⋯⋯⋯⋯ 延红梅 211

刘永好

　民营企业的发展之路 ⋯⋯⋯⋯⋯⋯⋯⋯⋯⋯⋯⋯⋯⋯⋯ 220

　转型期的中国民营企业 ⋯⋯⋯⋯⋯⋯⋯⋯⋯⋯⋯⋯⋯⋯ 228

　中国农业进入转型临界点 ⋯⋯⋯⋯⋯⋯⋯⋯⋯⋯⋯⋯⋯ 246

　我们所历经的 33 年 ⋯⋯⋯⋯⋯⋯⋯⋯⋯⋯⋯⋯⋯⋯⋯ 249

　农业转型升级给农企带来的挑战与机遇 ⋯⋯⋯⋯⋯⋯⋯⋯ 255

　向前看，坚守实业 ⋯⋯⋯⋯⋯⋯⋯⋯⋯⋯⋯⋯⋯⋯⋯⋯ 259

　刘永好：我为何要搞"10 万新农民"培训计划 ⋯⋯⋯⋯ 侯　隽 262

许家印

　打好成绩　建好梯队　实现全华班　为中国足球作贡献 ⋯⋯ 266

　脱贫攻坚　重在精准　贵在落实 ⋯⋯⋯⋯⋯⋯⋯⋯⋯⋯⋯ 271

　专心专注做好企业　积极承担社会责任 ⋯⋯⋯⋯⋯⋯⋯⋯ 274

　誓言帮扶毕节打赢脱贫战 ⋯⋯⋯⋯⋯⋯⋯⋯⋯⋯⋯⋯⋯ 276

　不忘初心　砥砺前行 ⋯⋯⋯⋯⋯⋯⋯⋯⋯⋯⋯⋯⋯⋯⋯ 279

对话许家印：为精准扶贫与改善民生贡献民企力量 ⋯⋯⋯⋯⋯⋯ 张赟珏 286

李书福

自主创新，提升中国制造的短板 ⋯⋯⋯⋯⋯⋯⋯⋯⋯⋯⋯⋯⋯ 290

打造全球型企业文化 ⋯⋯⋯⋯⋯⋯⋯⋯⋯⋯⋯⋯⋯⋯⋯⋯⋯ 293 .

提升中国制造业竞争力迫在眉睫 ⋯⋯⋯⋯⋯⋯⋯⋯⋯⋯⋯⋯ 298

对接国际市场　在新常态中寻求新突破 ⋯⋯⋯⋯⋯⋯⋯⋯⋯ 300

中国标准能否引领世界智能汽车发展 ⋯⋯⋯⋯⋯⋯⋯⋯⋯⋯ 303

仰望星空，脚踏实地，主动适应汽车新时代 ⋯⋯⋯⋯⋯⋯⋯ 306

马化腾

关于以"互联网+"为驱动　推进我国经济社会创新发展的建议 ⋯⋯ 312

促进分享经济发展，释放新动能 ⋯⋯⋯⋯⋯⋯⋯⋯⋯⋯⋯⋯ 314

数字经济与实体经济的分野终将消失 ⋯⋯⋯⋯⋯⋯⋯⋯⋯⋯ 318

我的八个建议 ⋯⋯⋯⋯⋯⋯⋯⋯⋯⋯⋯⋯⋯⋯⋯⋯⋯⋯⋯ 321

对话马化腾：运用移动互联网推进智慧民生发展 ⋯⋯⋯⋯⋯ 丽　珍 330

柳传志

柳传志，男，1944 年 4 月生，江苏镇江人。1967 年 11 月毕业于中国人民解放军军事电信工程学院（现称西安电子科技大学）。1984 年，柳传志先生等 11 名科研人员先后打造出联想集团、神州数码、君联资本、弘毅投资等一批领先企业。他在公司的机制体制建设、战略制定、业务发展、管理与文化、人才培养等方面做出了卓越贡献，是联想控股股份有限公司董事长，联想集团创始人。曾任中国共产党第十六次、第十七次全国代表大会代表，第九届至十一届全国人民代表大会代表、第八届和第九届全国工商联副主席。此外，他还担任北京大学光华管理学院 EMBA 荣誉导师、中欧国际工商学院首任中方客座导师等职位。柳传志先生屡次获得国内外各项殊荣，主要包括："全国劳动模范"（1995）、英国《金融时报》"新世纪十年改变世界的 50 人"（2009）、"CCTV 中国经济年度人物"终身成就奖（2011）、"亚布力中国企业家论坛第十五届年会"中国最具思想力企业家（2015）等。

中国经济发展将迎来新高潮

前不久召开的十九大，在中国历史的关键时刻，拨开迷雾，为中国人民、中国企业指明了方向。这句话里面有两个词是我特别强调的，一个是中国历史的"关键时刻"，一个是"拨开迷雾"。正因为如此，我们这个时代的人，跟中国历史上几千年以来的人是不同的，我们处于一个前无古人的时代。

中国人民越来越幸福

关键时刻是什么呢？

我是出生在抗日战争时期，中国是个弱国的时候我经历过，任人欺凌，虽然那时候只是个儿童。到了新中国成立后，中国人民站起来了，但仍然是个穷国，穷到什么样？穷到无以复加。我举一个例子，1965年，陕西最好的地方是宝鸡，那里的一个壮劳力出工一天记10个工分，合人民币8分钱。8分钱是什么概念？当时的一斤糙米是一毛四，一斤玉米面是9分多钱，你说那日子怎么过？

转过头来再看改革开放以后，真是天翻地覆的变化。以前那个时候的人恐怕做梦也不会梦到今天会是这个样子。所以我觉得改革开放是中国历史的一个关键时刻。

拨开迷雾在哪儿呢？

但是到了那个时刻，中国继续往下会怎么样呢？是继续往前走，还是往后退？是走到世界舞台的中心，还是说停下来甚至垮下来，前些年我认为皆有可能，为什么说皆有可能呢？那就是说我们心中有迷茫，这就是说所谓拨开迷雾在哪儿。

我记得大概在 2010 年前后，我自己感觉到，中国社会的"空气"越来越干燥，大家气儿不顺，群体事件不断增多。比如贫富两极分化、官员贪腐现象频发，环境也遭到严重破坏。之前的经济发展模式难以维系，特别是企业家群体有很强的不安全感，因为有不少的舆论把两极分化、环境破坏，甚至官员贪腐的根源，指向了民营企业家。

到底民营企业家是资产阶级的剥削者还是改革开放的动力，我心里不清楚。改革开放的路应该怎么走？中国特色社会主义的大旗是不是还这么高举？心中有些迷茫。

到了十九大报告中，提出了"激发和保护企业家精神，鼓励更多社会主体投身创新创业，建设知识型、技能型、创新型劳动者大军，弘扬劳模精神和工匠精神"。这就是拨开迷雾，我觉得是代表了我们企业家的心情。

十八大之后，党给党员干部提出了非常严格的八条规定，紧接着开始严整贪腐。五年过去了，党的决心是巨大的。就在 2017 年，很多事情表现得非常清楚了。我记得 2017 年播过一个叫《将改革进行到底》的纪录片，其中第九集叫"党的自我革新"，讲述了为什么党要从严治党，就是党的某些干部在以权谋私，在严重贪污腐败这个党，这样下去高举中国特色社会主义的大旗是不可能的。

到了十九大召开，那就是阳光普照。党的初心和使命说的是什么呢？是为全中国人民谋幸福，为中华民族谋复兴。后边又说，主要矛盾已经发生了转化，就不仅仅是人民对物质和文化的需求，还有对民主、法治、公平、正义、安全、环境等方面的需求。

如果中国人民这样的需求真的得到满足，那就是昂首挺胸、一往无前，奔向党给我们指向的 2020 年、2035 年新的奋斗目标。我就觉得，中国人民就是真的幸福了。

中国经济大发展的新高潮即将到来

十九大召开以后，我觉得后边将会迎来中国经济发展的新高潮，为什么这么说呢？我想讲三点：

第一，党和政府会给企业发展所需要的公平法治的营商环境。

企业减税需要吗？好的扶持政策需要吗？都需要，但更需要的是一个公平、法治的营商环境。

以前总说的不安全感在哪儿呢？就是中国有贫有富，怎么能帮助穷人、扶贫脱贫。到底是走 1956 年公私合营的老路，把所有的富人全拉下来，全中国一块儿穷？还是说中国继续发展下去，用先富带后富的方法把中国整个变富，两条路线是不同的。

在《将改革进行到底》第二集里面，习总书记引用了孟子的话，"有恒产者有恒心，无恒产者无恒心"，要保护私有财产，让企业家心情稳定地去引领企业的发展，为中国的经济发展增加动力，这就等于是给企业工作者一个定心丸。

第二，中国有得天独厚的条件，中国经济发展的空间巨大。

首先是消费拉动，以前中国人主要是拿自己的资源、劳动力做出来的东西到外国去卖，因为中国人穷，没有这个市场基础，人多并不等于能买得起东西。而现在中国已经有了一个非常丰厚的中产阶级的人群，有足够强大的内需基础。同时中国也有了非常雄厚的民间资本，加上有"一带一路"引领我们走向世界，同时我们的创新驱动也有了坚实的基础，发展空间可谓巨大而空前。

第三，中国企业家的精神。

说到中国企业家的精神，其中一个最大的特点就是不断地追求。我以前总说，中国人是不一样的，中国企业家是不一样的。这么多年过来，走南闯北到过世界各地，也证明了这是真的。

我记得 80 年代的时候，谁要是有一块电子手表、计算器，那都是新鲜玩意儿了；到了 90 年代初，谁家里有一个三洋、松下的日本录音机，或者有一个日本的彩色电视，也很了不得；几年过去，到了 90 年代的下半叶，中国遍地的彩色电视机全是中国人自己制造的，色泽好、价钱便宜，质量又好。

1984 年，我从计算所出来的时候，中国的计算机大概有一间房子这么大，但它的整个性能都不如一台今天的笔记本电脑，更别说和世界相差之远了。当我第一次看见国外的 PC，真是惊异得合不拢嘴，这么小一个电脑，能顶我们那么大的一个电脑。

再后来，那个年代的联想和进入中国市场的美国公司，无论从资金、技术，还是从人才管理相比，真的就是一个小舢板跟航空母舰的差距。即使这样，到了 2000 年的时候，联想还是占了中国市场的 30%，稳居第一，市场份额比第二、三、四、五名的外国企业加起来还大。然后我们又出海并购了 IBM，30 亿美元的一个中国公司并购了 IBM PC 这块 100 多亿美元的业务。当时谁看都不信，说这是个蛇吞象的业务。后来怎么样，并购就是成功了。当时我们的营业额是 30 亿美元，并购到中间，当然有过曲折，有过各种的情况，但现在企业的营业额是 480 亿美元，而且主要的市场和利润都来自于国外。

在 2000 年的时候，中央电视台《对话》栏目有一场辩论会，辩论的中心是李书福。我在台下，也是嘉宾之一。李书福出身于农民，一开始背着照相机到处给人照相，后来做摩托车，他说他要做汽车，谁信啊？没人信！于是就给他起个外号叫"汽车疯子"。疯又怎样？今天还不是把沃尔沃收购了，而且非常成功。

这就是中国企业家的精神。

以前有人说，中国只有制造没有创造，很多专利都在国外，中国全都是抄袭人家的。今天再看，中国是第一专利大国。以前中国没有世界 500 强企业，今天中国是世界第二大 500 强大国。

我 1987 年第一次到美国旧金山，看见金门大桥是跨海的，总长度大概有 3 公里，当年真是非常惊讶，觉得了不起。我前不久到美国的时候，我还问美国朋友说，30 年过去了，旧金山这个大桥还是美国的看点吗？是参观点吗？人家说还是个看点，我心里想这看点和中国的看点那可就真的不一样。今天我们中国的港珠澳大桥已经有 50 多公里长了！

这就是中国企业家的创造能力。

根据人类发展的曲线，前边 2000 多年都很平稳，直到近 200 年的时候开始有蒸汽机、有电，曲线才开始往上升；到了有电脑的时刻，就开始陡升；后面有互联网，移动互联网增长得更加陡直；再往下，科技创新跟人工智能、物联网、生命科学结合到一起，那将会是一个非常陡直的曲线。

只要有中国企业家这种精神，我相信什么都能办到。

作为中国企业家，我很自豪

我觉得我们这代人，参与了中国由弱到强的一个过程中，不仅参与了，而且我们努力了、尽到了自己的一份责任。

在欧美仍旧迷茫的现在，中国道路明确、前景光明、充满自信。中国"强起来"的过程就将在我们手中实现。中国企业家将挑起时代赋予的历史责任！

作为中国企业家，我们为此感到特别自豪。

（此文发表在 2008 年第 1 期《中关村》）

企业视野中的 30 年

在中国，真正意义上的企业，历史大多不到 30 年。所有这些历史，都与改革开放有关。联想是个 24 年的企业。我们走过的每一步，都是踏在改革开放这场伟大变革的路上。因此，用一个企业的视野来看 30 年，我们确实有很多感悟。

我把这 30 年大概分为两个阶段。在 20 世纪 90 年代中期以前，国家从计划经济向市场经济转变，但还没有完全成型，市场无序，企业疲于应对环境，这是一个阶段；90 年代后，商业体系逐渐规范，企业开始抓管理，上台阶，推动经济高速发展，有了今天这样的强盛国力，这是第二阶段。

1978 年，中国刚从阶级斗争中跳出来，转移到以经济建设为中心，但对于怎么抓经济，怎么逐步从计划经济向市场经济转换，确实需要一个"摸着石头过河"的过程。90 年代前，是在一个计划经济的政策法规的体制下，要做市场经济的事。这么一错位，企业就处在一个夹缝中。

计划经济体制下，国家规定的体制内企业，可以给批文，给外汇额度，甚至解决客户问题，规定好做完了卖给谁。而像联想这样的计划外企业，要生存，要参与竞争，就得一切自己想办法。没有外汇额度，只能到灰色市场上去买；没有批文，怎么能够进口元器件呢？又要想很多别的办法。这些办法似乎可以这样，似乎又可以那样，都是在政策边缘，走过头一点就要出大的乱子；假定完全按照国家规定走的话，这条路又根本就走不出来。

在夹缝中求生存，时间和大部分精力都花在适应环境或者说跟环境作斗争上，企业就会做得很苦。这样的改革进程中，还会有各种各样的牺牲品。

很多企业，就是倒在了改革开放的路上，做了改革的成本。

1994 年以后，国家进一步规范市场经济秩序，人民币跟外汇接轨，对进出口的批文取消，关税减低等等。对于电脑行业来说，90 年代初，由于一系列政策的开闸，外国企业开始纷纷抢滩中国。我们事实上等于提前加入了 WTO，跟国际先进企业有了短兵相接的机会。竞争不是坏事，环境逐渐稳定以后，企业的主要精力得以真正用在了提高竞争能力和管理水平上。通过学习和摸索，我们的本事也不断在长。如联想，1996 年开始在国内市场取得领先，并一直保持到现在；2004 年，我们并购了 IBM 的 PC 部门；今年，成为中国在《财富》500 强中的第一个非国有企业。

越来越有序的环境，是企业得以充分施展拳脚的关键，一大批中国优秀企业因此成长起来，再汇集成一个国家和民族的力量，使我们国家在世界上发挥着越来越重要的影响力。这是 30 年来一个了不起的成就。

回顾总结 30 年，是为了更好地发展。我们今天所站的位置，与 30 年前已不可同日而语。但是，企业所面临的问题和挑战同样不容忽视。

像机制体制问题，对很多国有企业来说，还是一个不好解开的结。国企的法人治理结构有先天的缺陷，董事会不能在真正意义上代表股东，不能成为真正的主人，就难以用主人的心态和立场去思考和处理问题。董事会主要就是研究让管理层怎么能够为股东提供更好的回报，就要想方设法让管理层的利益和企业的利益绑得更紧，进行考核激励，但现在的体制下很难做到。

联想当初是中国科学院计算所投了 20 万元人民币，我和另外 10 个同事在一个传达室里办起来的，而 20 万元就是 100% 的国有企业，完全归国家。在一开始的时候我们可能更注意的是要一个完整的机制，要独立的经营权、人事权和财务权，因此一出生本质上就是一个民营企业。后来，我们在发展过程中，又用"拐大弯"的方式完成了股份制改造，使公司骨干有了股权激励，机制更加完善，大大促进了企业的发展，我们也由此更充分体会到机制对企业发展的重要性。近几年，我们在做投资的过程中，也帮助好几个国有企业通过改制焕发了活力，这种变化，真是如同"打开笼子，放虎归山"。

民营企业在机制上有先天优势，但在生存环境上，又没法和国有企业相比。现在，民营企业依然有很多跨不过去的门槛。比如融资问题，银行贷款不容易；上市路太窄，股市也需要进一步规范；等等。

但是未来环境的不确定性，可能是一个更大的挑战。今年这场世界性的金融危机，让我们对环境的不可测因素有了更深的认识。国际上的情况很复杂，全球经济的关联性又是那么强，中国的出口占 GDP 的近 40%，背后牵着无数的企业，一有风吹草动，就容易伤筋动骨。最近国家出快拳重拳，用 4 万亿元来拉动内需，但综合的效果可能还得过一段时间才能看得出来。

这次环境变化，一些原本体质就弱的企业在寒流中扛不住，倒下了。其实，以前也有很多例子，比如很多企业表面上做得还不错，但是不能够很科学地去制定战略，结果环境发生变化，行业发生变化，这个企业就堵在这儿了。最典型是胶卷，做胶卷做得好好的，突然发现原来照相方式改变了。

这怨谁呢？我觉得，怨不得别人，还是得从自己身上找原因。我们关注环境，是要尽量早研究，对各种可能性做到心里有数，但环境确实很难把握，更重要的是把握好自己，通过制定有针对性的战略，来面对这些可能。

联想一路走过来，对管理的重要性有很深的体会。这么多年来，我们经历过，也研究总结过，逐渐形成了自己的套路。我们把管理的结构画成了一张"屋顶图"，房顶是表示企业运行层面的管理，像制造业有采购、研发、生产、销售、市场开拓、财务管理等；做服务的，也会有自己的一套东西。各个行业都有各自的特点。而墙体部分，表示基础层面的管理，或者叫管理基础，是企业共通的部分。我们总结为管理三要素，就是"建班子、定战略、带队伍"。把这个基础真的弄清楚了，企业的根基才会牢靠。

如怎么去学会制定战略，怎么能够好好地去执行战略，制定战略的时候怎么去拐大弯，要提前把这些事去看清楚，早做准备。这次就要想出口形势怎么应对，怎么提升竞争能力等，不然的话有再大本事的人，临时要做也转不过来。联想以前在专门做电脑的时候，提出了所谓的"贸—工—技"的路线，就是先学会了做生意，再来做工厂，有了积累再逐步向更高的技术逼近，是看着远处的目标，然后一步步来实现的。

在环境严峻的时候，企业还要分析哪些是活命的基础，哪些是发展的要素。比如，如何保证企业最基本的现金流；对短期的投资怎样把握；通过收缩战线，到底能减低多少成本等具体问题要有清楚的认识。然后还要知道，在严冬的时候，要做哪些准备，才能一开春就能撒了欢儿地干活，把积累的东西释放出来。

企业应对环境的发展，战略上可能老会有一些针对性的变化，但也有需要坚持不变的东西，这就是要重视企业文化的建设。过去军队打仗，常有这样的情况，一个连打得不剩下几个人了，但只要得到补充，很快又能拉开扩展，而且还是原来那个团队的劲儿。这就是文化基础在起作用，企业要做长，文化十分重要。

重视管理，并不断复盘总结，找出规律，让我们在发展中尝到过很多甜头。现在开展投资业务，这些我们自己积累的管理经验，又被我们用来指导帮助所看好的企业，也同样起到了很好的作用。

现在，中国大部分的企业家都在做自己该做的事。他们十分勤奋，拼了命的要把企业做好；同时也在研究企业管理，研究企业发展，研究很多事情，企业不断在进步，推动了中国经济的发展，在世界上形成了力量。我们很自豪。

但是，人类历史很长，中国改革开放这个阶段才刚刚有30年的历史，所以我们既没有骄傲的资本，也没有任何说明前途就一定光明的根据。这一次世界经济的大撞击很震撼人，给我很深的感受是，我们处于一个不断变化的环境里，而我们自己又是多么渺小。

在中国经济持续多年高速增长的过程中，很多企业的成功有一定的偶然性，而要做到基业长青，必须经历各种波峰浪谷。在改革开放30年的当口，我们遭遇这样一次环境的动荡，对所有有志于做长做大的企业，既是一次考验，更是一次警醒和思考的良机。

有了这些沉淀，下一个30年，我们就会发展得更好。

（此文系作者2008年4月在"2008中国改革论坛"上的演讲）

中国制造的国际化

中国制造走向国际，有强大的动力和优势。这个主要动力是什么？就是中国民营企业家向上的企业精神，这一点我觉得特别重要。第二点就是中国人力资源的成本低，我说的这个人力资本，主要还包括科研人员和管理团队的成本，这个成本相对世界水平非常低。其实人民币再升值这里面也还有很大的空间，这就给我们走向海外留了很大的空间。

走出去的途径

那么走出去，用什么道路走呢？基本上应该讲两条路，一个是以前我们已经走过的中国制造的路，就是说不打牌子，沿海不少城市都形成了基地，就是我们的，就是生产打零的牌子，这条路本身应该讲非常成功，而且在中国经济发展中的作用是极其巨大的，第一解决了就业问题，由于就业多，使农村的人口到城市里来做工人，就使得农村的购买力大大增强，就会使企业的消费推动起很大的作用，这是第一点。

第二点我更想说的是，由于做 OEM，就为形成品牌奠定了坚实的基础，因为这个品牌怎么形成的？实际上分两部分，一部分就是实力，实力是指什么？就是产品的性能、质量、价格，这是实质。第二是宣传，就是叫人家知道我有这个实力，但是如果紧靠宣传，没有实力是不行的，做 OEM 本身，实际是为这个实力奠定了基础，所以我觉得真的要想在国外形成品牌产品，要越过这一步实际上是一个基础，吃饭吃第四个馒头饱，垫了前三个馒头。

第三是另外一条路，就是形成自有品牌，这个当然好，这个最大的好处，对企业来讲利润马上会增高了，利润会大得多。还有重要的一点，就是中国的企业，很多企业形成品牌，产品出去以后，才能形成国家的品牌。如果我们是出去了，出去以后中国产品在企业方面，品牌在国外叫不响，人家就把我们看低了，怎么才能看得好呢？就是不停的要有好的品牌出去，站得住脚跟，综合起来人家才看重你中国，在这种情况下中国的企业后面走出去，才更容易形成品牌，这是我要说的两条路。

形成国际品牌的途径

那么按照走品牌的路该怎么走呢？又有两种方式，一种方式就是我们自建品牌，自己建立团队，这就是海尔走的路，这条路当然相当艰难，因为你的产品再好，你要宣传出去，那就要进行宣传，要有投入，这一点是一个很大的困难，这个钱的数目会非常之大，于是你要靠中国的业务去支撑，能支撑住，这个要掌握好。另外还有一点就是在一个完全陌生的环境，法律、文化全不清楚的情况下，由中国人自己完全自主地去进行业务，进行业务也是非常困难的事情，这一点不容易。一般讲得要小规模先试点，扎扎实实，扎实了以后再往前迈，这条路我们没走。

联想走的是这样一条路，就是买国外著名品牌，买团队来做这件事情，这件事情做到今天，应该讲算是取得了一定的成功吧。就是联想并购 IBM 买到了什么？我们买到了三样东西，第一个就是买到了牌子，买到什么牌子呢？最主要是笔记本电脑的牌子，我们今天买下来以后，给我们后来的利润等奠定了一个非常厚实的基础。特别我觉得应该讲到的就是买这个牌子的时候，当初我们谈好了，这个牌子永远归我们使用，IBM 的牌子归我们五年使用，但是没用到五年，就是到第三年，我们这个 CEO 已经认为我们可以撤换了，所以就把 IBM 的牌子提前撤换，下面就是联想，现在的情况是这个牌子卖得非常好，也就是说我们把牌子叫做联想以后，这一点没有遇到大的问题，现在这个销路还是很不错的，这个牌子是真的买到手了。

第二点就是买的技术，主要的技术是笔记本电脑的开发技术，这个技术包括专利和研发团队，这个团队在日本大河，现在和中国技术管理层融合得非常好，这个不断开发的新产品，这是我们买到的第二样东西。

第三样的东西就是买了一个国际公司的管理框架，这个话怎么表达这个词，我也没太想清楚，我指的是什么呢？就是当我买进去以后，还有新的美国私募基金进来，形成一个国际化的董事会，正是由于这个董事会发挥了非常出色的作用，使得这个公司在董事会这个层面上，在代表股东利益这个层面上，站在国际化的角度去考虑问题，如果要是自己建的话，估计可能会有困难。一个国际化的管理层的架构，原来的 CEO 更换以后，现在是一个很能干的 CEO，他又带进来一部分人，原来 IBM 一部分人，还有一部分中国的管理层，几家合在一起形成一个新的管理层架构。这个架构本身假定我们自己做的话，不是直接聘请国外的 CEO，可能就是刚才讲的这个业务不会有现在这么快的发展态势，所以这个应该讲是我买到的东西。

铭记目的

也正是因为有了这样一个架构，使得我们原来的预定目标就有可能实现。我们买的时候，从我这个大股东的角度考虑有两个目的，第一个目的就是我买了这个公司以后，就是我们希望这个公司有好的营业额，更要有好的利润，就是能赚钱，这是第一个目的。第二个目的我还有一个更长远的想法，就是希望若干年以后，三年五年以后，中国人的团队能够在管理层起主要的作用，希望中国的团队能够真的进到国际化视野去管理一个国际公司，这是我们更深层次的目的，也就是这两个目的。如果不是用买的方式的话，一步就是中国团队管理的话，这个国外的水深水浅确实不清楚，可能更不好，就是呛着水，甚至被淹的可能性都有。那么买得成功了，现在看初步说应该是成功的。

第二点就是并购方一定要想透，我觉得我们在这件事情上还是成功的，在并购它以前，下定决心以前是做了反复思考。由于想得清楚，今天才没有出现大的问题。我觉得我们做的时候像我说的有两点，一个就是要系统地去想，把这个事情做的各个环节，从整体到局部想得很透彻；第二个有组织地去想，就是不是我一个人，也不是杨元庆一个人，而确实是有一个团队，甚至还有顾问，有组织地把这个事情整个想一遍，所以到今天做的时候，果然没有大的翻车，是因为所有的事情基本都是在风险考虑之中。

最后，要特别注意的就是我们要牢牢永远记住目的，然后所谓目的就是我们并购到底干吗？然后就坚韧不拔地往前推，然后提高学习能力，掌握驾驭技术，总之并购风险很高，但一旦能够走通，会直达光明。

（此文发表在 2013 年第 10 期《现代企业文化》）

以创新迎接时代大拐点

中国企业界每每召开论坛的时候，基本上主题都是"企业怎么面对未来的不确定性"，这真的是让每一个企业都感到很挠头的问题。最近英国的脱欧，美国大选的戏剧性变化，让世界格局也产生了巨大的不确定性。

一个国家、一个民族想要屹立于世界民族之林，比的是什么？比的还是经济的强弱，即使是军事也是以经济为基础的。而经济的强弱比的是什么？比的是企业的强弱。企业的强弱比的是什么？实际上比的是企业的创新能力，以及这个国家的年轻人的创业能力。因此创业、创新对我们来说真的已经不是一句口号，而是一条我们亲眼见到的、强国富民必须要走的康庄大道。

回顾中国的历史，2000 多年以来，总是一个朝代衰败，一帮人起来建立起一个新的朝代，再衰败再建新的朝代，循环往复，毫无新意。到了两三百年以前，蒸汽机出现、电力发明，国外的这些创新推动了中国的这潭"死水"，促进了政治体制的改革和世界格局的变化。

回想起来，大概在 40 年前 PC 机（微机）的产生，是对世界各大行业信息化建设的巨大推动。今天互联网、移动互联网的蓬勃发展，也使得人们的生活、文化、工作乃至整个社会都受到了极大的推动。这都是创新带来的力量。

但是，移动互联网的发展正是一个开始，后面人工智能、生物工程以及其他方面硬件的变化、和互联网的结合将会使世界变成什么样子，谁是领先者，谁是落后者，一切都不确定。我们能说的就是，这样的事情将会很快在我们身边发生，今天在座年轻的朋友，我相信都能看到这种变化。

我们这些创业者，我们这些做企业的人，今天生活在一个时代的拐点。前面2000多年，这条曲线几乎是平的，到了200年前这个拐点开始出现，现在到了拐点的急速上升期，我们必须得想我们周边的环境是什么样的。周边的环境包括了这个世界的政治格局、政商环境，同时也包括我们行业里的技术创新、商业模式的创新以及竞争对手的出现，给我们带来的一切变化。关键不是这个变化，而是这个变化怎么和我们联系起来，我们又将怎么做。这是每个人、每个企业都必须严肃考虑的问题。

2008年，联想控股和中国科学院联手创办了联想之星，当时的本意是，如何将中国科学院的科技成果产业化，把具有潜质的科技人员激发出来，变成企业家将这些成果扩散出去。做了一年，我们自己觉得"上了路"，在科学院领导的大力支持下就推向了社会，免费的为社会的科技创业者提供培训孵化的业务。这样一来，我们发现社会上科技创业者有巨大的需求，而且也符合国家发展要求。

几年以后国务院提出"大众创业、万众创新"的口号，我们又得到了中国科学院和各地政府，特别是北京市海淀区中关村政府的大力支持，再加上联想控股不断地加大投资和人员等各方面资源的支持力度，使得这件事就像刚才王明耀总经理讲得那样，是越做越大，越做越好，越做越火。

创业者最缺什么？结合我自己1984年创业的实际，我们出来创业的时候，什么是企业，什么是市场经济，不但一概不知，而且没有教科书可循，没有人可以指点。今天面对这些创业者，像联想之星这样的学习性组织，天使投资，何止成千上万，他们能够给创业者予以指导和资源上的支持。

但是没有经过实践的人，再怎么指导，他也只有脑子里的一种概念。他们必须经过摸爬滚打以后，再聚在一起听一些有经验的学者、老师以及"先走一步"的人给他们介绍、传授经验，同时更重要的是他们像今天这样聚在一起，反复的切磋、交流、沟通，这正是他们最需要的。因为在他们的面前可能就是一条三岔路口，很迷茫，不知道往哪儿去走。

所以，今天的联想之星 WILL 大会是非常及时的。在今天的这个会上我们请到两位非常重要的演讲者，一位是我们尊敬的周其仁教授，周教授他最重要的一个特点是永远从最实事求是的角度，高瞻远瞩的看问题。我们还请到詹启敏院士，他是一位德高望重，从理论到实际到实践都有卓著成就的院士。他们两位作为演讲者，我相信讲的内容是非常求实，非常适合我们，也是我们需要的。

另外，会有更多的从市场竞争上带着满身硝烟来到会场上跟各位进行交流的联想之星的"星友"们，我们大家一起开展互动，把自己要问的问题问出去，听他们来解释，我想这一定会有巨大的收益。

这种互动，第一能够做到互相激励，大家在创业的过程当中已经遇到了非常多的困难，互相的激励是非常重要的。第二还可以互为镜子，通过自己的同伴、讲者可以对照自己，每个人在听任何人讲事情的时候都要和自己密切的对照，从他的成功和失败衡量到自己是处于什么样的位置。第三是能够互相提供资源。今天联想大家庭有若干个企业的领导都在这儿，愿意为"星友"们提供各方面的支持。这个大会的宗旨是"务实务实再务实，求实求实再求实"。

最后特别想说的是，今天这个会，来了很多政府的重要领导，他们在重要的岗位上负有重要的责任，为什么在百忙之中参加我们这个会呢？他们就是要到第一线，摸到第一手的资料，知道创业者们在想什么，遇到了什么困难，他们的想法是不是切合实际，能够给他们哪些帮助。

我们昨天还接到国务院办公厅的电话，国务院对创新创业、"大众创业、万众创新"给予高度的重视和支持，希望把国务院的这个指示传达给我们的"星友"们，这也让我备受感动。我自己无比尊重这样的政府公务员，他们是改革开放真正的推动力量。因为我自己有亲身感受，是中国科学院的大力支持和推动才有了联想的今天。另外，如果不是北京市海淀区中关村一茬接一茬、一波接一波的领导不停的支持和促动，二三十年前被称为"骗子一条街"、"倒爷一条街"的中关村，根本不会办成今天这个样子。所以我们这些创业者从内心对务实的、对推动社会发展的这些政府公务员表示由衷的敬意。

今天来的还有诸多省市开发区的领导和朋友，各种类型的媒体朋友，联想之星热烈的欢迎你们，希望和你们并肩战斗，为中国创业创新事业的发展繁荣贡献力量。

（此文系作者 2016 年 7 月 9 日在"联想之星 WILL 大会"上的致辞）

新常态下企业家的历史机遇和时代责任

未来世界的不确定性大为增强，这个不确定性的变化幅度会非常大，变化会来得非常突然。这个不确定性怎么来的呢？有两方面的因素：一是世界各国政治经济形势的变化；另一个就是科技创新，也包括商业模式的创新。尤其在移动互联网出现以后，又大大加剧了整个世界不确定性的倾向。

在这种情况下，国家向何处去，每个企业向何处去，现在是一个非常关键的时刻。在这个时候，国家兴亡匹夫有责，就是我们每个企业家应该做些什么。今天中国优秀的大企业的领军人物已经有了能够跨行业、跨地区、跨时空的眼光和经济实力，也就是战略布局的能力。这说明我们的企业家是能够正确地对待这个历史机遇的。

企业家是推动社会进步的重要力量

在中国，企业家是一个有争议的群体，社会上大概有两种不同的观点：一种观点认为企业家推动了社会的发展；另外一种观点认为企业家对若干负面影响负有责任，我先想讲讲头一种观点，也是我自己的观点。

首先，今天的中国，相较近代历史来看，是空前的富强，在世界上具有空前的地位。一个国家的综合实力包括了政治、经济、军事、文化、体育等多个方面，但这一切的坚实基础就是经济的发展，而经济的发展，中国的企业家应该说功不可没，这无须赘言。

其次，中国的企业家对"战略机遇期"这个理解最深刻。习总书记提出的这个词，我们这些企业家为什么会特别有体会呢？因为我想，不论把企业做得有多大、有多强，任何一个中国的企业家都可以想一想，如果是在改革开放之前，你有没有本事把你的企业做成这样？恐怕没有一个人能说他有这个本事。因为从改革开放以来的这个过程非常不容易，我们是亲身经历过的，大环境确实非常重要。只有对这一点有了深刻的理解以后，才能够懂得感恩。挨过饿的人吃红烧肉，跟没挨过饿的人吃红烧肉，那感觉是不一样的。因此，这样的人才更懂得珍惜世界和平，更懂得珍惜中国的稳定局面，更懂得在这个阶段应该怎么去发展，这是中国企业家的一个重要特点。

最后，中国企业家是怎样一群人呢？我想应该是有追求、识大体的一个群体。不论在哪儿，我想人可以基本分两类，一类是属于"过日子的人"。过日子的人就是把生活能够过得更舒适一些、更安稳一些作为目标，这非常正常。但也有一些人是所谓"奔日子的人"，"奔"就是要不断地调高他的目标，达到了之后再往前走再去"奔"。"奔日子"和"过日子"并没有什么对错之分，只是有的人愿意奔日子。其实"奔日子的人"承担的风险要比"过日子的人"大很多，因为他不光要有勇气、有追求，还要有能力、有运气，甚至可能奔着奔着就摔下来了，或者结果远远不如人家"过日子的人"安定。但是，整个社会实际是靠这些有追求的、"奔日子的人"在推动进步的。中国的企业家、创业家应该说正是属于这个群体中的一部分。

同时，他们识大体。企业家不会是愤青，他希望社会稳定，在稳定中求得发展，而不是会看见任何一点不合适就发牢骚，那不会是企业家的做法。

因为以上三点，所以我觉得企业家是推动社会进步的重要力量，是社会安定的重要因素。

第二种认为中国企业家对若干负面影响负有责任的观点主要有三个方面：第一，认为今天中国社会的两极分化，中国企业家负有主要责任，企业家的财富是剥削来的，所以才造成了两极分化；第二，认为企业家腐蚀了官员，侵吞了国有资产并造成了政治腐败；第三，认为当前假货充斥，部分企业造假售假唯利是图，影响了人们的生活质量，同时丧失诚信，败坏了社会风气，认为也是属于企业家的责任。对上述的这三种说法，作为企业家的一员，我觉得我应该表明态度以正视听。

首先，把企业做好，按章纳税，增加就业机会，就是企业家的基本责任，企业家实际上是财富的创造者。在我们国家，如果要消除两极分化，有不同的做法。一种就是干脆全拉平，像40年前一样，大家吃大锅饭，一起受穷，这倒是没有分化，也算是一条路；还有一条道路，就是让所有的人，先富裕的人更富裕，但是富裕得稍微慢点，后富的人能够富裕得更快点，通过这样的方法来解决这个问题，这里面政府有责任把税收政策用得更好，企业家也应该尽自己的努力。

其次，关于勾结官府、腐蚀官员的问题。其实正是由于部分人不能够完全、真正地依法办事，使得企业家公平竞争的环境被破坏。贪腐、官商勾结其实是大多数正派的企业家非常痛恨的一件事情，这使得我们工作、生活都不安全，我想企业家都会有这种体会，因此坚决打击贪腐其实是企业家强烈的要求。

最后，就是关于依法打假、诚信经商。诚信经商是中国企业家应该遵守的一个基本道德底线。

综上，我的结论就是，中国企业家中的少数害群之马不能代表中国企业家群体，中国企业家群体是中国生产力发展的动力之一。

优秀的企业家已具备战略布局能力

以上表明我对中国企业家群体的看法，下面我想讲的就是新常态下企业家的历史机遇和时代责任。

未来世界的不确定性大为增强，这个不确定性的变化幅度会非常大，变化会来得非常突然。

这不确定性怎么来的呢？有两方面的因素：一是世界各国政治经济形势的变化，比如各国政府的政策，这些都是不确定的，再好的数学家也没法统计；另一个就是科技创新，也包括商业模式的创新。这种创新会突然让各个行业都发生巨大的变化，有的行业甚至被消灭掉，同时又会产生新的行业。这种变化在近几年特别明显，大家都亲眼看到了，比如说像过去照相机用的胶卷，现在基本就没有了，邮寄信件也几乎没有了，消失的东西太多了。尤其在移动互联网出现以后，又大大加剧了整个世界不确定性的倾向。在这种情况下，国家向何处去，每个企业向何处去，现在是一个非常关键的时刻。在这个时候，我在这儿能讲的就是，国家兴亡匹夫有责，就是我们每个企业家应该做些什么。

前两天我在看脱口秀节目的时候，看到有一位朋友说："国家兴亡匹夫有责，那政府干什么去？"政府自然有政府的责任，但是我确确实实地认为我们每个人都有我们每个人的责任，尤其作为企业家这个群体是有自己的历史责任、社会责任和历史机遇的。

我想先谈谈历史机遇。这个机遇之中最根本的还是先要做大做强自己的企业，给国家增加财富。但是在这种特殊的历史阶段，有特殊的要求。虽然不确定性是广泛存在的，但是其中必然也有确定的东西，就是科技创新将会起到引领性作用。

这个图的纵坐标是技术创新对人类社会的影响，横坐标是时间轴，这是我的一个感性认识。1800年前整个人类社会的发展非常缓慢，科技技术的变革对人类社会的影响都是很少的。到什么时候出现了一个重要的拐点呢？应该讲是从计算机的发明开始，特别是个人电脑的发明跟互联网、移动互联网发展起来以后，智能互联网的出现就会使这个曲线陡直地上行。

在这种情况下，其实中国还是占据了一个有利的形势。首先，中国政府已经开始对创新、对新事物有了非常丰富的经验；其次，我们国家现在已经有了相当雄厚的经济实力；最后，我们国家已经逐渐形成了比较成熟的企业家群体。

那么有了这个成熟的企业家群体到底又带来了什么优势？第一是未来科技创新的优势。刚才讲到了发展是靠创新引领的，那么这里面现在有几条路，首先是智能互联网，包括人工智能和互联网的连接、生物工程和互联网的连接；另外一条是能源的变革。这几个方面我虽然都没有参与其中，但是我能够感觉得到，智能互联网的发展必定是重要的一条路。从个人电脑开始，到今天移动互联网的软硬件的能力，中国毫无疑问已经处于世界的前端位置，这对于我们未来的发展非常重要。那么未来怎样将这些实力运用到智能互联网方面？尽管目前我们在工业系统的控制、部件及技术、传感器技术等领域，跟国外先进技术相比可能还有一定差距，但是相信未来我们能够通过技术创新形成成果，再变成生产力。

为什么能够做到？这就是第二点。今天，中国的企业家已经懂得该怎样把科技成果变成产品，这个非常重要。在我们国家，以前是科研院所归科研院所，工厂归工厂，是分开的。经过了30多年的发展，我们已经认识到，科技成果若要变成产品、变成生产力、变成资金，必须要在企业实现，在学校、科研单位是实现不了的。因为在从科研成果转化为最终产品的过程中，科研本身只是诸多环节中的一个环节而已，除此之外你得有资金吧？你得懂得采购吧？实验室成果变成大面积生产，要形成供应链吧？你要能够有销售能力吧？你还要知道客户在哪儿，你还要有服务能力，而且还要有反馈能力。这些具体操作过程的火候是要靠企业家去掌握的。如果企业家掌握不好这些东西，科技成果就转换不成生产力。联想为什么要搞一个"联想之星"呢？就是因为我是从中国科学院出来的，我知道在科学院有很多好的科技成果，就是不知道怎么产业化、怎么推广，拖来拖去就过时了，就被别人超过去了。而美国的机制就比较成熟，科学家本身非常愿意和企业合作发展，他就能够推出产品。所以在这个转换过程中，中国企业家所起的作用是非常重要的。现在可能更强调的是科研成果转移，转移是很重要的，但是在这个快速变化的行业里，一个企业要等大学、科学院的成果转移出来，再去应付市场，根本不可能，自己必须同时有一支坚实的研发队伍，这个研发队伍甚至要分成几个梯队，这些工作都应该在企业里边实现，这是非常重要的一条。

科学家或者有能力的人，怎么能拿到投资，怎么建立创业的氛围，怎么把它和风险投资或者天使投资结合起来，这是一个关口。中关村最近这些年有了突飞猛进的进步，就是因为钱来了，这个氛围形成了，这个氛围确实是在政府的大力引领之下形成的。对于小企业，他们自己有很多的选择，有的小企业最后做成了大企业，像今天 BAT 三家基本都是这样，靠自己的研发成果，最后成为大企业。像联想曾经投资的科大讯飞，就是一个典型的科学家群体，但是本身又是个很好的企业管理者，最后发展壮大，成为世界一流的企业。还有一种就是科技成果形成以后，一个小企业创业到一定程度，并入到大企业里边去，运用大企业的经济实力和更为全方位的能力，把这个科研成果推出去。

第三点，也是非常重要的一点，就是今天中国优秀的大企业的领军人物已经有了能够跨行业、跨地区、跨时空的眼光和经济实力，也就是战略布局的能力。何谓跨时空？这就是说过去我在做企业的时候，因为钱少，所以很注意火候到不到，就是以市场成熟的程度决定推送成果的时机。如果市场还没到这个程度，那就要有个预热教育市场的过程，这时你不能大批地出产品，要不然就要压资金。而现在，由于企业家成熟了，资金丰厚了，所以可以提前布点。也许现在看有的东西有用，有的东西可能根本没用，没用我也做了，在那儿等着呢，到了那个火候，它可能就会连起来，这就是眼光吧。我们的眼光有没有不足的时候？早年 BAT 三家，百度、腾讯、阿里都曾经和我们谈过投资，但我们一家都没看，一个是当时经济实力还不够，一个确确实实当时的眼光也不够。但是时代走到了今天，情况已经不同了，中国大企业的领军人物已经有了这种跨时空的战略布局能力，这说明我们的企业家是能够正确对待这个历史机遇的。

此外，借助这个机遇，国家要支持企业走出去，要用好国际资源。用好国际资源有两个方面：第一就是优势互补。举一个例子，就是联想集团（Lenovo）在并购 IBM PC 以前，营业额是 30 亿美元，今天的营业额是430 亿美元，这就是国际市场跟中国优势结合的结果。第二就是我们应该利用国际资源来改善中国的生态环境。联想控股战略投资的领域之一是农业和新食品，在这方面确实给了我一些启发。我们在中国种植水果的时候，对土地进行了大面积的调查，中国土地的平均有机质含量大概占多少呢？0.2%。褚时健老先生种褚橙，好好地把土地保养了七八年，有机质含量大概提高到了6%。而我们在智利合作的几个农场，最差一块土地的有机质含量也能达到12%，有的甚至高到20%。这样一对比，才知道我们这几十年来，不断地向土地要产量，过量使用化肥，再加上生态环境的破坏等，土地已经非常贫瘠。那么，现在我们中国有了一定的经济实力，国外又在这方面有富余的时候，我们为什么不利用国外的资源来改善我们的环境，比如说像某些我们稀缺的资源我们进口，土地让它去轮休轮种，让土地休息，再配上有关的菌种，让土地的腐殖质能增加；比如城镇化以后，让少量的农民在土地上耕作，其他的农民去做别的工作，这其中有很多事情还需要国家层面考虑和布局。但是我相信，我们可以通过自身的资金实力和其他的能力，利用国外的资源来慢慢地改善我们的环境。

要帮助更多的人富起来

在社会发展层面，企业家有一个重要的责任，就是先富帮后富，这是应尽的社会责任。当年改革开放的时候，邓小平同志说"让一部分人先富起来"，其实后边还有一句话是大家走共同富裕的道路。今天中国的企业家群体，交税、提供就业机会，这本身就是最重要的事情。但是中国毕竟太大，而且各项改革需要有序推进，所以企业家本身应该多做些事情。所谓先富帮后富的方式，我觉得一个是扶贫，一个是脱贫。扶贫的事情，这是马云说的话，我听了觉得挺有道理。他说扶贫的这个事应该由政府来做，也就是把税收用来扶贫。扶贫是什么？扶贫是输血，哪个地方最缺血，哪个人最缺血，就给他输血。脱贫是什么？脱贫实际上是帮助你改善造血的功能，我们的企业家应该多做这种事情，就是除了提供钱以外，还要提供能力，提供资源，比如帮助某个地区培养人才，帮助某个地区就业，帮助某个地区形成有特色的经济增长能力，这些东西其实是企业家应该考虑的。我想光一个企业还不够，希望企业家群体共同有这个认识，特别是民营企业，我相信大多数民营企业都希望自己能这么做。先富帮后富的这个社会责任做好以后，对企业家本身来说也有重要意义，因为只有那样国家才能稳定，企业才能更好地发展。只有当人人都富裕，社会走向和谐以后，整个风气才能有所改变，人人都会感到愉快和幸福。企业家实际上也从中获得了一种回报，是一种对社会的感恩，也是一种愉快。

还想讲一点，就是企业家希望国家依法严惩制假售假。打击制假售假，包括盗窃别人的知识产权，应该是我们国家改善社会风气的一个重点。因为制假售假不仅直接影响了人们的生活，也是对社会风气一个极大的冲击。在街上一个老年人躺在那儿，你一扶他，他竟然可能会讹诈你，如果整个社会毫无诚信可言，那么你就是再富裕又有什么用？所以打击假货应该是一个重点，好在这虽然是个重点问题，但并不是难点问题，只要政府能够坚决认真地去抓，立法合适，执法中一视同仁，这个就像查醉驾一样，一定能做好的。

最后，我想引用习近平总书记说的一段话作为结论："企业家是经济活动的重要主体，要深度挖掘优秀企业家精神特质和典型案例，弘扬企业家精神，发挥企业家示范作用，造就优秀企业家的队伍。"

（此文发表在 2017 年 6 月 7 日《上海证券报》）

前无古人的时代

40 年前如果让咱们做梦，不管你怎么想象，也绝对梦想不到 40 年后的中国会是今天这个样子，咱们的生活会是这个样子。中国确实发生了天翻地覆的变化。

咱们在看田径比赛的时候，万米赛跑 400 米跑道要跑 25 圈，在进入第 25 圈最后 400 米的时候，第一阵营比如八个人，第一名和第八名差个二十几米，第八名如果能够赶上去，最后抢到第一名前面去的话，就会全场沸腾，高声欢呼。

但是谁也没有看过，在万米赛跑的时候，第一阵营的第一名和最后一名差出三四圈，差 1000 多米的情况，最后一名能够突然发力，像飞起来一样冲到前面去，跟第一名排齐，甚至超越过去，有这样的比赛吗？谁也没见过。

但是今天的中国就在做这样的事！这是大家亲眼看见的事情。几千年以来中国的文明史，人民的生活、社会的进步基本上还是一条平平的线，有波动，但没有多高。只有到了最近这 40 年突然起了变化，有了一个突变式的飞跃，而我们就是飞跃时代的人，这个时代确确实实是前无古人的时代。

我刚才问了刘明康主席，他是 1946 年生人，我是 1944 年生人，虽然差了两年，但有很大的不同，我是抗战时期生人。这说明什么呢？中国弱，弱得任人欺凌的时代，我经历过；到后面中国穷，穷得令人辛酸的日子，我想在座更多的人都经历过这个时代。

我们确实有这种体会，挨过饿的人吃红烧肉，跟没挨过饿的人感觉是不一样的。我们感觉到自豪的地方，这碗红烧肉是经过我们企业家的共同努力做出来的，所以我们为前无古人的时代做出了贡献，我们应该感到自豪！

是什么引起中国这么巨大的变化呢？当然是改革开放。我自己体会改革开放最核心的地方有两处，第一是把中国从阶级斗争的枷锁中解脱出来，踏上以经济建设为中心的康庄大道。第二是怎么去搞经济建设呢？是以改革开放的态度，走的是中国特色的市场经济的道路。这两句话听着平常，但实际上却是有太深的含义。

有一次在一个论坛上，我听见一个年轻的朋友讲他创业的艰辛和今天取得的成果，非常自豪地说，"我们是凭着汗水拼出来的，没必要感谢这个、感谢那个，我们的环境还远不如哪哪哪"。我在下面听着，心里觉得，可能是因为你真的不知道中国的历史，改革开放是怎么形成的。

当时有"两个凡是"的讨论，有"实践是检验真理的唯一标准"的讨论，再后来有傻子瓜子的讨论，有深圳特区的讨论，还有中关村是不是骗子一条街的讨论，再到温州模式的讨论，一直到南方谈话。这里面真的是大风大浪。

有的地方，应该讲也是生死之争。我觉得我们应该懂得历史，应该知道感恩。中国的改革开放是以邓小平同志为代表的领导人，为我们中华民族的子孙万代谋幸福所做出的创举，是大无畏的气魄，才能敢于做出这种令人尊敬的创举，我觉得大家应该向小平同志和老一辈的同志们致敬！

改革开放一个突出的标志，就是企业家精神。1984 年，我是中国科学院计算技术研究所的研究人员，当时我们所里做的机器得到了国家科学技术进步一等奖，那个机器大概得 300 多平方米的房子才能装得下，但是性能实际上顶不上当时的 PC 个人计算机。所以，我在资料上看到 PC 是一回事，但真亲眼见到一台 PC 这么小能顶那么大一个机器的时候，真的是目瞪口呆。

但是后来我们下海以后，克服了千难万险，有了自己联想电脑的品牌。到了 1992 年、1993 年的时候，咱们国家为了让各行各业能够信息化，赶上时代的步伐，在电脑这个领域，相当于是提前加入了"WTO"，国家取消了批文、降低了关税，以前电脑进口的关税是 200%，后来降到 26%。这一来国外大的品牌电脑，像 IBM、康柏，一下就涌入了中国。

中国的电脑行业，特别是当时国家全力支持的国有品牌长城，在 1993 年一年真就打不过人家，长城 0520 从此就烟消云散，变成了 IBM 生产磁盘的一个厂家、一个工厂。在那种情况下，我们联想如果跟当时 IBM 这样的公司比，那真的是一个小舢板和航空母舰比，这不是文学的比喻，而是真正的物理量级。从资金力量、技术力量、人才上全面比较就是这样的，但是我们反复认真研究了到底自己怎么不行，我们怎么去改进。

我们选了当时 29 岁的杨元庆作为事业部总经理，然后一起到电子部，向胡启立部长下战表，表示要跟外国企业决一高低。之后真的就发生了变化，联想电脑在中国的市场份额一年高于一年。到 2000 年的时候，我们占中国市场份额的 27%，比第二、第三、第四名这些外国大品牌份额加起来还要多。

到 2001 年又开始下降了，从 27% 降到 26%，到 2002 年就降到 25%。那是为什么呢？其中一个重要的原因，是原来戴尔没把中国太当个菜，后来看到中国市场这么大，全部兵马就压了上来。戴尔公司由于业务模式的创新，从美国打到欧洲，所向披靡，没人能敌。我们在 2002 年、2003 年阻击过，我也口出狂言在联想内部会上说，要让戴尔知道谁是联想如何如何。结果打到 2002 年底，我们打得是头破血流，终于知道了谁叫戴尔。

可是就在 2003 年那一年，我们又认真反复研究了戴尔的模式，进行各种各样的比对，创造出一种更新的模式。就在 2003 年底，我们彻底打了翻身仗，那年对我们特别重要，因为这关系到我们能不能并购 IBM PC 的问题。从此戴尔在中国就再也没有翻过身来。后来我们就继续以"蛇吞象"的方式，并购了 IBM PC，再后来又克服了重重困难，终于登上了世界 PC 冠军的宝座。

这是说我们吗？绝不仅仅是我们。

在 80 年代的时候，我想在座各位年龄大点的同志都知道，我们看的电视机都是国产的，就是 9 寸那么大，再大点就是 12 寸的，谁家里有双卡的日本录音机就了不得了。到 90 年代，1995 年以前的时候，电视机、冰箱、洗衣机全是日本品牌的好，中国的品牌完全没法跟人家比较。

曾几何时啊！就在 1995 年以后，中国品牌的彩色电视、洗衣机等等，整个就占满了中国的市场。我记得大概是 2000 年左右的时候，张瑞敏在海尔提出要把家电卖到国外去，为在美国卖出过他的冰箱特别自豪。到今天怎么样？别说美国，全世界很多地方用的黑色、白色家电不都是以中国产的为主吗？这就是中国企业家的精神！

我记得 1999 年还是 2000 年在央视的《对话》栏目上，主宾是李书福，我们作为嘉宾，当时谈什么呢？李书福说要做汽车，大家觉得太可笑，觉得不可能。李书福是干嘛出身的？背着挎包给人照相的出身，做一个摩托车公司就很了不起了，后来他说要做汽车，底下的人连我在内都绝对不能相信。当时人们给李书福起了外号叫"汽车疯子"，今天"疯子"怎么了？"疯子"买了沃尔沃，现在又成了奔驰的第一大股东，这不是给中国企业家长脸吗？！

提起中国，原来就说中国制造，不能创造，现在中国的发明专利已经超过了美国，直接跟日本比肩，尤其是移动互联网服务这一块，技术含量、业务模式创新真的是格外突出。

确确实实，在某些方面，我们体现了中国企业家的创新精神。总体上来讲，中国企业家的精神用这么几件事情我觉得能够表达得出来：

一是不断地追求，有使命感。

中国人的追求真的还不是外国人能比的。我们以前以为，全世界都跟中国人一样，后来走出去以后，发现就是不一样，中国企业家真的是有一种特殊的精神，真的是有打不烂、拖不垮、坚韧不拔的意志，聪明、肯吃苦、肯耐劳、学习强，这就是中国企业家的特点。

但是有这些就够了吗？做到这儿，下一步就是中国企业家的使命是什么，我们下面该干什么了。我觉得有两件事，十九大提出了共产党的初心：一是为全中国人民谋幸福，也是我们企业家的使命。为什么这么说呢？今天我们是富起来了，邓小平同志说中国允许一些人先富起来，但是后面还说的是先富要帮后富。中国今天还是有贫困人口，有相当多的人还生活在比较低的水平。我们怎么去做呢？十九大说的非常明确，不会用杀富济贫的方式，有恒产者有恒心，保证了私有财产的安全。我们希望能够做得更好，让国家更富裕，然后来扶贫、脱贫。我们觉得首先要把自己的企业做好，合法经营。

我们谋发展的时候，觉得不安全，因为世界不确定性实在是太大了，国家光富不行，必须要强。抗战时期的淞沪一战，平均下来几天打光一个军，几天打光一个军，那为什么？那是用的汉阳造，血肉之躯跟日本人的坦克飞机打仗，那怎么能打？日本人厉害吗？日本人碰到美国的原子弹他就不得不投降。所以国家的强盛与否，科技力量是底蕴，科技力量怎么才能强呢？我前不久看了中国科学院的科技成果展览，习总书记谈到的墨子、天眼等很多成果都出自于中国科学院，当然还有大量科研成果出自于大学、军队研究单位。我在中国科学院的时候，1984年科学院的科研经费就是8个多亿，有100多个研究所，今天有多少钱呢？有几百个亿。所以强是在富的基础上，要有钱。钱从哪儿来？创造财富就是我们企业家的天职。

我们作为企业家，应该积极投入到科技创新、业务模式创新的战役之中，未来有了大数据之后，人工智能、新材料、新能源、生命健康等等应用型科学会使社会发生根本的变化。基础科学的研究会使整个社会都改变轨道，在这种情况下其实中国企业家完全有智慧、有能力进行基础科学层面的研究。我觉得为人类、为中国的安全、为子孙后代谋幸福的光荣使命挑在我们中国企业家身上的时候确实到来了。

企业家的使命说完，我想讲讲环境的问题。营商环境是中国经济能不能更好发展的一个非常重要的因素。今天企业家在一起，感到有满意的营商环境，安全感大大增加了，特别是关于产权的保护，像有恒产者有恒心，一句话说完之后，让你心踏实下来；另外是强调依法治国，尽管还有不断改进的地方，但是这种强调、这种做法，都会让我们觉得安全。

但是我也有一点建议，作为老百姓提出的建议，当然站的角度不高。我觉得政府的工作效率还是有待提高的。目前的状况，不少部门、不少地方的政府公务人员不作为的情况还是比较严重。想想也有一定道理，为什么呢？担负着重要工作的人的责、权、利是严重不平衡、不匹配的，责任非常重大，权力很大，但是能得到的激励非常之小。

因此希望政府能够精简机构，把更多资源用在挑起担子、负责任的工作人员身上，也减少架床叠屋的行政机构。

比如某个内陆省份的一个县，这个县里一个华侨没有，但是也有一个侨办，还有好几个工作人员，这样的机构应该坚决撤出，把效率大大提高，让营商环境更好。

我相信中国的企业还会有更大的腾飞！

（此文系作者2018年2月27日在"亚布力中国企业家论坛第十八届年会"上的演讲）

对话柳传志：柳传志详解联想控股资本大棋局

葛　玮　卢怀谦　任明杰

　　3月伊始，联想控股便两次与A股发生亲密接触：3月3日，联想控股旗下金融板块的拉卡拉公布招股说明书，拟在创业板IPO，发行不超过4001万股新股，成为创业板设立以来第一家适用"最近一年盈利，营收大于5000万元"标准申报的企业；3月6日晚间，联想控股旗下现代农业板块的佳沃集团在取得万福生科控股权后，万福生科宣布停牌筹划重大事项，拟现金收购大农业领域资产。

　　"联想控股是一家投资驱动型的公司，所以我们肯定会非常重视资本市场的作用，特别是A股。"联想控股董事长柳传志日前接受中国证券报记者专访时表示，2018年之后，联想控股旗下子公司有望陆续分拆上市，在联想控股及旗下子公司联想集团、神州租车纷纷登陆港股后，A股将是联想控股在资本市场谋篇布局的下一个重要战场。

　　联想控股得以在资本市场不断"开枝散叶"要很大程度上归功于其独特的"战略投资＋财务投资"双轮驱动的发展模式。柳传志举例说，从联想之星天使投资开始，一旦有所投企业崭露头角，君联资本的风险投资就有可能跟进，而财务投资在完成投资周期需要退出后，适合战略投资的标的，联想控股可以通过联合投资或直接进行战略投资的方式适时介入，纳入战略投资板块，在培育成熟后，最终推向资本市场。

　　从财务投资，到战略投资，再到不断将所投企业推向资本市场，通过服务所投企业成长的全生命周期，"战略投资＋财务投资"的双轮驱动模式正不断走向成熟。在财务投资板块，2000 年以来，联想之星、君联资本和弘毅投资组成的财务投资"联合舰队"已经帮助百余家企业上市；在战略投资板块，随着神州租车成功登陆港股，佳沃集团收购 A 股上市平台万福生科，拉卡拉冲刺创业板，其他子公司的分拆上市也逐步提上日程，一个庞大的"联想系"资本帝国版图正慢慢浮出水面。

双轮驱动　心系 A 股

记者：最近，已经被佳沃集团控股的万福生科停牌筹划购买资产和拉卡拉冲刺创业板引起了资本市场的广泛关注。之前，联想控股，包括旗下的联想集团和神州租车均是在港股上市，如今联想控开始在 A 股谋篇布局，有什么深意？

柳传志：2015 年，联想控股登陆港股的原因之一是因为我们是一家投资控股公司，目前 A 股不允许这种母子公司同时上市的情况出现，如果联想控股当时登陆 A 股的话，就意味着旗下的子公司以后很难在 A 股上市了。港股的规定是上市三年以后，子公司可以分拆上市。2018 年之后，也就是待联想控股上市满三年，旗下的子公司预计会陆续分拆上市，而且我们会重点考虑 A 股。

联想控股是一家投资驱动的公司，所以肯定会非常重视资本市场的作用，特别是 A 股。我们投资的企业很多都在内地，用户也好，客户也好，市场也好，大部分也都在内地，所以我们肯定非常重视 A 股，而且登陆 A 股也会形成很好的品牌价值。我们现在正努力把旗下的企业做好，而且有些已经符合上市条件了，但联想控股上市还没满三年，所以动静没那么大，于无声处听惊雷，目前我们正积极筹备，也希望未来能更多地回归内地资本市场。

另外，我们在财务投资方面也很重视 A 股市场的作用，投资的很多企业已经纷纷登陆 A 股。以君联资本为例，2006 年之前，因为管理的都是美元基金，所投企业也都选择登陆美股或港股，属于"两头在外"。不过，2006年之后，君联资本投资的企业已经有 52 家登陆资本市场，其中大部分都是选择在 A 股上市，主要是由于"人民币 + 美元"双币基金投资，所投企业也有了更多的上市选择。

记者：联想控股得以在资本市场上不断开枝散叶很大程度上要归功于"战略投资 + 财务投资"的双轮驱动发展模式，这种独特的发展模式是怎么形成的？在联想控股的发展历史上又起到了什么样的作用？

柳传志："战略投资 + 财务投资"双轮驱动的发展模式实际上是自然形成的。我们知道，2000 年之后，中关村开始进入快速发展期，但是，在上世纪 90 年代，中关村的发展却一度徘徊不前，包括吴敬琏在内的很多经济学家也是很着急。而我们作为一家中关村的企业，对于创业型企业缺少什么，需要补充什么是很清楚的，所以我们当时就作为领头羊，2000 年之后开始做财务投资。

一开始我们是从成立联想投资（2012 年 2 月更名为君联资本）做 VC 开始的。积累了一定经验后，我们又成立了弘毅投资，开始做 PE。2008 年我们还成立了联想之星，做天使投资。现在我们在财务投资方面管理的资金规模超过千亿，并推动了大量企业上市。在这个过程中，我们的感受是什么呢？现在提到投资拉动都是说运用政府资金在固定资产投资方面的作用，但如何发挥民间资金的力量一直是非常重要的，我们走通了这条路是很正确的。

然后大概是在 2007 年、2008 年的时候，我和公司的管理层又萌生了新的想法，我们觉得仅仅做财务投资是不够的，因为我们毕竟是实业出身，希望能通过财务投资获得退出回报的同时，再通过战略投资，在若干个领域形成像联想集团这样的领先企业。那么财务投资和战略投资是什么关系呢？财务投资的覆盖面非常广，他们可以先投进去，适合联想控股的，我们进行联合投资或者独立进行战略投资，由此也逐渐形成了"战略投资 + 财务投资"双轮驱动的业务模式。

记者：如您所言，联想控股通过天使创投（联想之星）、风险投资（君联资本）、私募股权投资（弘毅投资）、战略投资（联想控股）搭建了完整的投资产业链，覆盖了企业发展的各个阶段。在服务企业全生命周期的过程中，各个投资板块是如何协同作战的？

柳传志：举例来说吧，比如神州租车，最开始是君联资本进行了投资，后来联想控股在2010年的时候以"股权＋债权"的形式向神州租车进行了战略投资，这种以企业长远发展为导向的合作，使得神州租车能够在充分保持创始人积极性的同时，取得跨越式的发展。再比如拉卡拉，当时也是君联资本先进行投资的。拉卡拉由于所在行业的盈利周期比较长，但君联资本的投资是有周期的，到期是要退出的。这个时候，联想控股对它进行了战略性投资，支持它进行长远布局和发展。2015年拉卡拉实现扭亏为盈，去年拉卡拉进行了支付业务和金融业务的拆分，支付业务正启动上市进程。

在这里我要特别提一下联想之星。高科技也是联想控股未来主要布局方向之一，我们把人工智能、生物工程这些爆发点还没到来的高科技投资放在了联想之星，在联想之星投资的几百家企业中，一旦哪个企业有了爆发的苗头，君联资本可以跟进，联想控股也会密切注意。对于高科技领域的布局，不抢占先机是不行的，天使投资到了一定阶段退出后，君联资本、弘毅投资、联想控股都可以跟上接力。

当年我走的道路，人家说我不重视技术，只做贸易，我觉得是他们没有身临其境，其实当时主要是因为没有这样的投资机构，我只能通过贸易的方式积累资金后，再做技术上的突破，因为技术投资需要的资金量是非常大的。比如触摸显示屏，三星每年要投资几十亿美元，而九几年的时候我们一年的利润也才几个亿，根本投不动，现在就完全不一样了。

布局前沿　战略聚焦

记者：说到高科技投资，联想控股已经进行了很多前瞻性的布局，比如眼下大热的人工智能，科大讯飞就是君联资本的投资杰作，联想控股也在人工智能方面进行了广泛布局。如果从企业自身的创新来说，您觉得应该注意什么？

柳传志：创新是需要未雨绸缪的，作为一个企业，应该牢牢记在心里，就是碗里头有饭的时候，要吃着碗里的想着锅里的，也就是创新。过去几十年，中国经历了 PC 时代和移动互联网时代，每一次变革都深刻影响到各行各业。2000 年的时候，联想正处于巅峰期，在中国牢牢占据 PC 市场第一名，而且市场占有率不断提升，可就是在这个时候，我们想到了创新，通过财务投资切入其他领域。如果那个时候没做，后来出点事可能就来不及了。

同时，创新有一个非常重要的问题是企业机制的问题。2008 年、2009 年的时候，联想集团的美国 CEO 和董事长杨元庆产生了业务上的分歧，原因是我们收购 IBM 的 PC 业务之后面临转型，仅仅是涉及到的 IT 系统升级就需要 7 亿美元，而且要从当期利润里出，这遭到了 CEO 的顽强抵抗。后来我去担任了董事长，把这个扣给解开了。我说这个是什么意思呢？就是企业机制对创新的重要作用，当时我们能把这个问题解决，是因为我们持有40% 的股份，是联想集团真正的主人。

很多人总说我们只有中国制造，没有中国创造，这是因为那个时候民营企业虽然有创新的机制，但还没有到那个火候，但现在就另说了。你看现在马云、马化腾在技术创新方面多敢花钱，所以对于中国企业的技术创新我一点都不担心，我只是觉得以前时机没到就是了，你看我们现在在互联网应用上已经超过欧洲，很多地方比肩甚至超过美国。企业要往大做，往前奔，在创新上真的一时一刻都不能放松。

记者：高科技企业的投资是联想控股在财务投资上的重要方向，而在战略投资上，去年 9 月以来，联想控股逐步将房地产板块出售，进一步向金融、创新消费与服务、农业与食品等领域聚焦，为什么会选择这几个领域作为战略投资的聚焦方向？

柳传志：之所以进行战略投资，并形成这几个发展方向，一方面是出于企业的自身状况，另一方面是出于国家战略发展的需要。从联想控股来说，联想集团是支柱，但它目前在手机业务方面也遇到了一些挑战，我想这个大家也可以理解。我说这个是什么意思呢？联想控股作为母公司，不能因为支柱企业出现暂时性的困难就使联想控股的根基从整体上受到动摇，因此我们希望能通过战略投资，形成多个支柱产业。

对于战略投资的几个重点领域，目前国内已经形成了非常大的消费市场，而且正在进行供给侧改革，因此我们在创新消费与服务、农业与食品方面加大了布局。对于联想控股来说，大消费也是所有行业里不确定性比较小的一个领域。再就是金融，它能够跟我们投资的农业、医疗等领域形成很好的互动，金融要成为联想控股的一个支柱产业，要有重要的投入，并支持其他板块的发展。

当年我们回顾德隆的时候发现，德隆虽然垮了，但它投资的很多企业质量是很不错的。德隆本来要做的也是我们今天所说的战略投资，但它没有我们这么雄厚的资金实力，比如它做的番茄酱产业是需要不断投入的，但它没那么多钱，于是就走了二级市场坐庄这样一条歪路。而我们一方面前期积累了足够的资金，另一方面通过财务投资积累了经验，还积极打造金融这一产业支柱，这样有了足够的余量，就能在很大程度上控制投资的风险。

记者：说到投资风险，联想控股无论是在战略投资还是财务投资方面，投资企业众多，特别是财务投资的企业成百上千，而且涉及到融资、投资、管理和退出各个环节。在这种纷繁复杂的投资过程中，联想控股是怎么防范风险的？

柳传志：我认为在融资、投资、管理和退出各个环节中，投资是很重要的。如果投得不对，将来的管理就会非常困难，且不说退出，再融资都会很难。我去参加君联资本的年会，投资人都很满意，因为我们投的好。我们的经验是"事为先、人为重"，所投企业所在的行业称为"事"，比如你如果非要投资夕阳产业，那就怎么都会很难过了；"人"就是管理团队，这个把握好了，以后就好了。

同时，联想控股是一个非常看重企业文化的公司，比如说君联资本，它其实就是在联想控股企业文化的基础上结合了风险投资的特点，形成了君联资本独特的风险投资文化，也就是"富而有道、人才资本、团队制胜、创新精神"，这也是君联资本创立 16 年来一直能够屹立于风险投资潮头的原因。而且，企业文化里面除了有价值观，还要有方法论，也就是求实，包括"事为先、人为重"也是从事风险投资十几年总结下来的方法论。

再就是专业化。从做投资的第一天开始，我们就按照市场化的原则，建立了一个专业的投资团队。比如君联资本从一开始就有一个独立的专业化管理团队，从薪酬到激励机制，都是按照市场化的机制在运作。再比如弘毅投资，刚创办的时候我们就希望它的人多一些，底子宽一些，有一个专业的管理团队和市场化的薪酬体系，这样 2.5% 的管理费就不够了，于是联想控股当年就借给他们钱，保证他们的竞争力。

投资全球　产业报国

记者：随着国内经济进入转型升级的深水区，很重要的一个投资方向是，越来越多的国内企业不断尝试跨境并购，并在去年达到高潮，联想控股也在跨境并购方面进行了很多布局。但是，也有人担心大规模的跨境并购会造成资本外流的问题。您如何看待这些问题？

柳传志：我觉得资金跨境投资和资本外流的性质是完全不同的，前者对中国经济的发展是非常有利的，而且现在是一个非常好的时机。前些年中国经济高速发展，但也付出了生态环境的代价，现在有了资金，我们可以在一定程度上进行弥补。比如我们为了提高产量，常年使用化肥，使土壤的有机质降到了 0.4% 左右，而我们在智利投资的农场，最差的土地有机质也有 12%。所以我们利用国外资源发展的同时，可以使国内的生态得到休养生息。

再比如牛羊肉等高蛋白食物，以及海鲜等，国内实际上是非常稀缺的，但又有非常大的市场需求，我们为什么不利用这些资源满足国内正崛起的中产阶级的需求呢。还有利用国外的技术，甚至我朋友的企业投资了国外的保险公司，利用它的保费在国外投资实业，不但产生了很大的国际影响，又有很大的实惠。而且，在这个过程中会有什么特别的感受呢？便宜。在这种情况下，我们把东西买过来，正好可以助力国内经济的发展。

资本的流出，我觉得要分成两种，不能"一刀切"，要区分这笔钱出去是干什么用的。对于联想控股，我们心里还是有一个大的抱负和计划，而且也有明确的目标。我们在国外谈成了，如果因为资本管制等原因出不去，那么马上就会被竞争对手拿走。所以，还是要做出区分，不要因为一粒老鼠屎坏了一锅汤。总体上，我觉得跨境并购是国内经济发展的一条康庄大道，不要因为某些资本外流的问题错过了大好时机。

记者：利用跨境投资助力经济转型是一大投资方向，但还有一个方向是，随着宏观经济增速的放缓和实体经济的投资回报率的降低，资本"脱实向虚"的问题日益严重。作为"以产业报国为己任"的联想控股的掌门人，您觉得应该如何引导资本向实体经济回流？

柳传志：投资者选择回报率高的行业和企业进行投资，这是必然的，也自然会是这样。联想控股能够格外做到的，还在于财务投资和战略投资之间的协同，从而形成产业，通过打通产业实现产业报国的愿景。从整个国家的角度来讲，我觉得实体经济的很多行业未来回报的前景比较好，但投资者会觉得回报比较远，投资以后不能很快地产生回报，如果有疑虑的话，国家还是应该运用市场经济的方式进行引导。

什么叫做"市场经济的方式"呢？比如某个行业，国家认为一定要去做，应该先进行投入，然后再引进其他的民营企业，民营企业投资进去之后，可以对他们进行补贴，弥补他们进行其他投资的损失。为什么一定要引入民营企业在前面做呢？因为总体来讲，民营企业、专业投资者的嗅觉更加灵敏，因为后面有投资者在鞭策他们，国家的钱则很难形成真正的主人。我觉得可以利用这个方式去解决国家在某些领域面临的资金问题，要尽量利用民间资本。

比如，现在包括中关村，还有很多城市都引入了投资基金，国家用一部分资金做引导基金，然后引导民营投资者投入，这个方法在很多地方，比如中关村获得了很大成功。还有一些省份对某些领域的投资特别感兴趣，就与某些投资者合作设立共同基金，采取 6 ∶ 4 的比例进行出资，但投资由民营投资者负责，但在回报上国家一点都不吃亏。总结来说，国家在宏观上进行引导，细节上由民营投资者来做。

记者：前段时间，您在儿子婚礼上的致辞感动了很多人，让大家看到了您在公司管理之外非常温情的一面。人们都说"修身齐家治国平天下"，您觉得修身齐家和公司管理有什么相通的地方？

柳传志：齐家和公司管理有一致的地方，也有不同的地方。我觉得比较相通的地方，就是在我的致辞里说的两个要求，我觉得办公司也是一样的。一个就是正直，公司真的要做百年老店，或者要在公司里面能起到重要的，担起社会责任，诚信是放在突出位置的。这个我自己在联想中深有体会，比如我们在和政府企业打交道的时候，人家会觉得老柳是个靠谱的人，"靠谱"的含义就是属于你说的话能做到，你不随便瞎说话。

另外一个要融通，咱们改革开放以来，时间还不是很长，所以很多东西，我们未必理解，因此在这种情况下，你不要做违心的事，但是不必对任何你不理解的事就极早地，或者很强硬地发生不同的声音，或者是抗拒，那肯定是不对的。在我们公司刚刚创办的时候，我们要走的是市场经济的路，当时还是属于计划经济体制，在那个时候要强行地突破旧的体制，那你立刻就会倒霉，所以我们需要想一想怎么样能够选择一个既能容下你发展和生存，但又不要立即去突破旧体制，这其实就是要融通。

几十年前，我们怎么会想到中国今天是这个样子，有这么大的变化。今天的世界变化这么大，未来的不确定性也挺大，所以每件事情，我们真的要一边做，一边看，顺着后边去想，而不是过后才知道什么是正确的，或者当前是正确的。办企业也是这样，因为这个国家都在不断地改革，在变化之中，以后还会继续再变化。面临着这种变化本身，既使企业有所发展，同时也不做违心的事，这就是要学会融通。融通更准确地说，其实就是有理想而不理想化。

（原文刊载于 2017 年 3 月 17 日《中国证券报》）

任正非

任正非，男，1944 年 10 月生，贵州镇宁人。1963 年就读于重庆建筑工程学院，毕业后就业于建筑工程单位。华为技术有限公司主要创始人、总裁。2005 年入选美国《时代》杂志全球一百位最具影响力人物；2015 年入选由人民网主办的"2014中国互联网年度人物"。

我们向美国人民学习什么

这次访美我们重在学习管理，学习一个小公司向规模化转变，是怎么走出混沌的？

前赴后继的创业精神与风起云涌的创新机制

我去过美国很多次，美国人民的创新机制与创新精神留给我很深的印象。他们连玩也大胆创新，一代代人的熏陶、传递，一批又一批的移民不同文化的冲击、平衡与优化，构成了美国的创新文化。

越来越多的科技英雄的涌现与消亡，都对推动美国的科技进步做出了贡献。美国占据了世界 60% 的电子市场，信息潮的变幻莫测，快速的演变，使一批一批的大企业陷入困境，以至消亡；一批一批的小企业，成长为撑天大树，大树又遭雷劈。不断地生，不断地亡，这是信息产业的特点。华为由于幼稚不幸进入了信息产业，后退就是死亡，被逼上了不归路，创业者及继承者都在销蚀健康，为企业生存与发展而顽强奋斗。

纵观美国信息产业的兴亡史，令人胆战心惊。五百年春秋战国如果缩到一天内进行，谁是英雄？巨大的信息潮，潮起潮落，随着网络技术与处理技术的进步，新陈代谢的速度会越来越快。因此很难再有盖棺论定的英雄，任何过路的豪杰都会对信息业的发展给以推动。我们应尊重他们，学习他们，批判地继承他们。

IBM 是昔日信息世界的巨无霸，却让一些小公司"捉弄"得几乎无法生存，以致 1992 年差点解体。为了解除困境，励精图治，IBM 重新走上改革之路，同时付出了巨大的代价。曾经受联合国工作人员致敬的王安公司，从年销售 35 亿美元，已经消失得无影无踪了。创立个人电脑的苹果公司，几经风雨飘摇，我们还能否吃到下世纪的苹果？……再这么发展下去，发展中国家还有多少人敢进入信息产业。美国在这种创新机制推动下，风起云涌、层出不穷的高科技企业叱咤风云，企业不论谁死谁亡，都是在美国的土地上，资产与人才仍然在美国，破产只是拴住了法人，员工又可投入新的奋斗。这种从国家立场上来讲的宏观力量，永恒地代表美国的综合国力。由于信息产业的进步与多变，必须规模化，才能缩短新产品的投入时间，而几万人的公司又易官僚化。美国在科技管理上的先进也是逼出来的。发展中国家无论从人力、物力以及风险投资的心理素质来说，都难以胜任。如果发展中国家不敢投入信息产业的奋斗，并逐步转换成实力，那么美国的市场占有率就将从 60% 提升到 70%、80%……它占得越多，你就越没有希望。

优良的企业管理

我们在 IBM 整整听了一天管理介绍，对它的管理模型十分欣赏，从早上一直听到傍晚，一点不觉累，听得津津有味。后来我发现朗讯也是这么管理的，都源自美国哈佛大学等著名大学的一些管理著述。

圣诞节美国处处万家灯火，我们却关在硅谷的一家小旅馆里，点燃壁炉，三天没有出门，开了一个工作会议，消化了我们访问的笔记，整理出一厚叠简报准备带回国内传达。我们只有认真向这些大公司学习，才会使自己少走弯路，少交学费。IBM 是付出数十亿美元的直接代价总结出来的，他们经历的痛苦是人类的宝贵财富。

IBM 作为巨无霸一直处在优越的产业地位，由于个人电脑及网络技术的发展，严重地打击了它赖以生存的大型机市场。20 世纪 80 年代初期 IBM 处在盈利的顶峰，它的股票市值超过前西德股票之和，也成为世界上有史以来盈利最大的公司。经过 13 年后，它发现自己危机重重，才痛下决心，实行改革，在 1992 年开始大裁员，付出了 80 亿美元的行政改革费用。由于长期处于胜利状态，造成的冗员，官僚主义，使之困难重重。管理的混乱，几乎令 IBM 解体。华为会不会盲目乐观，也导致困难重重呢？这是我们访美的目的。

听了一天的管理介绍，我们对 IBM 这样的大公司，管理制度的规范、灵活、响应速度不慢有了新的认识。对这样一个庞然大物的有效管理有了了解。对我们的成长少走弯路，有了新的启发。华为的官僚化虽还不重，但是苗头已经不少。企业缩小规模就会推动竞争力，扩大规模，不能有效管理，又面临死亡，管理是内部因素，是可以努力的。规模小、面对的都是外部因素，是客观规模，是难以以人的意志为转移的，它必然扛不住风暴。因此，我们只有加强管理与服务，在这条不归路上，才有生存的基础。这就是华为要走规模化、搞活内部动力机制、加强管理与服务的战略出发点。

在扩张的过程中，管理不善也是非常严重的问题，华为一直想了解世界大公司是如何管理的，有幸 IBM 给了我们真诚的介绍。

机会是企业扩张的动力

IBM 明确是技术领先战略，贝尔实验室更是如此。所有美国高科技公司的宗旨无不如此，没有一个公司提出跟在别人后面，模仿的战略是不会长久的。我们有幸参观了贝尔实验室，中午还与贝尔实验室的曾院士共进了午餐。我青年时代就十分崇拜贝尔实验室，仰慕之心超越爱情。后来有幸成了竞争对手（指部分产品领域）。今天有机会亲自访问，十分高兴。贝尔实验室对人类有着伟大贡献，这里产生过七位诺贝尔奖金获得者。贝尔实验室原来属 AT&T，由国家垄断经营电信业务获得的巨大利润，支持其每年达 20 亿—30 亿美元的研究经费。因此，他们出了非常多的发明，促进了全人类的进步。我青年时听说他们每天产生一项专利，现在是每天产生四项专利。

贝尔实验室现在归属朗讯，科研与预研明显的已往产品方向转移。但其科研能力在整个世界仍然十分超前。

我们参观了他们 1997 年的重大突破波分复用，和以波分复用为基础的光路由器，现在可实现几十段波长复用，以后还更多。光交换不是基于空分交换，而是波长交换。刻在一个 6 英寸硅片的光路由器，具有几十万门的交换能力，这意味着十年之内交换与传输将有重大的突破。我开玩笑说，以后一个邮电部长口袋中揣一个交换机，我就去失业保障局了。

在贝尔实验室，我们首先听取了资深技术主管玛丁的报告，与之讨论预测问题，华为在战略管理与项目管理上一直矛盾重重，理不顺，理又乱。玛丁开玩笑讲了几项著名的预测。

"电话作为一种通信工具，有许多缺陷，对此应加认真考虑。这种设备没有价值。"——西欧联盟（1876 年）

"我认为世界市场上有可能售出五台计算机。"——托马斯·沃特森（IBM 主席，1943 年）

"未来计算机的重量可能不会超过 1.5 吨。"——大众机械杂志（1949 年）

"无论对谁来说，640K 内存都足够了。"——盖茨（1981 年）

玛丁介绍了一系列重要的对未来的预测，例如，到 2010 年，0.07 微米芯片会实用化，达到硅可能达到的最高极限。其单芯片容量可达到 40 亿只晶体管。2005 年无线接入的环路成本将低于有线接入。

当然也许后人也会将此预测纳入笑料。

贝尔实验室亚洲人占 11%，其中华人为多数。有许多人都取得了重大的成就。我们访问的所有公司都十分重视研发，而且研发要对行销、技术支援、成本与质量负责任，与我国的研发人员仅注意研发有较大的区别。IBM 每年约投入 60 亿美元的研发经费。各个大公司的研发经费都在销售额的 10% 左右，以此创造机会。我国在这方面比较落后，对机会的认识往往在机会已经出现以后，做出了正确判断，抓住机会，形成了成功，华为就是这样的。而已经走到前面的世界著名公司，他们是靠研发创造出机会，引导消费。他们在短时间席卷了"机会窗"的利润，又投入创造更大的机会，这是他们比我们发展快的根本原因。华为 1998 年的研发经费将超过 8 亿人民币，并正在开始搞战略预研与起步进行基础研究，由于不懂，也造成了内部的混乱，因此，这次访美我们重在学习管理。学习一个小公司向规模化转变，是怎么走出混沌的。要真正培养一批人，需要数十年理论与基础的探索，至少在心理素质上就关山重重，任重道远。还不知有无人愿意在这如火如荼的时代甘坐十年冷板凳，并且要冒一生心血不成功的"懊悔"。即使成功不为人们理解，除内心痛苦之外，还有可能在大裁员时，把他也像 IBM 把发明光变相法的利文森错裁了一样，使 IBM 失去了在高精细芯片加工的技术领先与垄断地位。

科学的入口真正是地狱的入口处，进去了的人才真正体会得到。基础研究的痛苦是成功了没人理解，甚至被曲解、被误解。像饿死的梵高一样，死后画卖到几千万美元一幅。当我看到贝尔实验室的科学家的实验室密如蛛网，混乱不堪，不由得对这些勇士肃然起敬。华为不知是否会产生这样的勇士。

（此文发表在 2003 年第 11 期《中国企业家》）

要鼓励自主创新就更要保护知识产权

2005 年 11 月 19 日，国家主席胡锦涛在韩国釜山举行的 APEC 工商领导人峰会的演讲中提出，我国将加强知识产权保护，为全球贸易持续增长继续做出贡献。温家宝总理 2005 年 9 月 10 日在珠海企业座谈会总结讲话中也指出：我们要鼓励自主创新，就更要保护知识产权，这是国家发展战略。总理的讲话使我们振奋，激动万分。

改革开放 20 多年来，中国相当多的政策几乎都是关于物权保护的，从而使中国从"文革"后期的经济濒于崩溃的边缘，走向了今天的初步繁荣昌盛。今天站在一个更高的高度，对知识产权实行保护，如果我们能达到在法律程度上，认可知识产权的财产权利和价值应该等同于物权，认可对知识产权的保护也应该等同于对物权的保护，那么就一定会有越来越多的人去奋力探索，从而产生越来越多的原创发明，提升企业与国家的竞争力。可以预计二三十年后，中国会从今天的初步繁荣，走向真正的强盛。

建专利制度，变被动防御为国家战略

过去我们对知识产权的定位基本上都是放在对外贸易项下，为解决贸易摩擦定位的，而且普遍认为它是西方用来遏制中国发展的利器，因此，为了反对西方的技术霸权，我们更多的是向西方作些解释，而不是真正理解其对中国未来发展的重要战略意义。我认为必须把知识产权作为自己国家发展所必需的国家战略来推行，变防御、解释为自己主动建立知识产权体系，包括重视开发，重视知识产权积累，重视知识产权转化，重视保护知识产权。没有知识产权的严格保护，不通过保护使原创发明人享受应得的利益，就不会有人前赴后继，奋不顾身地去探索奋斗，就不会有原创发明，没有大量中国公司的原创发明，中国就永远进不了"高地俱乐部"，就将永远受制于人。真正受伤害的是中国有发展潜力的企业，而不是西方企业。西方企业的核心知识产权是侵犯不了的，一、它不放在中国；二、它只用于贸易保护。其本国国内对知识产权保护极其严格，无论法律处罚，还是行政管理的措施都极严格，几乎没有人敢偷盗它们的技术机密，贸易保护仅仅使它们损失一些利润，无伤皮毛。而中国企业的处境则不同，如果没有严格的知识产权法律保护，或者有了法，治不了，法律没有形成威慑力，那么，这些中国公司的核心知识产权极易被偷盗，从而使它们丧失竞争力。投入这么大的巨资，研究开发的成果，守不住，许多公司就不会再有投入原创性发明的冲动，长此以往，将丧失企业的核心竞争力，必将使整个国家也丧失竞争力。

历史上中华民族是富于创造的民族，其奇思怪想不计其数，有着极易产生原创发明的土壤，如果有好的政策指引和法治环境，中国在几十年后，未必不是科技大国。我们是一个缺少自然资源的国家，中国富强之路唯有靠教育，唯有靠少消耗资源的高知识产业，以此去换取别的国家的富余资源。不像保护物权一样地保护知识产权，这个目的就达不到。过去中医、中药、武术等国粹为什么世袭单传？就是因为没有保护知识产权的体系，全社会缺乏这种意识。现在印度对瑜伽姿势都申请了1500种版权。为什么我国的软件产业在短期内难以赶上印度，也是因为软件是一种极易被偷窃和盗用的产品，而印度有着极其严格的知识产权保护环境。

专利制度最早起源于英国，1236年英皇亨利三世颁给波尔多的一个市民制作几种花布15年的特权。1474年威尼斯共和国颁发了世界上第一个专利法。1624年英国颁布了"垄断法"，这是世界上第一部正式而完整的专利法。专利制度的核心是：通过国家给予专利权人一段时间的独占权利（如20年）来鼓励发明人向社会公开其技术，以达到发明为人类继承和分享的目的。实际上是解决私权和公共权利平衡的问题。同时，专利的公开可以避免大量的重复研究和社会资源的浪费，人们可以互相启发，在此基础上研究出更高水平的技术成果。据世界知识产权组织（WIPO）统计，人类90%以上的发明创造都可以从专利技术公开的文献中获得，70%以上的最新发明创造只能从专利技术公开的文献中获得。美国总统林肯本人就是一个发明家，他对专利制度的理解一直被奉为经典，他说"专利制度为智慧之火添加利益之油"，专利制度的建立和发展必然导致经济如火如荼。18世纪的工业革命，常常被说成是瓦特发明蒸汽机，斯蒂芬森发明了火车而引发的。其实是英国当时各项政治制度改革的结果。如果没有这些制度改革，那些对人类进步有重大影响的发明创造就不可能不断地得到正向激励而生生不息，在盐碱地上是不可能把一项发明演变成为一片茂盛的庄稼的。英国充分发挥了议会的集体作用，这对当时制度的建立十分有好处，这些制度培育了制造的环境。因此，工业革命必然会在英国爆发，而不是在其他地方，这是必然的了。20世纪90年代，全世界推崇的硅谷，就是这样一种现象。通过推动法律保护创造发明，使发明人实现一夜暴富的梦想，将数百万发明者像疯子一样投入这绞肉机内奋斗，这种排山倒海，前赴后继，一将功成万骨枯的奋不顾身，为金钱而奋斗，为富裕而发明，使硅谷在20世纪末成为遍地是钻石之谷。因为只要您有发明创造，就会得到法律的严格保护，别人不是来偷走你的技术，而是带着金钱和资源来向你投资与你合作。硅谷的神话随着IT泡沫已经成为过去，但硅谷的创新精神在美国仍将是永存的，美国会持续在高科技领域世界领先。

以百年的眼光和努力"追求"基础专利

自从我国确立科教兴国的政策后，中国的科教事业得到了十分巨大的发展，中国正在把人口优势逐步转变成人才优势。党和政府提倡自主创新，增强国力的同时，知识产权的保护越来越受到了重视，相信再过二三十年，我国将会取得巨大的进步。

但是，我们要清醒地认识到基本专利的成长过程是十分漫长而艰难的，基础专利的形成是要经历很长的时间，要耐得住寂寞，甘于平淡，急躁反而会误事。基本专利的形成是冰冻三尺，非一日之寒。即使是应用型基本专利的成长过程也至少需要7—8年。而基础性基本专利形成的时间则更加漫长，从世界上根本没有这个东西，您发现并研究其理论及规律，到逐渐地被人们所理解并认识其价值，需要一段漫长的时间。常常是，一些先知先觉者最早认识到一个真理，开始人们并不能很快地理解他们的这些真知灼见，从事这些发明的人，不为人们理解，没有人明白他们的研究，甚至被人讥讽，涨不了工资，穷困潦倒。然而，真理往往有时掌握在少数人手里，这些先知先觉的少数人常常是非常痛苦的，他们像宗教般虔诚地对待其发现，但认同的人却非常少。也许他们的理论发表后，就石沉大海，也许20—30年后才有人慧眼识珠，甚至过了上百年之后人们才想起来。他们的研究这时才对科学与技术产生作用，才成为无价之宝。

例如：1958年上海邮电一所就提出了蜂窝无线通信。这是现代移动通信基础的基础。50年代，中国科学家吴仲华发明了叶轮机械三元流动理论，奠定了喷气涡轮风扇发动机的理论基础，这是现代航空的基础。这些理论都是在二三十年后才发生作用的，但当时我们没有认识到它的价值，没有申请专利。数豌豆的传教士孟德尔、摩尔根提出了遗传基因理论，经历40多年之后，西方开始认识其理论的意义，喧哗一阵以后，又因为不知其有什么作用而再次沉寂了数十年。因为孟德尔的传教士身份，被我们冷冻了几十年。今天我们才开始积极地进入这个领域。如果克隆也被授予专利权的话，这项英国人的发明对未来遗传学的产业化会有多大的影响！可见，基因是经过了一两百年，人们才认识到它也许有用。在科学技术上，特别是基础理论上，我们要有耐心，不能急于求成，拔苗助长。太急功近利了，会丧失许多机会。他们也是十分幸运的了，像梵高的画一样终于被人们认识到了它的价值。而在这些先驱者的队伍中还有更多的人，他们至死也没有看到自己为之奉献一生的东西产生社会价值。我们总不能在看到价值后才去尊重他们！如果没有一种世人公认的激励措施，就不会有前仆后继的人去探索创造发明。我们一定要尊重知识产权，无论是自己的，还是别人的，无论是中国的，还是外国的。这对我国将来成为科技大国，是有战略意义的。

虽然有些发明不可能以商业价值来评价，其对人类的巨大意义，也应由国家及人民来给以肯定。例如，高温消毒，这是一个简单的发明，然而，在18世纪这的确是一项伟大的发明，它挽救了无数人的生命。法国科学家巴斯德生长的时代，是欧洲战火纷飞的时代，大量的伤兵，受感染而死亡，当时人们并不知道是由于细菌引起的。手术刀具、裹伤布都没有消毒，巴斯德从啤酒变酸的研究过程中，发现了高温可以杀死细菌，从而大量避免了死亡，同时也挽救了大量因产褥热产妇的死亡。这是在黑暗中摸索了几百年才找到的真理，原来它是这么简单，但是这项发现避免了当时欧洲几十万、成百万的人死亡。从看门人胡文虎克制成显微镜，到发现细菌，再到巴斯德发现高温可以杀死细菌，弗莱明发现青霉素……人类在征服细菌的道路上付出了多么巨大的代价，科学家们付出了多么艰辛的劳动，当然他们应得到合理的报酬。今天人类又在征服癌症、艾滋病的道路上，发起了冲锋。我们要有好的政策，鼓励人们前仆后继。

宽容对待教育，宽容支持科研

西方国家在知识产权的策略和政策上都被证明是比较成功的，这些策略和政策促成了他们的经济大发展。我国正在自主知识产权经济上急起猛追。我们认为急是急不来的，要从根本抓起，要卧薪尝胆几十年。当前我们要加大对农村中小学的投入，提高人民的基本素质是国家的责任，提高个人的谋生技能是个人投资的责任。用二三十年时间，使农村孩子能享受到与城市一样的教育，在人才的数量上超过西方。国家要拉动经济，唯有投资教育，才会长远造福国家。一定要大幅度提高教师的工资待遇，使之成为令人羡慕的职业，要用最优秀的人才，培养更优秀的人才。只要农村中小学的教师待遇由国家支付达到一定标准，每年毕业的大学生就有一大部分会奔赴那里，大学生就业难的问题就解决了，而且也为未来培养了一大批人才，提高了国家的竞争潜力。他们也许不会一生在农村，但是去二三年，不是也如30年代，陶行知、黄炎培、晏阳初、梁漱溟、任摩逊……一大批搞农村教育的老前辈一样服务农村教育呢？几十年后，中国才真正是小康，光有物质，缺少灵魂也是不完善的。当中国在人才数量上大大的提高、达到一个较高水平的时候，中国经济一定会出现井喷式发展。

我们国家在按计划地进行一些科研的战略投入上，国家力量是强大的，类似两弹一星、神舟载人飞船这样的项目，我国的规划能力越来越强，只要保持一定比例的国民经济收入投入教育与科研，我们一定会在几十年后有较大成就。同时，我们也要宽容那些我们还不理解的专家，宽容他们的研究方向，支持他们的研究课题。我们也要宽容那些不能全面发展的孩子，扩大因材施教的范围，谁知道今天这个有缺陷的孩子会不会是明天的贝多芬。真理往往掌握在少数人手中，也许今天我们不理解的事，明天会成为梵高的向日葵抑或是阁楼上的林布兰。国家对研究的支持，要集中基础研究上，应用研究应由受益人去投资。基础研究成果是国家的，每一个企业都能享受到理论的阳光普照。宽容也许会出战斗力，宽容也许会使国家未来的战略地位更高，也许会使社会更加和谐。我们要允许在技术科学上的百花齐放，对他们一视同仁地支持，眼睛要看百年。

IPR（专利）是国际市场的入门券，没有它，高科技产品就难以卖到国际市场。虽然华为每年按销售收入的10%—15%投入研究开发，在研究经费的数量级上缩小了与西方公司的差距，也在IPR上缩小了差距。华为已有8000多项专利申请，但相对世界几十年的积累是微不足道的。IPR投入是一项战略性投入，它不像产品开发那样快，在一两年时间内就看到其效果，它需要一个长期的、持续不断的积累过程。华为一方面加大了IPR研发的投入；另一方面华为真诚地与众多西方公司按照国际惯例达成了一些知识产权的交叉许可协议，有些还在谈判并继续达成协议的过程中。思科诉华为，只是所有这些谈判中没有取得一致意见的一例，在西方发达国家这种官司非常普遍，华为在这场诉讼中证明了自己是清白的，是讲诚信和值得客户及竞争伙伴信任和尊重的。官司已经结束了，它并不影响华为与思科继续合作。国际市场是一个法治的环境，也是一个充满官司的环境，华为有了这些宝贵的经验，今后就不会惊慌失措了。华为以后主要的销售在海外。没有与西方公司达成的许可协议和由此营造的和平发展环境，这个计划就不能实现。我们是付出了少量专利许可费，但我们也因此获得了更大的产值和更快的成长。

当前我们在技术上也要韬光养晦，要承认人家领先了许多，我们还在"文革"的时候，或在"文革"后百废待兴的时候，人家有些专利就已经形成了。通过谈判，付出合理费用，就扩展了市场空间，对我们是有利的，至少可以拖动巨大的制造业前进。由于技术标准的开放与透明，未来再难有一家公司，一个国家持有绝对优势的基础专利，这种关键专利的分散化，为交叉许可专利奠定了基础，相互授权使用对方的专利将更加普遍化。由于互联网的发达，使创造发明更加广泛化了，更容易了。我们要在知识产权（IPR）融入国际市场俱乐部，听了总理的话，我们心中更踏实了，我们相信我们的计划一定会实现的。

世界知识产权组织总干事阿帕德·鲍格胥博士在位于日内瓦的知识产权组织总部大楼大厅圆顶上的题词写道："人类聪明才智是一切艺术成果和发明成果的源泉；这些成果是人们美好生活的保证；国家的职责就是要保证坚持不懈地保护艺术和发明。"

我们相信，在国家的法制保护下，我们的目的一定会实现，我们的目的一定会达到。当施光南创造歌曲的收入不再是十几元，当原创发明人得到尊重，不再穷困潦倒……到那时，中国将真正屹立在世界的东方。

（此文发表在 2006 年 第 Z1 期《中国企业家》）

理解国家，做好自己

近几年，我国的经济形势可能出现下滑，也许 2009 年、2010 年还会更加困难，希望高级干部对经济全球化以及市场竞争的残酷性要有充分的心理准备。

一、全球化是一场"绞杀战"，只有恰到好处地"拧毛巾"，企业才能生存

经济全球化是美国推出来的，美国最后看到经济全球化对美国并不利，所以美国在退向贸易保护主义，但是保也保不住，经济全球化这个火烧起来了，就会越烧越旺。

过去的 100 多年，经济的竞争方式是以火车、轮船、电报、传真等手段来进行的，竞争强度不大，从而促进了资本主义在前 100 多年，有序地、很好地获得发展。而现在，由于光纤与计算机的发展，形成网络经济，形成资源的全球化配置，使交付、服务更加贴近客户，快速而优质的服务；使制造更加贴近低成本；研发更加贴近人才集中的低成本地区……这使竞争的强度大大增强，将会使优势企业越来越强，没优势的企业越来越困难。特别是电子产业将会永远供过于求，困难的程度，是可以想象的。

经济全球化使得竞争越来越残酷了，特别是我们电子行业，竞争极其残酷。我就举个例子来看：电子产品的性能、质量越来越高，越来越需高素质人才，而且是成千上万、数万的需求，这些人必须有高的报酬才合理。但电

子产品却越来越便宜。这就成了一个矛盾，如何得以解决，我们期待某一个经济学家，能获得电子经济诺贝尔奖。

我们仅是比其他公司对这个竞争残酷性早了一点点认识，我们才幸免于难。

大家读书的时候都很崇拜贝尔实验室吧？十多年前，我去贝尔实验室，当时 DWDM 还处在发明阶段，发明的一个波，就是 GW 载波，当时光纤还只能有三个载波，发明这项技术的博士亲自给我做图形表演。结果没多久光传输像排山倒海一样，迅速地形成过剩，把贝尔实验室也席卷了，大水冲了龙王庙。成则亦光，败则亦光。我们也在这里苟延残喘。我们的光传输产品，七八年来降价了 20 倍。

市场经济的过剩就像绞杀战一样。绞杀战如什么呢？就如拧毛巾，这毛巾只要拧出水来，就说明还有竞争空间，毛巾拧断了企业也完了，只有毛巾拧干了，毛巾还不断，这才是最佳状态。华为公司能长久保持到这个状态吗？我这两天批了一个文件给业务口征求意见，我提到了思科，思科现在开始实行很多政策，如减少员工出差，减少会议，来提高效率。高层领导出差不能坐头等舱，要坐，须自己掏钱等等。思科尚且如此，华为就能独善其身？

支撑信息产业发展的两个要素，一是数码，取之不尽用之不竭，还不用缴任何专利费；二是二氧化硅，做硅片的。是这两个东西导致了电子产品过剩。过剩的结果就是大家都拧毛巾，绞杀战。西方公司过去日子太好了，拧的水太多了，所以拧着拧着把自己拧死了。我们也不是最佳状态，我们公司的铺张浪费还很多的。

在这种情况下，怎么办？

当然，我曾经也悲观过，但是每次犯忧郁症的时候就是那种病态，但那不是我的完整思想。我曾经很发愁，觉得苦闷啊。华为公司只要稍稍不行了，怎么发工资啊？我觉得这是很大的压力。我们不是悲观主义者，但也要对经济全球化以及市场竞争的残酷性有充分的心理准备。如果华为衰落怎么办？如何才能不衰落呢？总有一天，别人在发展，而我们在落后的。

这个世界的变化是很大的，唯一不变的是变化。面对这样的变化，每个企业，如果不能奋起，最终就是灭亡，而且灭亡的速度很快。

以前我们还有祖传秘方，比如说爷爷打菜刀打得很好，方圆五十里都知道，然后孙子继承了爷爷的手艺，就能娶到了一朵金花啊。那现在铁匠还行吗？现在经济全球化啦。人家用碳纤维做的刀，削铁如泥，比钢刀还好得多。你在方圆几公里几十公里曾经流传几十年几百年的祖传，就被经济全球化在几秒钟内打得粉碎。这样的情况，就给每个人带来了生存的困难，所以每个人都要寻找生存的基点。

但是，竞争是好还是坏？竞争使这个世界进步了，加速了，美好了。我们享受了这种美好。当年我在欧洲坐豪华列车时，就想："哎，中国这是没戏啰！"我在美国坐了豪华大巴时："哎，在中国可能我坐不上了，看不见了。"中国在这么短的时间发展这么快，我想都没想到，但是它也带来了痛苦，让很多人失业了。

美国竞争失利是因为他们薪酬太高而失利，而不是因为华为的崛起使他们失败了。所以美国很多要人跟我交流，我就讲你们失败是因为你们的薪酬太高了，你们的薪酬从哪里来的？是从那些人均 GDP 只有 200 多个美元的非洲弟兄们那儿取来的钱，来供这些 IT 皇帝们，能供得起吗？供不起的，最终有一天会支撑不起的。

二、关爱员工，平缓压力

在当前的形势下，我们面对竞争对手的挑战，该怎么办呢？

其实就是必须继续努力，要一天比一天有一点点进步。我们没有奋斗的终极目标，但不奋斗是没有出路的。不管形势如何变化，只要我们团结合作，紧张而镇定，总会有活路的。同时我们也不要仅为自己生存，而去做一些不应该做的行为。我们要做一个国际市场秩序的维护者，而不是一个破坏者。我们要遵循这些规律，而不是颠覆这些规律。我们要积极地向强者学习，尊重他们的市场领导地位，积极、有序地开展竞争，以激活双方的组织体系，实现共赢。

我们要加强对员工的关怀。我最近讲了我们 EMT（经营管理团队）做的决定，就是对那些前线竞争进行投标、进行高强度作业、压力太大的员工，可以短时间到海滨去度假，费用由公司支付。还有一些奋斗强度太大，短时间身体不太好的，可以临时拖到五星级酒店缓冲一下。我们的国际救援都是一级救援的啊。我们买的是美国 AIA 的保险，我们每年为员工支付的各种保障费用大约是八个亿，我们员工在海外有意外，有直升飞机送到他们认证的医院去抢救。我们当然不希望这种事情发生。

我们希望大家要互相关爱，特别是各级党组织的支部书记、支委员，能不能跟员工交交朋友，跟他们谈谈心、吃顿饭？你想想，在非洲那么荒凉的地方，大家出去撮一顿，大家可能就增强了友谊，可能就是因为你跟他的友谊，他给你打了一个电话，你救了他一条命。所以我号召我们党组织要跟员工做朋友。当然我讲每级行政管理团队都要和员工有一个定时间的沟通，定一个时间，多长时间你们和员工有一个沟通，10 分钟、15 分钟都是可以的，你要沟通。在调动工作时，主管一定要和本人做沟通，不能什么都不告诉他，简单命令一下，这样草率，草菅人命，不好。这种东西容易引起很多矛盾。其实很多事情并不是这样子，讲清楚就好了。

这种关爱精神一定要有。这样可以平缓竞争给人们带来的心理压力。

三、要理解国家的困难，不给社会添麻烦

宏观经济不好，对我们员工来说应该不会有太大的影响，但对你们的家庭可能有很多困难。比如说肉涨价啦，奶粉涨价啦，大米涨价啦，都会带来你周围的亲戚、朋友的困难。我们应该怎么办？

我要讲的是，一定要理解国家在这个变革时期的困难。

中国这 30 年来的变化是巨大的，国家的富强是我们想都想象不到的。但快速发展的经济，也不可能持久不变，也会遇到调整。中国历史上走过的路都是弯弯曲曲走过来的，右一阵子左一阵子，左一阵子右一阵子，但是它总的还是在往前走，所以我们对"左一阵子右一阵子"要忍耐。不要去发表任何不负责任的言论，更不要"指点江山，激扬文字"。

我们一定要忍耐！我为什么有点担心呢？担心社会可能不忍耐。如果社会不能忍耐，出了乱子的时候，我们应严格要求员工，不准发表任何政治言论，更不允许上街去参加什么活动。去年经济好的时候，你讲的话出格就算啦，没关系，现在不要讲了。关键时刻你不能发表任何讲话，给社会添麻烦。要保持与党和国家一致，千万不要在这个时候拆国家的台。国家也很难。我们态度讲清楚：你乱发表言论，你上街游行，我们是要辞退的。但，你的退职金还是要发给你的。

要有一个思想准备，不见得我们是这么平安，这么平稳的。千万不要以为自己能改变这个世界，其实我们才是幼稚可笑的，不要有太多幻想。努力做好你们的分内工作，就是对这个国家最大的忠诚。我们会处于一个敏感的政治时期，这个时期特别是党员要带头，与党和国家保持一致。也可能这个时候，你在很多问题上有自己的见解，我认为这都是可能的，但是你的行为必须要被约束。

（此文发表在 2008 年第 10 期《商界评论》）

相信制度的力量

在华为成立之初，我是听任各地"游击队长"们自由发挥的。前十年几乎没有开过办公会议，总是飞到各地去，听取他们的汇报，他们说怎么办就怎么办，理解他们，支持他们。我那时被称作甩手掌柜，因为我真不知道如何管。

到1997年后，公司内部的思想混乱，主义林立，各路诸侯都显示出他们的实力，公司往何处去，不得要领。我请人民大学的教授们一起讨论一个"基本法"，用于集合一下大家发散的思维，几上几下的讨论，不知不觉中"春秋战国"就无声无息了。从此，开始形成了所谓的华为企业文化。

业界老说我神秘、伟大，其实我知道自己，名实不符。我不是为了抬高自己，而隐起来，而是因害怕才低调的。真正聪明的是13万员工，以及客户的宽容与牵引，我只不过用利益分享的方式，将他们的才智黏合起来。

公司在意志适当集中以后，就必须产生必要的制度来支撑这个文化，这时，我这个甩手掌柜就躲不了。大约在2003年前的几年时间，我累坏了，身体有多项疾病，动过两次治疗癌症手术，但我乐观……

那时公司已有几万名员工，而且每天还在不断大量地涌入。可以想象混乱到什么样子。我理解了，社会上那些承受不了的高管为什么选择自杀。问题集中到你这一点，你不拿主意就无法运行，把你聚焦在太阳下烤，你才知道CEO不好当。每天10多个小时以上的工作，仍然是一头雾水，衣服皱巴巴的，内外矛盾交集。

我人生中并没有合适的管理经历，从学校到军队，都没有做过有行政权力的"官"，不可能有产生出有效文件的素质，左改右改，反复做烙饼，把多少优秀人才烙糊了，烙跑了……这段时间摸着石头过河，险些被水淹死。

2002年，公司差点崩溃了。IT泡沫的破灭，公司内外矛盾的交集，我却无能为力控制这家公司，有半年时间都是噩梦，梦醒时常常哭。真的，如果不是公司的骨干们在茫茫黑暗中，点燃自己的心，来照亮前进的路程，公司早已没有了。这段时间孙董事长团结员工，增强自信心，功不可没。

大约在2004年，美国顾问公司帮助我们设计公司组织结构时，认为我们还没有中枢机构，不可思议。而且高层只是空任命，也不运作，提出来要建立EMT（Executive Management Team），我不愿做EMT的主席，就开始了轮值主席制度，由八位领导轮流执政，每人半年，经过两个循环，演变到今年的轮值CEO制度。

也许是这种无意中的轮值制度，平衡了公司各方面的矛盾，使公司得以均衡成长。轮值的好处是，在一段时间里，每个轮值者担负了公司CEO的职责，不仅要处理日常事务，而且要为高层会议准备起草文件，大大地锻炼了他们。同时，他不得不削小他的屁股，否则就达不到别人对他决议的拥护。这样他就将自己管辖的部门带入了全局利益的平衡，公司的山头无意中在这几年削平了。

经历八年轮值后，在新董事会选举中，他们多数被选上。我们又开始了在董事会领导下的轮值CEO制度，他们在轮值期间是公司的最高行政首长。他们更多的是着眼于公司的战略，着眼于制度建设。这比将公司的成功系于一人的制度要好。每个轮值CEO在轮值期间奋力地拉车，牵引公司前进。他走偏了，下一个的轮值CEO会及时去纠正航向，使大船能早一些拨正船头。

我不知道我们的路能走多好，这需要全体员工的拥护，以及客户和合作伙伴的理解与支持。我相信由于我的不聪明，引出来的集体奋斗与集体智慧，若能为公司的强大、为祖国以及世界作出一点贡献，20多年的辛苦就值得了。

　　我的知识底蕴不够，也不够聪明，但我容得了优秀的员工与我一起工作，与他们在一起，我也被熏陶得优秀了。他们出类拔萃，夹着我前进，我又没有什么退路，不得不被"绑"着、"架"着往前走，不小心就让他们抬到了峨眉山山顶。

　　我也体会到团结合作的力量。这些年来进步最大的是我，从一个"土民"，被精英们抬成了一个体面的小老头。因为我的性格像海绵一样，善于汲取他们的营养，总结他们的精华，而且大胆地开放输出。

　　希腊大力神的母亲是大地，他只要一靠在大地上就力大无穷。我们的大地就是众人和制度，相信制度的力量，会使他们团结合作把公司抬到金顶的。

　　我们无法准确预测未来，仍要大胆拥抱未来。面对潮起潮落，即使公司大幅度萎缩，我们不仅要淡定，还要矢志不移地继续推动组织朝向长期价值贡献的方向去改革。要改革，更要开放。要去除成功后的惰性与思维的惯性对队伍的影响，也不能躺在过去荣耀的延长线上，只要我们能不断地激活队伍，我们就有希望。

　　　　　　　　　　　　　（此文发表在 2012 年 第 Z1 期《IT 时代周刊》）

我们需要怎样的创新

中国创造不了价值，第一是缺少土壤，这个土壤就是产权保护制度。在硅谷，大家拼命地加班，说不定哪天就一夜暴富了。我有一个朋友，当年我去美国的时候，他的公司比华为还大，他抱着一夜暴富的想法，20多年也没暴富。但像他一样的千百万美国人有可能就这样奋斗毕生，有可能就会挤压出某一个人的成功，比如乔布斯，比如扎克伯格。也就是说，产权保护制度让大家看到了"一夜暴富"的可能性。

异军从何突起

没有产权保护，创新的冲动就会受抑制。Facebook 的出现并没有什么了不起的，但要是在中国出现的话，有可能会被拷贝抄袭多遍，不仅原创者会被抛弃，连最先的抄袭者也会家破人亡。在美国有严格的知识产权保护制度，你是不能抄的，你抄了就罚你几十亿美元。有这么严格的保护制度，谁都知道不能侵犯他人的知识产权，实际上保护知识产权是我们自己的需要，而不是别人用来打压我们的手段。如果认识到这一点，几十年、上百年后我们国家的科技就有希望了。

在我们公司的创新问题上，第一，一定要强调价值理论，不是为了创新而创新，一定是为了创造价值。但未来的价值点还是个假设体系，现在是不清晰的。我们假设未来是什么？我们假设数据流量的管道会变粗，变得像太平洋一样粗，建个诺亚方舟把我们救了。这个假设是否准确，我们并不清楚。如果真的像太平洋一样粗，也许华为就押对宝了。如果只有长江、黄河那么粗，那么华为公司是不是会完蛋呢？这个世界上完蛋的公司有很多，北电网络就是押宝押错了。中国的小网通也是押错宝了，押早了。小网通刚死，宽带就来了。

英雄常常生不逢时。有一些人性格很刚烈，大家不认同。他们如果生在抗战时代，说不定就是英雄，说不定就能当将军。我们是从人类社会的需求和价值基础上假设将来数据流量会越流越大，但这不一定符合社会规律。我们现在的假设是要接受长期批判的，如果假设不对，那我们就要修正。首席科学家要决定带领我们往哪里突破。

第二，在创新问题上，我们要更多地宽容失败。宽容失败也要有具体的评价机制，不是所有的领域都允许大规模的失败。我们是高端研究领域，模糊区域更多。有一些区域并不是模糊的，就不允许他们乱来。比如说工程的承包等都是可以清晰数量化的，做不好就说明管理能力低。但我们进入的是模糊区域，我们不知道它未来会是什么样子、会做成什么。因此，在思想上要放得更开，你可以到外面去喝咖啡，与人碰撞思想，把你的感慨写出来，发到网上，引领一代新人思考。也许不只是华为的人看到你了，社会上的人也看到你了。当你的感慨可以去影响别人时，别人就会顺着一路走下去，也许他就成功了。所以在创新问题上，更多的是一种承前启后。

现在到处都在讨论自主创新的问题，我特别不同意，为什么一定要自主？我们为什么要排外？我们能够什么都做得比别人好吗？我们在创新的过程中强调只做我们有优势的部分，别的部分我们应该更多地加强开放与合作，只有这样我们才有可能构建真正的战略力量。我非常支持异军突起的创新，但这种创新要在公司的主航道上才好。所以，一定要避免建立封闭系统，要建立一个开放的体系，特别是硬件体系更要开放，不开放就是死亡。

鼓励产生将军的机制

华为从当年三四十台模拟交换机的代理商走到今天，在于有将军的长远眼光。为什么我们现在就产生不了将军呢？是文化机制的问题、考核机制的问题。胡厚昆（华为高级副董事长）说过，我们的利益机制要从"授予"改成"获取"。授予就是我们上面来评，该给你多少钱、该给他多少钱。以后我们要改成"获取""分享"，把整个考核机制倒过来，以利益为中心。我们的机关这么庞大，是因为机关来分钱，先给自己留一块，剩下的让在"阿富汗"的弟兄们分，结果他们拿不到多少。这就是一种不能鼓励产生英雄的机制、不能产生战略的机制，所以我们现在要调整过来。在调整的这个过渡时期，我们呼唤更多有战略眼光的人走到管理岗位上来。我们看问题要长远，我们今天就是在赌博，赌博就需要战略眼光。我们赌什么呢？赌管道会像太平洋一样粗。

因此，在短期投资和长期利益上没有看得很清楚的人，实际上他就不是将军，将军就要有战略意识。华为实际上是处在一个相对较好的时期，要加大投入，把这些优势耗散掉，形成新的优势。整个社会都在衰退，经济可能会循环衰退，我们虽然跟自己过去相比下降了，但和旁边相比，活得还很滋润，我们今年的纯利会到 20 亿—30 亿美元。因此，对未来的投资不能手软。不敢用钱是因为我们缺少领袖，缺少将军，缺少对未来的战略。

中国的宗教是玄学，是模糊科学，对创造发明有好处，但对做可靠的产品不一定有好处。从这个角度出发，我们和世界达成互补性的经济关系，多交一些朋友，才能有助于达成主要的战略目标。

统一的哲学是创新的基石

我们去俄罗斯的最大感受是什么？就是普希金、屠格涅夫、托尔斯泰这些人！俄罗斯是文化大国，它的文化对整个区域都产生了影响。英国、美国、日本、法国、德国及整个欧洲社会，他们在哲学体系上搞清楚了，几百年没有动乱过。

在看待历史问题的时候，特别是做基础科学的人，更多地要看到你对未来产生的历史价值和贡献。我们公司要宽容"歪瓜裂枣"的奇思异想。以前一说歪瓜裂枣，他们把"裂"写成劣等的"劣"，我说你们搞错了，枣是裂的最甜，瓜是歪的最甜。被认为是歪瓜裂枣的那些人虽然不被大家看好，但我们从战略眼光上看好他们。从事基础研究的人，有时候不需要急功近利，我们从来不让你们去比论文数量这些东西，就是想让你们能够踏踏实实地做学问。但你们做得也不够好，因为我们的价值观没有完全做到统一。统一的价值观是经过多少代人的磨合才有可能形成的。现在我们也不能肯定，但是我们要尽力去做。

（此文发表在 2012 年第 10 期《商界评论》）

对突破基础理论和掌握核心技术的两点认识

未来二三十年内世界科学技术一定会有一个突飞猛进，这场科技革命的深度与广度目前我们还不可想象。人工智能的应用、生物技术的突破、石墨烯进入实用引发的电子工业革命等等是如何的波澜壮阔，我们还想象不出来。我们不必担心害怕这种巨大变化，而是想办法去驾驭它。驾驭这种巨大变化的最好办法是发展信息产业，突破基础理论，掌握核心技术，以此建立全球的产业竞争力，并在发展中解决网络安全和信息安全。

如何突破基础理论和掌握核心技术？

第一，端正学风，建立起突破基础理论和攻克核心技术的氛围和价值导向。

只有突破基础理论，才可能掌握核心技术。基础理论的突破不是一朝一夕能实现的，往往需要二三十年的持续努力才可能达成。当前学术风气浮躁、急功近利、学术腐败等问题，是不符合几十年如一日的科研规律的。我们要重视论文，也要重视实验验证。没有正确的假设，就没有正确的方向；没有正确的方向，就没有正确的思想；没有正确的思想，就没有正确的理论；没有正确的理论，就没有正确的战略。

基础理论的突破和核心技术的掌握，关键靠人才。当前国家科研经费主要用于购买仪器和设备，用于人才激励的很少，这是对人才的不尊重。软件核心技术突破和基础理论突破是需要仪器设备的，但更需要人才。只有先进设备，没有一流人才，不可能实现核心技术的突破；有一流的人才，即使使用简易的设备，也可能实现核心技术和基础理论突破，搞成"两弹一星"就是最好的例证。

国家的科研投资应该面向更长远的、更基础的研究，避免与企业在短期项目上重复。短期项目往往变成争抢科研经费的根源，只覆盖了个别单位。国家投资的长远研究产出的成果应能够广泛为所有企业借用。

建立重视产生思想、产生理论的学术氛围，建立以价值创造为导向的科研成果评价体系，而不是以论文数量、获奖为导向。这对于突破基础理论和掌握核心技术也是很重要的。

第二，开放是掌握核心技术和解决安全问题的必然之路。

发展和进步需要开放的技术体系和开放的环境，封闭只能越来越落后。在开放中和领先者竞争，才能提升技术能力，只有具备能力才是真正安全的。开放是站在巨人肩膀上实现超越。

中国的高铁突破、核电的竞争力提升，都是建立在全球开放的基础之上的。华为的进步也源自通信产业的开放性和技术体系的开放性，没有开放就没有华为的今天。

网络安全和信息安全决定于技术能力。技术能力不强、不领先，与先进技术差距大，就无法抵御来自外部的攻击，很容易被攻破和渗透。除非建立一个完全隔离的系统，但网络和信息的价值正在于互联互通和信息流通。成为信息孤岛，也就失去了网络和信息的价值。因此，过度的自我保护、低水平国产化，并不能解决安全问题。只有追求超越，也只有实现超越和领先，突破基础理论，掌握核心技术，才有真正的安全。网络安全也不能完全靠技术，政策法规同样是十分重要的。互联网要传送正能量、主潮流、时代精神，即鼓励人们去奋斗，去创造价值。十八大以来，在习近平总书记和党中央领导下，我国互联网逐渐回归了理性。

专网和公网在网络与信息安全保障上应采取不同的策略。专网以网络与信息安全为第一位，网络建设相对隔离。公网的网络与信息安全要求要低一些，注重于提升与世界同步的高水平。在安全策略和技术选择上，不能搞

"一刀切"。

　　归结起来说，突破基础理论，掌握核心技术，是确保信息产业发展和解决网络与信息安全的基础；而端正学风，开放发展，是突破基础理论、掌握核心技术的路径。

（此文发表在 2016 年 8 月 22 日《学习时报》）

对话任正非：必须坚定实施供给侧改革

赵东辉　李　斌　刘诗平　蔡国兆　彭　勇　何雨欣

　　任正非和华为公司，堪称当代商业史上的传奇。

　　1987年，年满43岁的任正非和5个同伴集资2.1万元成立华为公司，利用两台万用表加一台示波器，在深圳的一个"烂棚棚"里起家创业。

　　28年后，华为公司由默默无闻的小作坊成长为通信领域的全球领导者：2015年营收3950亿元人民币，净利润369亿元，增速均达30%以上。作为华为领军人物，任正非从一名中年创业者成为全球知名企业家，深深影响了许多人……

　　华为走过了怎样的创业、创新之路？成功密码是什么？"28年只做一件事"的任正非究竟做了怎样"一件事"？有着怎样的心路历程？在他看来，当下的深圳乃至中国应该如何创新驱动发展？政府需要筑牢哪些堤坝？

　　带着一系列问题，新华社记者近日走进位于深圳龙岗坂田的华为总部，与任正非面对面，进行了3个多小时的访谈……

　　记者：企业间的竞争其实挺残酷的，但刚才听您讲到和国外的竞争对手可以自如地对话，这是怎么做到的？不是都讲企业竞争搞焦土政策吗？

　　任正非：那是别人说的焦土政策，我们从来没有这样做过。华为是小公司的时候就很开放，和别人总体都是保持友好的。为什么我们在国际市场有这么好的空间？因为我们知识产权的"核保护伞"建立起来了，这些年我们交了那么多的知识产权费给别人，当然我们也收了非常多的专利费，和那么多公司签了专利交叉许可协议，这本身就是友善、尊重别人嘛。我们现在发展速度比别人快，进入的领域比别人深，我们还要顾及世界的发展。

记者：华为都是在主航道作战，那现在主航道是越来越宽了呢，还是越来越窄了？竞争对手是越来越多了、越来越强了，还是怎样一个情景？

任正非：主航道只会越来越宽，宽到你不可想象。我们现在还想象不出未来信息社会是什么样子。我们只是把航道修宽了，在航道上走各种船，游艇啊、货轮啊、小木船啊，是别人的，运营商也只是收过路费。所以我们要跟千万家公司合作，才可能实现这个目标。

管住"两条堤坝"："政府最主要还是建立规则"

记者：在深圳，政府和企业的关系怎样？您对政府有什么建议？

任正非：深圳市政府做得比较好的一点，是政府基本不干预企业的具体运作。法治化、市场化，其实政府只要管住这两条堤坝，企业在堤坝内有序运营，就不要管。政府最主要还是建立规则，在法治化和市场化方面给企业提供最有力的保障。

记者：深圳创新型经济如何走在全国前列？

任正非：深圳就是要率先实现法治化、市场化，这方面要走在全国前面。打知识产权官司，法庭要公正判决。

记者：过去有一个阶段，珠三角地区被称为"世界工厂"。您怎么看这些年珠三角走的世界工厂之路？这条路对创新发展、创新驱动有怎样的价值？

任正非：20多年前你来华为看，会觉得华为是家快关闭的工厂。我们是利用两台万用表加一台示波器在一个烂棚棚里面起家的。我们曾经也是落后工厂，落后到比珠三角的加工厂还可怜。

演变是一个循序渐进的过程。现在珠三角大量劳动密集型产业转到东南亚去了。你不能只看珠三角有少数高科技公司成功了。高科技公司也是在"低科技"的基础上成长起来的。你只要给他条件，他就会改进自己、赶超自己，慢慢就会发展。高科技公司也需要"低科技"的零部件。

记者：也就是说，如果没有这些基础制造业的支撑，所谓高科技也是没有基础的？

任正非：是的。我们的高科技是由多少"低科技"组成的？每个零件都是高科技吗？不可能。我们的产品是由多少零件组成的？以前买这些零件，我们都是付人民币，到东莞提货，现在是付美金，到东南亚提货了。

走向繁荣："锄头一定要种出玉米，玉米就是实体企业"

记者：您觉得现在抓住国际机遇进一步扩大改革开放，重点应该是在哪些方面？

任正非：第一，减税，先把税减下来。减税可以带来企业持续减负，从而增加更多投资和创新，企业有钱搞研发，这样就可能得到休养生息和喘息的空间，产业就能做大，税基也大了。第二，改变劳动和资本的分配机制。华为这些年劳动与资本的分配比例是 3:1，每年经营增值部分，按资本与劳动的贡献设定一个分配比例，劳动者的积极性就起来了。

记者：创新跟改革开放是什么关系？

任正非：创新就是释放生产力，创造具体的财富，从而使中国走向繁荣。虚拟经济是工具，工具是锄头，不能说我用了五六十把锄头就怎么样了，锄头一定要种出玉米，玉米就是实体企业。我们还是得发展实体企业，以解决人们真正的物质和文化需要为中心，才能使社会稳定下来。

记者：有人说这些年改革的动力有弱化的现象，您怎么评价？

任正非：我认为如果每个人都抱着一夜暴富的想法，实现不了，它的动力就弱化了。但真真实实的是，天还是那个天，地还是那个地，辘轳篱笆狗都没有变，你怎么能变成"富二代"呢？如果我们抱着一种努力创造、缓慢健康成长的心态，每个人的满意度就提升了。

战略耐性："没有理论的创新是不可能持久的，也不可能成功"

记者：美国硅谷是世界高科技的高地，中国创新的希望何在？

任正非：高科技领域最大的问题，是大家要沉得下心，没有理论基础的创新是不可能做成大产业的。"板凳要坐十年冷"，理论基础的板凳可能要坐更长时间。我们搞科研，人比设备重要。用简易的设备能做出复杂的科研成果来，而简易的人即使使用先进的设备也做不出什么来。

记者：中国有可能成长出许多个"华为"吗？

任正非：可以的。第一，小企业做大，就得专心致志为客户服务。小企业特别是创业的小企业，就是要认认真真、踏踏实实，真心诚意为客户服务。小企业不要去讲太多方法论，就是要真心诚意地磨好豆腐，豆腐做得好，一定是能卖出去的。只要真心诚意去对客户，改进质量，一定会有机会。不要把管理搞得太复杂。第二，先在一个领域里做好，持之以恒做好一个"螺丝钉"。第三，小公司不能稍微成功就自我膨胀。我始终认为企业要踏踏实实一步一步发展。

泡沫经济对中国是一个摧毁，我们一定要踏踏实实搞科研。一个基础理论变成大产业，要经历几十年的工夫，我们要有战略耐性。要尊重科学家，有一些人踏踏实实做研究。如果学术研究泡沫化，中国未来高科技很难有前途。不要泡沫化，不要着急，不要大跃进。没有理论的创新是不可能持久的，也不可能成功。

我们公司在世界资源聚集地建立了20多个能力中心，没有这些能力中心科学家的理论突破，就没有我们的领先世界。中国必须构建理论突破，创新才有出路。小改、小革，不可能成为大产业。

记者：您说的理论创新是指基础研究？

任正非：理论创新比基础研究还要超前，因为他写的方程也许连神仙都看不懂，就像爱因斯坦一百年前写的引力场方程，当时谁也看不懂，经过许多科学家一百年的研究才终于证明理论是对的。很多前沿理论突破以后，人类当时都不能理解。

记者：华为聘用的国外科学家很多吗？

任正非：我们海外研究所的科学家大多是外国人，所长是中国人，所长就是服务。我们"2012实验室"现在有700多位科学家，今年会到1400多人。

记者：高科技发展应该以基础理论为支撑？

任正非：有理论创新才能产生大产业，当然有技术创新也能前进。日本一个做螺丝钉的小企业，几十年只研究螺丝钉，它的螺丝钉永远不会松动，全世界的高速铁路大都是用这个公司的螺丝钉。一个螺丝钉就有非常多的地方可以研究。我去过德国的小村庄工厂，几十年就做一个产品，打出的介绍图不是说销售了多少，而是占世界份额多少，村庄企业啊！

记者：就您在华为成长过程中的感受，我们国家在未来一轮经济周期怎样才能"抢占"高新技术的一席之地？

任正非：首先不要有"抢占"这个概念，一抢，就泡沫化。就是踏踏实实做基础，融入世界潮流，与世界一同发展，分享世界的成功。

未来30年："一定会崛起非常多的大产业"

记者：有人说深圳走上了创新驱动发展的道路，其中的一个动力源就是华为？

任正非：未来信息社会的深度和广度不可想象，未来二三十年将是人类社会发生最大变化的时代。伴随生物技术的突破、人工智能的实现等，未来人类社会一定会崛起非常多的大产业。

我们面对着极大的知识产权威胁。过去二三十年，是从落后通信走向宽带通信的二三十年，全世界出现多少大公司，美国思科、谷歌、Facebook、苹果，中国没有出多少，就是因为对知识产权保护不够。未来还会出现更多的大产业，比如 VR 虚拟现实，中国在这些产业是有优势的，但是要发展得更好，必须有十分苛刻的知识产权保护措施。

记者：您觉得中国应该建设和发展怎样的一种商业环境？

任正非：我认为中央提出新常态是非常正确的。我们不再追求高速度了，适当发展慢一点，有发展质量才是最根本的。

有个专家说，投资有两种方式：一种是外延方式，比如建一个钢铁厂，再建一个钢铁厂，又再建一个钢铁厂，规模就做大了；第二种叫普罗米修斯投资，普罗米修斯把火偷来了，有了火才有人类文明，这就是创新突破。我们国家提出要沿着创新之路增长经济，是正确的。外延式增长，投资越大产品越过剩，价格越来越低，投资效果越差。

记者：在您看来，我们面临着前所未有的大机遇，同时面临的大风险是什么？

任正非：我觉得，中国经济没有想象中那么大的问题。主要是不要把自己泡沫化了。中国的情况还是比别人好的，只要不让假货横行，就出不了大的问题。

防范危机："高成本最终会摧毁你的竞争力"

记者：您觉得深圳未来的危机在哪里？

任正非：很简单，140 年前，世界的中心在匹兹堡，有钢铁。70 年前，世界的中心在底特律，有汽车。现在，世界的中心在哪里？不知道，会分散化，会去低成本的地方。高成本最终会摧毁你的竞争力。而且现在有了高铁、网络、高速公路，活力分布的时代已经形成了，但不会聚集在高成本的地方。

记者：华为是深圳本土成长的企业，您对深圳的城市发展比如国际化、改革开放等有怎样的期望？

任正非：深圳房地产太多了，没有大块的工业用地了。大家知道大工业的发展，每一个公司都需要一定的空间发展。

我们国家最终要走向工业现代化。四个现代化，最重要的是工业现代化。工业现代化最主要的，要有土地来换取工业的成长。现在土地越来越少，越来越贵，产业成长的可能空间就会越来越小。既然要发展大工业、引导大工业，就要算一算大工业需要的要素是什么，这个要素在全世界是怎么平均的，算一算每平方公里承载了多少产值，这些产值需要多少人，这些人要有住房，要有生活设施。生活设施太贵了，企业就承载不起；生产成本太高了，工业就发展不起来。

中国企业走出去："要搞清楚法律，不是有钱就能投资的"

记者：对一些希望走出去的中国企业，有没有一些建议？

任正非：首先中国要建成法治国家，企业在国内就要遵纪守法。你在国内都不守法，出去一定是碰得头破血流。所以我不支持中国企业盲目走出去。制度对社会的影响不会立竿见影，会几十年一百年慢慢释放影响。其次，要学会在中国管理市场经济，在中国你死我活地对打，还活下来了的话，就能身强力壮地出去跟别人打。中国要加强法律、会计等各种制度的建设，使自己强盛了走出国门。不然企业走出去会遇到非常多的风险，最后可能血本无归。所以我认为，中国企业要走出去，首先要法治化，要搞清楚法律，不是有钱就能投资的。

（原文刊载于 2016 年 5 月 9 日新华网，为节选）

鲁冠球

鲁冠球（1945—2017），浙江萧山人。1969 年 7 月，带领 6 名农民，集资 4000 元，创办宁围公社农机厂。1994 年，集团核心企业万向钱潮股份公司上市。2015 年 9 月，鲁冠球参与中美企业圆桌会议。曾担任中国乡镇企业协会会长，浙江省企业联合会、企业家协会会长。

应对"入世"诚信是第一通行证

加入 **WTO** 的应对方案

万向为了迎接加入 WTO，主要在做三件事情：

第一件事，如何使万向在社会上建立信誉，诚信是第一通行证。我们要求每一位员工在公司内部踏踏实实做事，在社会上树立诚实守信形象，使员工从品德到技术到整体素质，一步步提高。

第二件事，进行技术改造，从大设备改造着手，到现在重点抓检测设备和试验设备的改造。拿给客户的产品，我自己先要放心，这样就会树立信誉。在此基础上，通过员工培训和技术改造，把成本降下来。

第三件事，万向质量上去了，整体素质提高了，社会信誉树立了，企业在社会上的地位得到提高，这样就可以做与自己身份相符合的事，这叫门当户对。

应对"入世"企业的诚信度是重要的

加入 WTO 以后，不管是国内企业还是境外企业，不管是什么行业，看重的都是市场，而其中最重要还是人员的素质。人员素质包括能力素质和道德素质，道德素质比技术素质更重要。资金可以借，技术可以买，而道德素质（包括守信、诚实）是买不到的。你看，由于不讲道德、不守信誉、不诚实的现象普遍存在，如今的企业风险要增加多少？成本要增加多少？许多客户就是因为不知你是否守信，不敢跟你谈生意。我从一份资料中得知，现在国内上市的 1200 多家企业，其中有的将会调整掉。是不是这些企业只有这么一点寿命呢？不是的。因为它原来组合的时候，掺进了假的东西，随着时间的推移，就全部暴露了。

加入 WTO 后，大家要遵守的是国际"游戏规则"。诚信问题就成为首要的而且是最重要的问题。当前，国家正下决心整顿市场经济秩序，我看，整顿秩序就是整顿道德。

提高员工的素质

万向很早就"走出去"了，是逼出来的。真正要"走出去"很难。"走出去"有两种情况，一种是形势所逼，一种是去赚大钱。万向"走出去"，是形势所逼。当时企业还很小，市场打不开，素质提不高，只有通过与别人交往，缩小差距。开始并没有想也不敢想赚大钱，但终有一天，我们会为了赚大钱而"走出去"的。被逼"走出去"，这要下狠心下大决心才能做好它。这样，就要具备吃苦耐劳的精神，要过语言关、文化关，如果先去学习这些，时间上不允许，只有边工作边学习，从中提高。我们在美国的员工工作时间都在 14 个小时以上。

从中国加入 WTO 以后的形势来看，光就技术方面占领市场还是比较难的。就机械行业而言，不能光看到有劳动力优势，主要还是要把素质提高上去，如果劳动力便宜，但素质较差，就会影响质量和成本。

加入 WTO 以后，许多发达国家的加工业将转向中国，中国工人的技术素质比先进国家要低，但在发展中国家中又是较高的，这对我们提高工人素质是好机会。

信誉要与实力相结合

近几年来，我们在国外收购好几家公司，在收购过程中，这些企业都到国内来咨询过。当他们了解到，万向在中国是一个诚实守信的企业，他们才愿意被收购。

我们现在用银行的钱就凭信誉，不用抵押，不用担保，这省了很多成本。企业需要的钱，马上就可以拿出来。到目前为止，我们出去的资金才300多万美元，而国外银行授信给我们的资金开始是500万美元，后来到5000万美元，现在已经是8000万美元了。

我们的收购成功是安全与信誉连在一起的。我现在教育员工，什么都可以损失，但是与别人讲的话都要兑现。我对万向美国公司的员工说，到国外先不要只想赚大钱，一定要在国外先树立好的形象，有了这个基础保障，朋友就会越来越多，生意才会越来越好。有时，为了树立形象也会受损失，这不要紧，只要客户获利了、满意了，他会敬佩你、信任你，关系就会越来越铁。

信誉重要，但只有信誉还不够，信誉要与实力相结合。中国有些企业开始实力很强，但在实际工作中，由于不守信誉，丧失掉了实力。我们的企业要将实力、信誉结合起来。

（此文发表在 2002 年第 1 期《中国乡镇企业》）

入世：中国零部件企业如何创造生存优势

万向集团成为中国第一个为美国通用汽车公司提供零部件的 OEM 厂商，在很大程度上应该归功于对国际市场资源的成功组合。面对全球化的冲击，我们主要采取了资源外部化、经营本土化、人才国际化的策略。

一、资源外部化

企业的发展，在一定意义上取决于其对资源合理利用的水平和优化配置的程度。1985 年，全国计划经济工作会议召开，我在会上发言谈到我们产品已经出口，但在国内还列不进计划的问题。当时姚依林副总理主持会议，他立刻拍板，之后国内主机厂也开始用我们的产品。"外销促内销"的成功，应该说是我们组合国际市场信誉资源的成功。

1992 年我们把人员派往美国，走出去后我们才真正感受到了与国际市场的差距。比如美国某一同行企业仅 250 人，年生产 400 万套万向节；而当时有近千名员工的我们，年生产只有 80 多万套。从这以后，我们就采取高起点投入，引进高精尖设备，培育高素质人才，制造高档次产品，使企业整体素质得到了有效提升。

凡事能够亲身经历，固然是一种积累，但是别人的经验更是一种资源，善于学习本身便是一种财富。我们给通用公司配套生产，下订单之前，对方就一次次地来企业考察，从生产现场、外协单位到原材料供应商的每一个细节都不放过，并对工艺改进直到关键技术的创新等，都认真指出问题并给予帮助解决。我们与德尔福合作的第三代轮单元项目中，他们先后有15批234人次来万向作技术指导和支持。与福特配套也是如此，他们近乎苛刻的要求，迫使我们不断改进工作，不断提高水平。

1994年经国家外经贸部批准，万向美国公司正式成立。之后我们更是充分利用国内的资源优势，融合美国本土化运作，高起点，迈大步，开创性地实施了以"股权换市场""设备换市场""让利换市场"和"无形资产收购"等资本经营与发展实业相结合的运作技巧，先后在美国、英国、德国、加拿大等7个国家建立18家公司，不仅扩大了集团的国际市场份额，更为我们融合国际市场，利用国际资源，打开了通道。

产品的形成过程，从原材料采购、设计制造到售后服务，不仅是一个物质的加工生产过程，更是一种精神、文化、品牌的形成和凝聚过程。国外优秀的同行不仅把精湛的技术传授给我们，更把他们的敬业精神留给了我们。对企业来说，销售产品的价值总是有限的，而员工素质的提高则是价值无限的。全球化，说到底是一种资源的整合，是社会资源特别是资本、技术、人力等资源，在市场法则驱动下的全球性的流动与组合。可以说没有资源就没有生产力。因此，一直以来从我们的产品、人员到企业的走出去，还有国外的客户乃至竞争对手的经历、经验等，都成了我们利用的资源。也正是通过把他们的今天当成我们的明天，这些年来我们学到很多现成的东西，这使我们的目标更加明确，力量更加集中。加入WTO后国际知名企业纷纷抢滩中国。以日本为例，49%的制造企业准备在今后三年，把生产基地向海外转移，其中70%的企业，把中国作为目的地。而且，转移的范围已经扩展到高附加值的领域。此外，格兰仕、飞利浦、西门子、摩托罗拉、松下等国际知名企业，也纷纷把生产重心移向中国，有的甚至把生产线全部转移过来。有人说，加入WTO是"狼来了"，但从我们的情况看，说合作伙伴来了更确切一些。因为他们在带来大量资本的同时，大量的先进技术和管理经验也将随之流入中国，并将在中国形成一个资源平台。而如何充分利用这个资源平台，积极与跨国公司开展合作，是我们千载难逢的机遇。

当今世界，谁与跨国公司合作，谁就是最大的赢家。如果说，20 世纪是跨国公司主导的世纪，那么，21 世纪是跨国公司主宰的世纪。企业的发展就是要与真正意义上的跨国公司对接，与他们进行合作，搭在巨人的肩膀上成长，才有跨越式前进的可能。

二、经营本土化

全球化，既是一体化，同时又是一体化和本土化的矛盾统一体。一方面，全球化正在冲破传统的民族和国家的壁垒，越来越多地接纳和遵守国际性的标准和规范，越来越多的国家打出了"与国际接轨"的口号；另一方面，各国又始终没有忘记自己本国的传统和特征，又都在努力将国际标准与本国的传统相结合，使国际标准本土化。尤其是西方发达国家，他们越来越成为全球化的主导，他们本土化的一些东西，越来越成为一体化的模式。因此我们的海外企业采取了"思考全球化，行动本土化"的经营战略。

1. 管理本土化。我们在海外的公司都按照国际通用的标准进行管理。公司财务账目、法律事务等，均由当地会计师事务所、律师事务所承担，以取得客户的信任，从而争取用最短的时间进入角色。我们国内的生产企业和海外公司，分别作为制造商和经销商，于 1998 年初通过国际汽车行业最高标准 QS9000 体系认证。

2001 年 2 月，我们的万向美国公司尝试产权改革，设立经营者基金。在集团投入仍归集团所有的前提下作出规定，该公司每年利润增长超过 26.58％的部分，划入经营者基金，归经营者所有。同时规定，基金可以通过购买新股的方式，逐步转化为总额不超过 40％的公司股权。"经营者基金"的设立，不是简单地明晰产权，更不是分配存量资产。它的运作是完全建立在创造增量资产的基础之上，我们将之称为激活智慧，分配未来。这是我们产权制度本土化的一次尝试。

2. 市场营销本土化。即如何利用当地的资源来建立自己的市场体系。在国内，我们与主机厂合作就地建厂，产品供主机厂配套。现在万向已经在湖北、黑龙江、海南、河南、江苏等地与当地主机厂合作建厂。在国外，我们也是充分地利用当地资源，比如在美国，万向节的销售借用的是洛克威尔公司的力量，轴承则合并使用了日本 NTN 公司与美国通用轴承公司的销售网络；在欧洲，则启用了原 GKN 系统的人员。同时为配合市场体系的有效运作，我们还加强硬件配置，国内设有 20 多家配送中心，400 多家特约经销点；国外，万向在美国、英国、墨西哥、巴西等地均设有保税仓库，以解除客户对货源的担心。

3. 资本运作本土化。企业的经营管理成功与否，银行和股东的承认是唯一的判断标准。万向海外公司的经营效益和发展速度，很快就引起了当地银行的注意，得到银行方面的资金支持，授信额度从 500 万美元增加到了 8000 万美元，并且还为企业的发展出谋划策，保驾护航。比如，我们提出购买草原河高尔夫球场，当地的银行经过调研后同意我们的方案，并且为我们提供了购买球场所需的贷款。现在这家高尔夫球场早已收回成本，不仅我们有了可观的效益，银行也得到了相应的回报。现在，万向美国公司当地银行的投入是母公司投入的两倍以上，公司还准备将股票上市，真正实现公司资本运作的本土化。本土化拉近了我们与不同民族、不同文化之间的距离，增进了相互之间的了解和信任，融洽了彼此的关系和感情，加快了我们在国际间开展合作的速度，降低了合作的成本，为我们在各方面与国际接轨创造了便利。

三、人才国际化

加入 WTO 使人才从过去的"远距离竞争"变成了今天的"零距离竞争"。我们说，机遇与挑战并存，事实上，机遇只是潜在的，挑战则是现实的。特别是随着外资进入国内人才市场。这意味着我们的人才"国内竞争国际化，国际竞争国内化"的日子已经来临。如果我们不采取国际化的战略，不仅新的人才招聘不到，而且现有的人才也面临跳槽的危险。万向的人才国际化战略，就是以海外公司为平台，逐步向国内辐射。

一方面，海外公司从本土化入手，通过当地的银行、律师事务所、会计师事务所、媒体等多种渠道，聘用不同国籍且具有多国文化背景的各类优秀人才。比如，在万向美国公司成立初期，很多人建议我们从国内派"子弟兵"出去，经分析，我们认为派"子弟兵"出去直接成本虽不高，但间接成本较高，尤其是机会成本高。因为他们要过语言关、法律关和生活关，还要熟悉环境、结交朋友等，往往要一两年后才能独立工作，不仅消耗了时间，更主要的是错过了很多机会。而在当地本土化招人，虽然直接成本较高，但他们熟悉国情，熟悉当地的法律，熟悉当地的文化，又了解市场，容易与客户沟通，潜在机会空间很大。所以我们选择了本土化招人。现在，万向美国公司 480 名员工，国内派出的只有 6 人，其余的人员都是在美国当地招聘的，有美国人、英国人、德国人、澳大利亚人、墨西哥人等，也有海外的留学人员。外交部副部长李肇星 2000 年初视察万向美国公司时，曾风趣地说，你们这里成了联合国。我们在不断增加人才结构跨文化容量的同时，还尽力为他们提供国际化的成长空间。我们拥有国家级技术中心、国家级实验室、国家级高新技术企业，企业博士后科研工作站、高科技孵化器等，为科技人员提供了良好的开发环境。我们还拥有国家经贸委批准的境外带料加工企业，拥有外经权、外贸权、外事权等等。我们的员工出国，除了我本人以外，企业自己就可以审批。我们可以直接邀请客商来华，可以对外承包工程，可以劳务输出等。

另一方面，以海外公司为依托，实行内外一体化用人制，努力为人才创造国际化的流动空间。我们大批地派人出国，进行工作培训。我们在国外的 18 家公司，为集团人才国际化流动创造了条件。我们内部的员工，通过自我申报的形式，提出到国外公司工作的要求，经过一定程序的岗位考核，就可以到国外公司工作。2002 年上半年，我们已派出 24 批 56 人次出国工作。同时，我们国外的员工也要到国内进行工作培训，了解中国的国情和万向的文化，熟悉集团的制造能力。大家知道，万向美国公司对美国纳斯达克上市公司 UAI 实施了成功并购——这项收购应该说是全球化研究中最佳的万向视角。为什么呢？第一，UAI 公司的收购，有效地推进了万向"产业国际化"的进程。现在，我们的"万向制造"，可以根据不同客户的需要，选择在国内制造，也可以选择在美国制造，还可以选择在国内粗加工，国外精加工，打破了资源的区域限制，利用了国内低成本制造优势和国外技术服务与市场控制等优势，为"万向制造"搭建了又一个国际化的平台。第二，扩大了万向的国际市场份额。每年至少要新增 7000 万美元的市场，而我们的制造企业每年至少获得 2000 万美元的订单。有了市场份额，企业就有了生存和发展的权利。第三，将 UAI 公司的"UBP"品牌引入中国。该品牌在美国颇有名气，享有很高的市场美誉度。这是一份无形资产，它无疑会扩大我们的获利空间，更为我们在未来的品牌竞争中赢得胜利，奠定了基础。上述是万向集团成长过程中的一部分经验，这说明中国的零部件企业，不仅面临优化、兼并、重组的优势，更面临着如何创新提高以及形成全球竞争力的机遇。

万向集团作为国家 520 户重点企业和 120 家试点企业中唯一的汽车零部件企业，未来的发展就是要抓住当前的历史机遇，以只争朝夕的姿态，用 3—5 年的时间，建好中国汽车零部件产业基地，并以此为平台，对接全球范围的制造业转移，先建成世界大工厂，纳入世界整车厂的运营体系，再通过引进和吸收世界先进的东西，以形成自己的核心竞争力，与世界经济同步发展。总的说来，应该说是我们很幸运，正赶上了"中国几乎在所有领域，都会变得更加强大、更具影响力"的今天。

（此文发表在 2003 年第 4 期《杭州金融研修学院学报》）

小平给了我们致富的勇气和机会

8月22日是改革开放的总设计师邓小平同志诞辰100周年纪念日。伟人已逝，但我们分明感觉到，伟人的目光依然在注视着我们，小平理论依然在指引着我们，小平同志依然活在我们心中。

小平同志对乡镇企业的发展，确实是贡献很大。很多乡镇企业都和万向一样，是在邓小平理论的指引下，踏着改革开放的节拍，一步一步发展起来的。

就拿万向来说，20世纪80年代初，小平同志一句"鼓励一部分人先富起来"，让我们有了致富的勇气和胆量。1982年，万向的利润是106万元，1983年实现承包以后，当年实现利润260万元。

1984年，我们在浙江率先实行股份制，员工的主动性、积极性和创造性得到空前的释放，企业生产力也空前地发展。小平同志讲："浙江的乡镇企业搞得不错。"他的这一讲话极大地鼓舞了我们。

1992年，小平同志在南方谈话中指出，"改革开放胆子要大一些……"我们顺时应势，大胆走出去，从产品走出去、人员走出去到企业走出去，现在，已经在美国、英国、德国等八个国家设立了31家企业，其中，独资或控股的18家。产品进入通用、福特等国际一流主机厂配套，为迎接全球一体化的竞争提前做了准备。去年万向创汇3.8亿美元，现在，我们的跨国经营，是道路越走越宽广，今年1—7月已经实现创汇3.6亿美元，预计全年创汇可超过6亿美元。

当然，作为乡镇企业，我们始终牢记小平同志说的"乡镇企业反过来也要反哺农业"。开始，我们从帮村里办企业，到搞立体农业、创汇农业、生态农业，走出了一条公司加农户，以科技带动农业产业化的发展道路。

目前，我们通过"万向三农集团"投资 7.3 亿元，在浙江、河北、黑龙江等地，从事远洋渔业、林业加工、肉类加工、粮食种子等开发。其中有国家级农业龙头企业、省级农业龙头企业，也有上市公司。今年，万向三农集团可实现销售收入 27 亿元，利税 3.67 亿元。

当前，中央实施宏观调控，有人说乡镇企业又面临挑战，我们觉得更是面临机遇，宏观调控为符合产业政策的企业提供了加速发展的机会。举个最简单的例子，以前很多企业和我们谈合作，宏观调控前几经磋商，都达不成共识。宏观调控后，那些产品结构不合理、市场结构不合理的企业，不得不加快调整与联合的进程，使我们原本无法实施的投资和联合得以实施，促进了产业结构的调整和升级。

通过宏观调控钢材价格回落，也减轻了我们的成本负担，去年 4 月到今年 4 月，一年间钢材价格上涨 48%，今年 5 月份终于开始稳定下来。今年 1—7 月份，我们的主要经济指标增长都在 30% 以上，全年预计营收超 200 亿元、利税超 18 亿元，进出口总额达到 8 亿美元。

下一步，我们就是要以宏观调控为契机，乘势而上，顺势而为，与更多的国内、国外同行联合起来，提升产业结构，在工业上赚更多的钱，再来投入办好"万向三农集团"，办好万向学院、万向中学，为农村培养更多的人才，实践邓小平理论，为农民致富做更多的实事。

（此文发表在 2004 年第 16 期《今日浙江》）

从田野走向世界

一、我是一个农民企业家

12 年前，我第一次来到美国。当时，我的合作伙伴——派莱克斯的舍勒对我说，你是第一个来到美国的中国农民企业家，派莱克斯作为第一个接待你的公司而感到骄傲。我确实感到很骄傲，同时在领略了美国的工业文明后也感到很沉重。如果不是生活在 20 世纪的中国人，是不会有我这种沉重的。

美国的历史只有 200 多年，在这短短的 200 多年间，美国人民创造了巨大的工业文明。相比之下，中国已经落后于 20 世纪工业化社会的发展。

人类进步的台阶需要一级一级地跨越，无法用撑杆跳来实现。但是今天，面对如此之大的差距，勤劳的中国人民不得不用小步跑去追赶世界大趋势。正是在这个背景下，9 亿中国农民依靠乡镇企业，加入了这场世界奥林匹克经济大赛的中国代表团行列。

半个多世纪以来，尽管中国发生了许多变化，但我和许多中国人一样，深爱着我们的祖国，中国的盛衰与我生活中的一切息息相关。

在中国，农民创办的企业被称为乡镇企业。过去，中国农民以种地为生，但农民没有土地，在我们国家，土地属于国家和集体所有。人多地少，为了生活，农民办起了企业。

12 年很快就过去了，这 12 年来，中国是世界上经济增长最快的国家。许多人问我：中国靠什么创造了如此快的增长速度？我说：中国 38% 的增长来自于乡镇企业。我和我的乡镇企业同行们一直在中国农村的大地上奔跑。

二、在创办"万向"之前我没坐过汽车

美国是装在汽车轮胎上的国家，美国人民创造了汽车文明。我们知道汽车都有一个连接传动轴，可以任意转变方向的关键零部件——万向节。我认识汽车文明正是从生产万向节开始的。在此之前，我没有坐过汽车，甚至我所生活的乡村连一条能开汽车的公路都没有。

我们企业成立于 1969 年，当时是一个仅有 84 平方米的小"铁匠铺"，全部员工就是我和当地的 6 个农民，所有资本就是 500 美元。

在生产万向节以前，我们生产锄头、镰刀和农机配件。那是一个计划经济年代，乡镇企业不列入国家计划。没有计划，我们只能自己去找市场。

没有煤，我们就到国营企业的煤渣里捡尚未燃尽的煤块；没有钢，我们到全国各地的国营企业里找废料来自己加工；没有设备，就用国营企业淘汰下来的；没有产品计划，我们就生产不列入国家计划的产品……

在乡镇企业发展的最初阶段，它的经营模式可以用四句话来概括，那就是"千山万水，千言万语，千方百计，千辛万苦"，千载难逢的机遇终于到了，农民允许进入商品经济。1978 年，中国改革开放总设计师邓小平同志提出了国家实行经济改革的大政方针。

过去中国经济滞后，交通运输落后是关键因素之一，汽车万向节无疑是一个具有市场前景的产品。1979 年，我们放弃了所有产品，集中力量，专业生产汽车万向节。

这是万向集团发展史上最具风险性的一步。实践证明，我们选择对了。万向集团由此进入了一个开创万向节主导产品的新时期。

在每个人都感到货币紧缺的年代，初级产品的价格激烈竞争不可避免。"不要告诉我你技术有多好，只要告诉我价格就行了"，只有成本最低的企业才能获胜。

从 1980 年至 1988 年，八年间原料价格平均上涨了八倍，劳动力成本也成倍增长，我们通过扩大生产规模，挖掘内部潜力，提高产品质量，提高

生产率，将提价因素消化在企业内，产品价格八年不变，企业效益年增长在
50％以上。中国各汽车厂放弃了自产万向节，改由我们配套，因为我们的价
格比它们的成本价还要低。

凭借价格和质量的优势，我们成了中国最大的万向节生产厂家。这就是
我们创业的最初阶段。

三、我被称作"从田野走向世界的企业家"

由于市场的需要，1988 年至 1989 年，我们先后兼并了八家企业，输入
自己的资金、技术与管理，很快使这些企业扭亏为盈。兼并进一步扩大了万
向节的生产规模。万向节的成功增添了我们的信心，我们开始生产轴承、等
速驱动轴、传动轴等多种汽车零部件。现在我们生产的万向节国内市场占有
率为 65％；轴承的国内市场占有率为 10％；传动轴、等速驱动轴产品的国
内市场占有率为 16.9％。

我很早就看到了国际市场对中国产品的重要性。

1984 年，派莱克斯公司与我签订了向美国出口 3 万套万向节的协议。
中国汽车零部件产品第一次走进了汽车王国——美国。

一家中国农民创办的企业，成功地将产品销售到美国市场，引起了美国
及全世界新闻界的关注。从 1984 年到今天，《新闻周刊》《商业周刊》《时代
周刊》，都报道过我们的消息。"法新社"和"路透社"也发表了专题报道。
中国新闻媒体还把我称为"从田野走向世界的企业家"。

现在我们的产品出口 34 个国家和地区，1997 年的出口额已达到 1 亿美
元。当然，我们产品的主要客户还在美国。1997 年，我们开始为通用汽车
公司和克莱斯勒公司的装配线提供产品。

除工业产品出口外，我们的农产品，如鳗鱼也走出了国门。

在我们的产品走出了国门的同时，我们将企业也办到美国，在美国的
土地上与美国人一起参加经济长跑。1994 年，万向美国公司正式注册成立。
几年来，万向美国公司先后在南美、欧洲设立了多家公司，而且在美国、墨

西哥、英国建立了产品中转库房，拥有了 30 多名美国员工。1997 年销售额将达到 2000 万美元。

既然产品的市场定位是国际化的，那么，促进和扩大产品生产与销售的企业资本也必然要国际化。1994 年，我们的"万向钱潮"股票在中国深圳上市。现在我们正在筹划股票海外上市，不久你们在资本市场上也能看到我们的名字。

经过 20 多年的努力，从多角经营到专业化生产，再到多元化经营、跨区域发展，当年小铁匠铺如今已成为拥有 7 亿美元资本，6500 余名员工，兼跨制造业、农业、金融租赁、进出口投资等行业的企业集团。

有一次，我与一名记者开玩笑：20 年前，我们活动的范围就是从田头到家里，相距不过几公里；而现在，从美国、英国、加拿大、巴西、墨西哥到委内瑞拉都有了自己的公司，我们的生活范围和空间已经随着企业的发展而成倍地扩大。

当然，一个重要因素是企业的发展赢得了政府的鼓励与支持。政府将我们列入了全国 120 家重点扶持企业集团之中。万向集团立足于中国，正以越来越快的速度，在世界范围内展现我们的产品优势并证明经营者的成功。

四、中国农民正在改变中国经济

中国乡镇企业在没有政府直接投资的情况下，茁壮成长起来了。历史再次证明，中国农民正在改变着中国的经济格局。

这里，我特别想说的是，中国乡镇企业奉献给社会的不仅仅是商品，更大的贡献在于提高了一代中国农民素质，为中国农村培养了一批有能力的经营人才。

过去中国的农村教育滞后，农民受教育很少。稍有点文化的，都到城里去了。拿我们企业来说，到 1980 年，全厂近 400 名员工，只有 2 名高中生。许多员工连全面素质管理的简称"TQC"都认不全，唯一认识的只有一个"Q"，那还是在打扑克牌时得知的。

1979 年，有人反映对我们的万向节质量不满意。我要求所有的销售人员将有质量问题的万向节都运回来，一共有 3 万多套。我们召集全厂员工开现场会，当场决定将这堆价值 6 万美元的万向节全部作为废品，卖给收购站。当时我们的年产值只有 50 万美元。我们以 6 万美元血汗钱的代价，将质量意识"烙"在每个员工的脑子里，"印"在每个员工的心里。1980 年，我们创办了职工业余学校，全体员工参加学习，要全部达到高中文化程度，并规定，从此以后进厂者必须具备高中毕业以上文化程度。

1984 年，我们花了 3000 美元"买"回了 4 名大学生；花了 2 万美元，选送了 47 名高中毕业生上大学，所有费用由企业承担。在当时，我们的一名普通工人的年工资只有 300 美元。

从 1994 年起，我们每年都要引进 200 名以上大中专毕业生。在现在6500 名员工中，有大学学历以上职工 800 多人，中专生 3000 多人，员工素质有了较大的提高。

这些年来，我们花在引进教育方面的经费，已达到 500 多万美元。

五、管理是企业永恒的话题

对于企业来说，管理是一个永恒的话题。近 20 年来，中国企业吸收了大量国际企业界关于质量、技术、市场、资金、人员管理等方面先进的管理经验，我们也在探索自己的管理模式。质量、资金、技术的管理都有着国际标准，要想生产全世界通行的产品，首先是要通过管理建设一支符合这种生产标准的工人队伍。传统的东方文化向来重视对人的管理，在这方面我们拥有自己的优势。

企业的一种分配制度就会带来员工的一种工作态度，这是个真理。对于美国企业来说，分配可能不存在什么问题，但在习惯于计划经济的中国，分配是件大事，因为中国人习惯于"吃大锅饭"的分配方式。也就是说，不管干好干坏，都有饭吃，因为"饭"是国家的。因此，我们首先从分配上进行了改革。

现在我们的员工收入由基本工资、奖金和投资回报组成。

基本工资，人人都有，有高有低，只要进了万向集团，我们就给基本工资，让你吃饱穿暖，此块分配占员工总收入的25%。

要想吃得好，穿得暖，你必须努力工作，创造效益。按照工作产生的效益多少，我们发给奖金。多效益多得，少效益少得，无效益不得。此块分配占员工总收入的50%。由于奖金的比例相对较大，员工多干一点就能多一点收入，所以员工的工作积极性很高。

我们企业实行股份合作制，允许员工将自己的收入平时的积蓄投入企业，年终按资金利润率进行分红。这些年来，我们企业每年的回报率都在20%以上，投资回报，让员工成了企业的老板股东，他们认识到只有企业效益好了，自己才能多分红，而企业好的前提是从自己做起，从小事做起，关心企业踏实工作。

用人的基本方式就是用人的利益去驱动员工的积极性。在让员工工作得到相应报酬的同时，我们企业实行的是四种用工制度：固定工、合同工、试用合同工和临时工。

这是一种阶梯式的用工制度，员工可以逐级上，也可以逐级下，各种不同性质的职工各个时期要求也各不相同，一级要比一级高，同时享受的待遇也是一级比一级高。从临时工到固定工，员工必须作出相当的努力，而到了这一级，如果不努力，很可能又要往下滑。员工能上能下，可进可出，使员工都有一种危机感，督促他们努力工作。

在调动员工积极性的同时，我们尝试在集团式经营中培养企业家群体。我们采取"企业分家"的办法，将企业分解成一个个经济实体，车间主任们都派出去当厂长，让他们直接去面对市场。随着企业组建集团，新的领域和区域不断扩大，许多骨干人员都派出去独当一面。

在实行市场经济的今天，这种利益分配机制，正在逐渐创造一种万向企业精神。

与此同时，我们取得今天的地位，能够在国际市场上占据一席之地，正是凭借了这支员工队伍。这是我们最大的优势。

（此文发表在2007年第8期《企业家天地》）

企业家要把握政策大方向

过去十年，万向的重大决定简单说就是两件事：第一件事是怎么从国内走向国际，怎么融入全球化。我们现在在国外搞得也比较好，比较稳定，国外搞得好也带动了国内。第二件事是调整、理顺万向产业结构，向新能源和清洁能源方向发展。

万向当年做出国际化的决定，难，真的很难。首先是符不符合社会舆论？符不符合社会的发展需要和党的政策？我们不能让舆论说民营企业发展好了，就把钱卷走到外面享受去了。

过去你到国外去，钱是出不去的，你要去投资，政府要批准，在审批过程中，可能别人就把你看中的项目拿走了。我们前一段收购A123，10月份做方案，报到萧山，当地政府当天就批给你；报到浙江省，第二天就批给你；报到中央，13天之内就批给你。现在政府效率多高啊，这在过去是一年都批不完的事情。过去我们要出去，政策不允许，现在是政策要你出去！就连习总书记都说："世界要了解中国，中国要了解世界。"哎呀，我们听了多高兴啊！我们一直在做啊。我们要了解他们，他们要了解我们。真正的了解，要经济往来。

不过，要让国外认可我们，哪那么容易啊。国际市场也有很多未知数：人民币对美元的汇率天天涨，连着涨了十天，我们的利润就损失了不少。多亏罗姆尼没有选上美国总统，他选上了，第一件事就是控制人民币汇率。

胡锦涛同志到我们美国公司去视察的时候，他跟我讲，你在中国成功了，你在美国也成功了，现在你要做一个工作，让美国了解中国。

　　我现在还不能宣告万向的国际化已经成功了，企业家永远没有成功的，天天都在走钢丝，今天成功了，明天就可能失败了。我们只能说今天成功，不能说明天一定成功。企业越大，风险越大。我们投资量越来越大，社会上攻击我们的对手就越多，很正常，没办法。

　　在清洁能源方面，万向现在还在投入，还处在烧钱、烧钱、再烧钱阶段，我看还要再烧五年，才能真正赚到钱。现在我们的能力还不够，只能去试试看。好了，加大力度，不行，就退出来。

　　万向现在是在铺开来发展，下一步会进行调整。比如，我们搞煤制气，现在页岩气又来了，日本的可燃冰又来了，到底哪一个好？我们要选择。还有，我们搞电动汽车，钴酸锂、锰酸锂没搞好，磷酸铁锂来了，磷酸铁锂没有搞好，三元材料又来了，都在变，都在调整，没有办法。但你要是这个也怕，那个也怕，一天天过去，你就死了嘛。我不能保证电动汽车一定能搞好，不能保证煤制气一定能搞好，一定要灵活、调整要快。

　　什么叫市场经济？企业家怎么把握市场经济？我觉得有三点：一要调查；二要实践；三要调整，实践的东西一定比调查要清楚，这时候是进是退，你自己判断。

　　万向不是耐得住寂寞的代表，我只是实实在在做事，要沉住气，什么时候都不能骄傲，不能浮躁。现在有些人确实太浮躁，急功近利，重复建设，浪费原料，破坏社会资源！

　　企业家要把握政策大方向，要有正确的思想，要有社会责任感。有这两条，可能在发展过程中会受一点苦，受一点委屈，但绝对不会走错路！

　　在浙江，民营企业家对政治敏锐度比较高，这也是有渊源的。浙江是沿海地区，刚解放的时候重点企业都在北方和西部，浙江这边国有企业很少。另外，浙江资源少，土地少，这也逼着民营企业发展得快。20世纪七八十年代，我们跟北方的企业做生意，他们不是说这批产品出去了钱马上还给你，而是贷款拿到了才把钱还给你，是不是颠倒了？浙江企业是货出去了才发工资，不是贷款来了发工资，因为我们不能吃国家的啊，我们是靠自己操劳的。其他地区政府主要还是吃国有企业，但浙江当地政府主要还是靠民营企业。这样他们对民营企业就比较重视，他要听你的想法，交往就多了，政府出政策也会往民营企业靠的。过去不是法治，是官治，政策就是法律，如果民营企业没有政策，你做得对也是犯罪！

十八大期间，大家比较关注民营企业家跟政治的关系问题。政治应该更放开嘛，不要担心。国有企业跟民营企业，在经济总量中基本各占一半，就业人多数都在民营企业，那么你选党代表相应地也应该按这个比例。不应该区分民营企业、国有企业，都是企业，都在为社会创造财富嘛。我是中华人民共和国公民，是中国共产党党员，什么国有企业、民营企业，我们都是其中一员嘛！我1987年就是十三大代表了，党代表中民营企业家应该越来越多，要改革再改革。

企业家参与政治很有必要。在企业发展当中，什么事儿同党和政府都有牵连，不可能没有牵连。我们如果有机会提意见，有机会参政就挺好，领导也希望听真话，如果我们不在这个圈子里面，领导怎么能够听到我们的意见呢？

我们需要政府，经济要发展，政府也离不开我们。政策只写到纸上没有用，是需要我们去干出来的，真正创造财富的是我们和工人、农民。我跟政府官员关系比较融洽，因为我不跟他们争权，我是给社会创造财富的。

当红顶商人是绝对不行的，官不能经商，商不能做官，不能官商勾结，官商勾结一定腐败！搞企业的不能去当官，搞企业有搞企业的性格，当官的有当官的性格，不一样的。柳传志先生在接受采访时说，企业家群体在政治面前比较软弱，我完全认可。企业家有提意见的权利，听不听，要由当官的决定。现在大家的期望值不能太高，期望值太高，社会又不安定了。

中国下个十年的任务，中央现在定下来了，就是怎么把GDP再翻一番，收入也翻一番。这两个翻一番，一个是创造，一个是享受。这两件事都要我们企业去做。不过，下个十年的发展速度肯定没前十年这么快，我估计GDP增长率可能是6%—8%，有这个速度就够了，因为基数大了。我们不要讲规模、讲速度，而是要真正创造价值。所谓创造价值，一定要生产社会需要的商品。万向已经提出了创世界名牌，做受社会尊敬的公司，就必须生产出好的商品。所谓好，就是不能破坏环境，价格不能太高，还要培养优秀的人才。所谓优秀的人才，就是全面发展的人，要有本事、有思想、有技能、有道德，不损害消费者和社会的利益，要尽心尽责去干。

我们希望政策不要多变，就按照现在的政策深化改革，不要想一步到位。2019 年是万向第五个"奋斗十年添个'零'"的截止年，到那时，万向的目标是每天创造利润一个亿，现在一天利润大概有 3000 万元吧。

在政治改革和社会改革方面，我希望真正做到公开、公正、公平，公开、公正、公平一万年以后还要讲，因为要绝对做到是绝对不可能的。我不希望全部做到，相对公平就好了。

我对深层次改革的理解，就是国家应该控制住经济命脉，大多数竞争领域都应该还给市场，这就够了。

改革越深化，企业家的地位肯定是越来越高，但不能超过当官的地位，要摆正自己的位置，保持安全距离，一定要听党的话。

改革面临的最大危险是如何破解利益难题，任何改革，都是权利的再分配。未来十年改革会很难，越到下面改革越难，但再难也要坚持共产党的领导，所以"四个坚持"不能变，这个底线不能破。

（此文发表在 2012 年第 23 期《中国企业家》）

对话鲁冠球：我是改革开放的参与者、实践者、享受者

周慧敏

"他是民营企业家中的常青树，他的故事续写了 20 多年。把一个小作坊发展成通用、福特汽车的合作伙伴，一举开创民营企业收购海外上市公司的先河，人们从他身上见证了乡镇企业的过去，也看到了乡镇企业的未来，他向我们展示了一个乡镇企业家与时俱进的真实传奇。"这是若干年前，万向集团董事局主席鲁冠球在获得中国 CCTV 经济年度人物时的颁奖词。而如今，鲁冠球一手打造、培育、壮大的万向已经走过了 39 个年头。39 年，鲁冠球和他的万向共同经历和见证了中国改革开放至今的整个发展历程。

记者：从 1969 年，您带着 4000 元钱和 6 个农民创业开始，如今，您已经成为中国民营企业界的泰斗级人物了，可以说您亲历了，也见证了中国的改革开放 30 年，请问您感触最深的是什么？

鲁冠球：没有改革开放，我们这些民营企业家就不会受到如此大的重视和认可。现在，作为我们这些民营企业家可以参加像全国人民代表大会这样关乎国家政策、民生的大会，若是换作从前，根本就不敢想象。因此，改革开放以后，我们也需要为国家的经济建设、为国家的民主政治建设出力。

记者：改革开放这么多年，从企业自身而言、从国家政策而言，30 多年的路途跋涉下来，作为万向，作为您，总结了哪些东西可以与我们分享呢？

鲁冠球：我是改革开放的参与者、实践者，同时也是改革开放的享受者、受益者，可以说万向30多年是踏着改革开放发展步伐前进的。改革开放为我们乡镇企业、民营经济吹来春风，作为一个农民的儿子，更应该为国家、为农村的发展做一些事情，所以在企业做大做强的同时，要不忘反哺农业。

国家讲以工补农，今年的政府工作报告中总理也提到，要拓宽农民增收渠道，加快发展高产高效、生态安全农业，支持农业产业化经营、农村企业的发展，加快农村现代化市场流通体系的建设。而我就是从农民里、从田野里站立起来的。万向去年已成功收购美国底特律 AI 公司，改革开放让万向"走出去"，现在是赚了外国人的钱，就要用从外国人那里赚来的钱反哺农业。

现在，我们万向正在为农民做三件事：

第一，"测土配方"，就是通过对实际农业用地情况的测量，配置肥料。如此一来，对症下药、对症施肥，用肥总量下降了，土壤也不受到破坏，对作物生长也更有利，同时，肥料成本也下降了。

第二，现在农业土壤污染破坏严重，我们就在新疆吐鲁番地区开发钾肥矿，目前，该地区探明的钾肥矿储量已居全世界第一。

第三，我们投资了两个亿重建农业学院。因为发展农业关键看三条：一是投资，二是科技，三是国家政策。发展农业产业不是一蹴而就的，是需要世世代代人共同努力的，所以应该为农业培养一些人才。

记者：我国的改革开放之路还要继续走下去，那么，您认为，下一步国家改革开放的重点应该放在哪些方面呢？万向未来发展走向是什么？

鲁冠球：我认为，重点应该放在权责进一步分开。政府报告里说，宏观调控力度要加大。国家就做国家的事，公共事业、国防事业都是国家要着重搞好的。诸如此类，民间搞不好的事情、效益小的事情就让国家去做。而此外的工作，应该尽量放权给民间自己去搞。如此一来，国家的钱就用在刀刃上了，国家富强的步伐才会加快。所以要继续解放思想，不要怕这怕那，该让民间搞的就让民间去搞。国家资源节省了，才更有余力搞经济建设，这是一个良性循环的过程。不要使得该企业搞的，国家去搞，该国家搞的，却是民间在投入。解决了这个适当放权的问题，是解决其他很多问题的关键。

之于万向未来的发展，我们就是要抓住现在中国经济迅速、健康、良性发展的机遇，进一步解放思想，坚持创新科技，坚持科学发展之路。什么叫做科学发展观？对社会有害的事不要去做，把社会资源进行优化配置，使其更加增值，为社会创造更多的价值，把社会建设好，这才是真正的科学发展。

记者：如今，您的儿子鲁伟鼎已经可以独当一面了，那么，作为第一代企业家，很多人关心您现在做什么呢？

鲁冠球：我在学习、思考、定战略、看方向。他们走的方向，是围绕整个国家产业政策的。我要告诉他们，时刻警示他们，我走过的弯路，不要再去走，少走弯路，万向才能更快、更健康地发展。同时，我在关注国际市场，要把眼光放远，我们不能站在浙江，也不能站在中国，而是要站在国际舞台上。

记者：改革开放给万向带来了空前快速的发展，也给您带来了巨大财富，那么您现在最开心的事情是什么呢？

鲁冠球：对于我而言，最开心的事情，一是群众选举我做代表，今天可以出席全国人民代表大会，没有改革开放，就没有我的今天。二是对于做人而言，你的价值、你的为人能够被人承认了，就是最开心的事情。

记者：那么站在改革开放 30 周年的新起点上，您现在的理想是什么？

鲁冠球：做一个为社会创造价值、为人类做出一点贡献的企业家，多帮助一些需要帮助的人，尤其是弱势群体。

（原文刊载于 2008 年 3 月 18 日《中国企业报》）

曹德旺

曹德旺，男，1946 年 5 月生，福建福清人。福耀玻璃工业集团股份有限公司董事长、创始人，第十二届全国政协委员，中国光彩事业促进会副会长、中国侨商投资企业协会常务副会长、中国汽车玻璃协会会长。曹德旺以决心和恒心，使中国汽车玻璃行业从完全依赖进口到进口接近为零，实现了"为中国人做一片自己的玻璃"发展目标，也改变了世界对中国汽车玻璃市场的认识。

他的成就得到了各界的广泛认可。2009 年，曹德旺荣膺"安永全球企业家 2009 大奖"，成为该奖设立以来首个华人得主。2016 年获颁全球玻璃行业最高奖项——金凤凰奖，评委会称"曹德旺带领 的福耀集团改变了世界汽车玻璃行业的格局。目前，曹德旺累计捐款超过 110 亿元人民币，捐助范围涉及社会救灾、扶贫、助学等各方面。他也因此连续多次获得"中华慈善奖"这一国内最高慈善奖项，被社会各界称为"真正的首善"。

塑造企业家的人格魅力

　　企业家作为向信息时代迈进的"先驱"，应该努力培养自己的人格魅力，并通过这种魅力产生一种巨大的影响力，去吸引、感召部属为实现组织目标而奋斗。

　　在现代企业中，企业家的感召力至关重要。企业家的感召力大抵来自于真理、权威和人格三方面。在一般情况下，真理的力量是个常数，权威和人格力量是两个变数，而权威力量的变数则取决于人格力量的变数。一个领导或领导集体，人格力量越大，权威越大，反之，权威就会受到相应的削弱。可见，人格力量在领导行为中起着十分重要的作用。企业家的人格魅力是其思想、道德、学识、能力、作风、行为的综合表现。作为一种非权力的影响力，不是以外推力形式起作用的控制人、约束人的力量，而是以内驱力形式起作用的征服人、激励人的力量，其作用具体表现在领导活动的各个方面。

　　国内很多知名企业都强调企业家的个人魅力。企业家应该先做人，后做事。企业家之所以成为企业家，首先就要有凝聚力，能将各式各样的能人凝聚在企业的战略目标之下，为实现该目标而努力。而这种凝聚力主要来源于企业家的个人魅力。所以，企业家的个人魅力对企业而言，是特别重要的。

一、企业家资源是富民强国不可或缺的资源

　　国际经济理论界认为：一个国家，一个地区，只有富才能强，而是否富强不是以国家土地面积大小，人口多少或者军队多少，更不是以是否有核武

器来衡量，从评价角度只有两个大的指标来考核：

第一是这个国家 GDP 总量及组成；

第二是这个国家经济可持续发展能力。

在评价 GDP 总量时，必须注意 GDP 的结构，如基础工业、加工工业、旅游业、纺织业、房地产业等的比例。

评价可持续发展能力项目多达数百项，以下是其中比较大的方面：

1. 资源存量：包括土地资源、矿产资源、淡水资源、人力资源及存量，这些资源对发展工业经济具有重要的战略意义。

2. 基础设施：如铁路、高速公路、码头、环保设施、城市公共设施、教育文化设施等。

3. 品牌：确指为被评估国家或地区所拥有的具有国际影响力的品牌，可以在国际市场交换中取得盈余价值。日本就是因为有松下、索尼、三菱、本田、丰田等几十个可以在国际上叫板的品牌，具有强大的国际竞争力，使一个弹丸小国可以在激烈的市场竞争中独占鳌头。

4. 政府效率：包括管理能力、法律、政策，这些对经济持续发展具有正负面的影响。

5. 企业家队伍数量与素质：这个指标所占评估值得分是占相当比例的。因此，可以看到企业家是富民强国不可或缺的资源。

二、才智、专长、勇气、果断：企业家必须具备的基本素质

如何评价一个企业家的素质呢？一般认为，企业家必须具备的条件包括：才智、专长、勇气、果断。

1. 才智：也可以说是智慧或天赋，创造力源于想象力，策划成功与否决定了最终结果，连续的策划成功带来了社会影响力，并直接受社会各种资源的倾斜。相反，失败结果可以想象。

2. 专长：确指为企业家自身专业、特长，如高素质营销者、会计师、律

师、工程师等。

3. 勇气：企业家事业，是风险事业，成功企业家必须拥有过人的胆识，敢于挑战自我，挑战未来，挑战极限。

4. 果断：面对如林的竞争对手，面对千变万化的市场，企业家必须有果断处事的风格。

三、成功企业家靠的是人格魅力

一个人不应该有傲气，但必须有傲骨。企业家应该具有自己的人格魅力，这可以从以下几个方面来描述。

（一）感恩心态

作为企业家，不但要深刻意识到个人力量之微薄，创业离不开环境及社会资源，员工团队的作用，更应该具有感恩心态，如作为福耀创始人的我，始终怀着一种对各级政府感激之情，如果没有改革开放带来的机会，可能我现在还在种田，为此我对政府十分感激，为人处世就自觉遵守各种法令和利益，永远觉得贡献不足。同时我感激我众多的股东，是他们给了我一个发展的舞台，我更感激我的员工，是他们给予我信任与支持，追随我创业。由于有了这种感恩心态，使我做到了一个企业家应该做的许多事，被评为省级纳税模范，公司连续三年被评为福建省最具竞争力上市公司。

（二）高度责任感

企业家必须具备建设一个文明、富足、有良好国际形象的新中国要从我做起的觉悟，并自觉承担各种责任，践于诺言。

1988年，当时国家经济还比较弱，家用电器还非常紧缺，外派出国人员，外汇额度控制也比较严，同时规定出国人员用自带出国节余外汇或在外打工收入，带一至两件家电可免税，因此很多出国团队为节省外汇就自带食品。当时福耀公司决定由我带七个人赴芬兰培训一个月，临行前，我给出国人员开一个会，要求我们这个团严禁带食品出国，同时规定外汇未用完必须如数上交。这样做，重要理由就一条，维护中国人的国际形象，维护福耀企业的国际形象。最后事实证明，我的决定十分正确，因为福耀人的作风，引起了国际行业供应商的重视，他们尽一切力量帮助福耀发展，道理很简单，他们说这是中国未来的希望。

（三）崇高的使命感

作为企业家，必须牢记自身的责任与使命，必须知道你的责任是让世界物质供应更富足，民众生活更欢愉，人类更具活力，牢记谋取利润是为发展积累。如果具备了这种美德，你就会潜心去研究社会需求，去做有益于社会进步的生意，你的事业就会因此而发展。

福耀集团在1987年注册的时候，中国不论是高中级汽车玻璃，还是幕墙玻璃均靠进口解决。当时我提出，在我们手上来结束中国汽车玻璃依靠进口的历史，下定决心献身于中国玻璃事业，提出我们为中国人做一片自己的玻璃的口号，这一片玻璃应该让所有中国人都可以用上，这一片玻璃可以用来代表中国在国际展销，展出中国人的智慧，展出中国人的水平。

16年后的今天，福耀公司基本做到了。更加值得骄傲的是，从今后福耀每年必须投入大量资金建厂，来满足国内外市场需求，企业效益亦因此而猛增。应该说，福耀玻璃的发展如此之快正是基于以下的追求目标："我们正在为汽车玻璃专业供应商树立典范。"

（四）诚实守信

诚实守信、言过必行是企业家人格的核心，企业家必须做到可以死我，绝不可失约，一诺重于千金，只相信承诺的存在，无条件否认客观，只有这样严肃，才会赢得社会信任，为创业创造一个良好的环境基础。

福耀公司在1992年投资一个房地产项目时，占用资金达4000多万元，当时项目有银行参股，并贷款，经过三年经营发现，背离主业，效益不佳，同时国家在 1994 年发出严禁银行参股的通知，那时候很多企业以银行停贷资金为理由赖债，而福耀公司却大度地受让了银行持有的股权，并由大股东将整个项目从上市公司中购下，而不是放在上市公司让小股东去承担。这样做不但保证了与银行的良好关系，同时公司亦因此次资产重组取得了活力，才有今天的繁荣。

（五）健康心态

作为企业家应养成诚信、热情、乐观向上的性格。俗话说："精诚所至，金石为开"，企业家若能诚恳实在且有爱心，以"己所不欲，勿施于人"，理解、体谅与认同为指导原则，培养稳定而乐观的情绪，不仅有利于自己的心理健康和提高领导工作效率，而且能感染群众，稳定员工的情绪与激励员工的士气。此外，企业家还应具有海纳百川的宽广胸怀。企业家应具备超越常人的胸怀，做到豁达开朗，淡泊名利，乐天下之乐，忧天下之忧，最忌的是，相互攀比，嫉贤妒能，视名利如泰山，功利心重思想包袱就重，难以成才。只有心态健康，才会有事业上的成功。

（六）遇事坚持换位思考

现代企业管理极力倡导以人为本，究其源，不论是为企业供应原辅材料的供应商，或是我们产品的用户，还有提供资本的股东，提供贷款的银行，为企业创造财富的员工，支持和帮助企业发展的各级政府，社会各界，都是由人在掌控，以人为本，就是强调去研究企业所需的人的需求和渴望，要做好这一点，最好的办法是遇事决策，均要换位思考。企业家在处理人与人关系的时候，善于同别人实行"心理换位"，即能站在对方的立场上，设身处地考虑问题。

2000 年初春的一个早上，我接到公司一位副总的报告，称总调度室有一位员工昨日因被邀喝酒，回厂后午夜感到腹痛难受，送医院检查，确诊为肝癌晚期，医生认为没有治疗必要，所以他们请示是否将治疗费用节省下来，给患者 2 万元现金，送其回家，由家庭处理。我的第一反应就是太残酷，如果我是患者，此时肯定不会相信医生的诊断，即使是相信，也不会认为没有可以治好的可能，人都死定了，要钱干什么？试想一个 20 多岁的小伙子在他清醒的情况下被告知不治，待死，其心里是何等难过。

为此我做出相反决定，指示立即向省肿瘤医院转院，并通知驻榕办由其与医院联系，明确企业态度，只要有可能救活，不惜一切代价，由于公司慷慨出资以及患者精神负担被缓解，虽是肝癌晚期，但还是延长了 7 个月的寿命。公司其他员工知道此事后，非常认同我的决定，公司上下士气倍增。

作为企业家不妨坚持这样想，如果我是政府应该支持什么样的企业，我是用户要买谁的产品，我是供应商希望得到客户什么样的帮助，我是员工希望有什么样的领导等，换位思考，这是成功不可或缺的至宝。

（七）与时俱进，不断创新

一个先进技术或是管理经验，不论其在面世时多么先进，但都有其时效性。这似乎大家都知道，但都没有得到高度的重视。企业家面对着变化复杂的市场，要适时掌握时势、创新观念，做到与时俱进，当然如果能领导潮流，更是英雄本色。

最忌的是躺在回忆的温床上，留恋着已逝的辉煌，这样既失去斗志，也失去未来。

（八）祖国是根基，社会是成长的资源

古语云："天不变，道亦不变"，这句话可以理解为，生存环境不变，生活方式亦难以变化，作为成功的企业家必须时刻牢记，创业的成功是国家是政府为我们创造了环境，成功是全社会的努力，如有能力，应尽一切力量回报社会，从而营造一个更好的环境。

福耀自 1987 年在宏路落户，至今 16 年，税收入库累计超过 5 亿，并积

极参与地方各种活动，赢得了福清全市人民对福耀的尊敬。福耀在发展过程中，累计向社会募集资金 1100 万元，而分红派息的资金达 18000 万元，成为中国上市公司中唯一一家派息与募集资金倒挂的上市公司。今天福耀提出一些要求，全市上下都认为应该支持，福耀成了福清人的福耀，企业发展所需一切也在这里得到了全面解决。

（此文发表在 2003 年第 10 期《福建论坛》）

品牌是现代文明的核心

为人要诚实。我举个例子，当初我们公司股票上市的时候，是政府把我拿去做试验发行。后来我讲，拿我公司上市，很多人会攻击我圈钱，我受不了。股票上市以后，我就停止募集股本了，进行以完善自我为目的的改造，我现在分红的钱大过我募集的股本。

国外的独立董事要求是非常严格的，要求具备独立的人格，那什么是独立的人格呢？他的生存、生活，不受任何人的挟制，他代表小股东参加董事会，关注大股东在董事会上的行为是不是对小股东有伤害。福耀的独立董事一位来自厦门大学，另一位是上海复旦大学的，还有一位是清华大学经济学术界的知名人士。

我们借鉴的是美国公司的经验，上市后我自己亲自到外面调研。现在重大事情先通过董事会表决。由董事会提交到股东大会。大股东在股东大会上可以行使否决权，但是股东大会有记者、律师参加，是公开的。大股东否决董事会决议时必须能够见得了阳光，否则就会出洋相。股东大会跟董事会不统一，而且大股东否决要说出理由，大家都可以听有没有道理，这才会起监督作用，这是一种制衡。

世界经济发展历史，证实了多元化经营的误区。美国有位著名的管理大师艾尔·赖斯，他写了一本书，书名为《聚焦法规》，在这本书中给我们讲了一个故事，他说，当你开车远离市区，会发现这里仅有一个"便利"商店，商店里货品一应俱全，为什么呢，因为这里只住着几十户人，店老板为求生存，必须什么都卖。如果你漫步在纽约曼哈顿大街，你能看到的商店几乎都是世界大公司品牌专卖店。而品牌首先具备的是经营上专业化，是信奉聚焦原则的典型，在本行业做专、做透，凸显其优势。因此品牌也可以讲是现代文明的核心。

我的追求是：为中国人做一片自己的玻璃，但现在还没有做好。因为我们中国人所用的玻璃大概有总量的 10% 左右还要靠进口。那么现在我的梦想就是去完成这 10% 产品的技术问题。我的座右铭是："发展自我，兼善天下。"

（此文发表在 2005 年 1 月 6 日《民营经济报》）

做慈善的人不一定十全十美

5月5日，被誉为"2010年度中国首善"的福耀集团董事局主席曹德旺和他的儿子曹晖捐赠3亿股福耀玻璃股票（过户当天市值35.49亿元人民币）创立的"河仁慈善基金会"在北京正式成立。这是国内首家股捐慈善基金会，此举首创中国基金会用股权代替真金白银的资金注入方式，打开了中国慈善捐助多元化之门。

曹德旺为何要花巨资做慈善？他对中国慈善事业有什么期许？"河仁慈善基金会"成立一个月来运作情况如何？

慈善不是富人的专利

很多人不理解我为什么要捐出那么多钱。难道是为了想当官或者想出名？我今年65岁了，想当官不可能了吧，想出名的话，我可以把中央电视台和凤凰卫视的广告时间都包下来，做到家喻户晓。

我年轻的时候，也曾怀疑过家乡华侨的捐款行为，想不通他们为何要拿那么多钱回老家修路、建学校。现在我悟透了，一个人的消费是非常有限的，没有必要拿那么多钱，眼睛一闭，什么都带不走。我捐股之后，还有几十亿的身家，还是个有产阶级，并不影响我和家人的生活。

我这么做，是为了告诉中国的企业家们，你赚了大钱，不是你一个人的本事，还有国家的政策，有员工的劳动，有社会的支持。在不影响企业发展和个人生活的情况下，捐出一点钱救助穷人，有利于缓解社会的贫富分化。

至于做慈善的回报，你不觉得我最近苗条多了？千金难买老来瘦，把钱捐出去了，吃得少了，也就瘦了。当然，对福耀集团的形象也有好处，至少人们会认为这家企业的老板不是在为钱而奋斗。

只有企业家对下一代感到绝望的时候才会"裸捐"。一代管一代，如果我儿子不想继续经营福耀，那所有的东西都可以捐出去。

做慈善不是富人的专利。做慈善要量力而行，我捐几十个亿，和你们拿工资的人捐几千块是一样的，因为你已经尽力了。即便没有钱，你还可能给人以笑容，展示你的同情心，对地位比你低的人客气点。

比如说，有个穷人偷了超市的面包被老板抓住了，这时如果你在场，掏出 5 块钱对老板说："这个面包我买下了，你就放他走吧！"这也是一种慈善行为。

有一次，我和一个做企业的朋友去打高尔夫球。他把钱包放在球车上，被场地上推球车的女服务员偷了 200 元。他发现后，破口大骂，还打了那个小姐一巴掌。当他准备再次出手时，我上前制止他："够了，你再打，我就和你绝交。"我转而对小姐说，这 200 元就算提前给你小费了，你走吧。

我想，如果我不及时制止，那个小姐可能会去跳水。我觉得，我这么做，比捐几个亿更有意义。

总之，见到需要帮助的人，我们要尽自己的力量去帮助他。我认为，如果不能兴起全民慈善，那么中国的未来就没有希望。

我一点都不看重这个称号。今年是我，明年就不一定是我了，这称号本来就不是我的。我是企业家，而不是慈善家。

中国慈善的问题之一是信息不公开

中国扶贫基金会有 20 年的运作历史，有完整的扶贫系统的资料和齐备的工作人员。其实，企业的合同都这样，我只是按企业的方式和他们做事情，用管理的手段来用这笔钱。管理的手段不外乎是三种，第一种是导向，我提出我的要求；第二种是考核手段；第三种是激励手段。我要求他们公开作业程序，让社会知道这笔钱是怎么花的，都花在了哪些地方。

以去年的西南赈灾为例，我要是自己拿着钱到处去发，那得跑多少趟？得动用多少人力？哪还有时间精力去做企业赚钱？所以，找专业机构来执行是最省事的。河仁基金会将向社会公开所开展的公益资助项目种类以及申请、评审程序，符合条件的机构可以向基金会提出申请，基金会与受委托的机构签订协议，约定资助方式、资助数额以及资金用途和使用方式，并对资助的使用情况进行全程监督。如果受委托机构没有按协议约定使用资助，基金会有权解除资助协议。也就是说，我捐出的这 35 亿元，全部都要按照去年和中国扶贫基金会合作的那种模式来做。

最大的问题就是需要更加公开。很多慈善机构的负责人不懂得信息披露的重要性，以为做了好事，社会上知道不知道都没有关系。一些媒体把注意力放在管理费比例的高低上，其实这不是实质性的问题，关键是要让慈善机构披露信息，把工资、办公经费、旅差费、接待费等一一列出来，接受社会监督，让大家看看合理不合理。只有公开，才能保证公平、公正的实现。我认为我们的慈善制度在公开、公平和公正方面还有待完善。而河仁基金会就是要通过制度保证做到公开、公平、公正，让社会知道每一分钱的去向。

我认为陈光标是个有缺点的人，我们大家都有缺点，为什么要求做慈善的人一定要十全十美呢？媒体怀疑他捐的没有他说的那么多，那他捐一半有没有？捐三分之一有没有？起码比其他人强吧！要学会宽容、包容，不要看他捐了多少，而要看他是否有一颗慈善的心。如果有机会见到陈光标，我会鼓励他继续做下去。

花钱有时比赚钱还难

股捐慈善基金会是个新事物，国内没有相关先例和法规。刚开始，谁也不知道该怎么做，因为牵扯到国家多个部门以及法规的更改，牵一发动全身。能够批下来，本身就是一个突破。两年多时间，已经算很快了。

我也曾考虑过股票变现做慈善的问题。去年我就减持 1 亿股捐出 10 亿元用于西南五省区市旱灾、福州市图书馆及福清高山中学等项目。我可以把钱全捐出去，但是毕竟有捐完的一天。捐股票是出于两个目的，一是为了不给资本市场带来冲击，稳定投资者的信心；二是为了保证基金会的资产能够有效地保值增值。我捐出的股票通过保值与增值一年可收益一两个亿，这样我可以踏踏实实做企业赚钱，而基金会负责花钱就行了。

基金的保值与增值，是基金会的事情。我认为，福耀股票是黄金股票，不能随便卖掉，原则上要作为母本，收益主要是靠分红。一年大概拿一两个亿出来做慈善。

最近主要做的是完善规章制度，搭建秘书处的班子。秘书长的角色很重要，相当于企业的总经理，需要一个市场化的专业人士来担任。我已经找到一个秘书长的人选，目前主管部门国侨办正在审核。等班子定下来之后，我和曹晖就退出基金会，不再担任理事。

我把钱捐出去了，还要浪费我的时间去管怎么花钱，这是不是很不公平？再说，我在里面，很多人就会找我来要钱，这等于给自己添麻烦。

我把股权捐给基金会，这钱就属于社会公共财产了。河仁基金会不应该是家族的，曹家人都要退出。将来我只作为捐赠人，基金会修改章程或者变卖股票都要向捐赠人报告。

我现在所要做的就是建章立制，今后基金会完全靠制度运作。这样做，首先国家和民众的感情都得到最充分尊重，其次可保证基金会的利益以后不受到侵害，同时也可保证我的孩子今后不会跟社会大众发生纠纷。

感　言

我告诉我的员工和子女，人生的每一天的每一分钟做的每一件事，都是你在盖历史大厦的每一块砖。某一段砖用坏了，做了坏事，你盖很高的时候，高处不胜寒，压力一大，那个地方经不起推敲了，大厦就这样摧毁了。

我有今天的成就，不是因为我伟大，而在于我背后有无数普通人默默无闻的努力和贡献。

我有今天的事业，离不开政府的政策和社会各界的帮助，我欠社会的太多。

人要有良心，我对社会始终抱着感恩的心态，我是通过自己的力量来帮助社会。

我没有什么朋友，企业界的、经济学界的，我不跟他们玩，因为没什么意思。

我可以很自豪地说，在经营上，我是一流的高手。没有几个人做企业能和我比。福耀自从挂牌以来，我是中国前十名最好的公司之一。

我是企业家，不是富豪。福耀在海外很有名。我到国外出访，外国人都很尊重我，他们认为你很不容易，了不起，20 年时间就超过外国同行百年企业。你看，人家多尊重企业家。

作为企业家，在准备创大业时，一定要记住，做小事情靠技巧，大事靠眼光和人格魅力。

我有勇气，有智慧；我的前瞻性很强；对待别人，我很仁慈；我敢于承担责任，任何事情我都敢担当；我的皮比较厚，人家讲我好讲我坏，我都表示感谢。只要记得世上还有一个曹德旺，我就心满意足了。

功利心都那么强了也不好。真正碰到问题了，利益集团必须站出来，削弱你的利益。你身体好，体质好，你不自断手臂谁断？

我想成立这个基金会不是为了在历史上留下什么个人印记，我是希望起到推动这些富豪慷慨解囊，引起政府的重视（指解决目前这种通过捐赠股票成立慈善基金会所遇到的一些政策、法律法规等方面的问题）。我开门把这个东西送给你，你也得把手伸过来接回去啊。

佛家讲，布施有三种，其中一种是财施，像我这样的捐款，只是有钱人做该做的事情，功德最小。积德要"无相布施"，就是不要宣传，你才会积一点阴德。咣咣地曝光，我那一点点福德都没有地方拿了。你还以为是好事啊？

貔貅没有屁股，是只进不出的，很小气。我特意挖了个大屁股，做吉祥物来说的话有进有出。财富如果不漏的话不撑死掉你，应该要漏。

我跟子女们讲，这个钱是纸，是玩具，印了人头花花绿绿的，就是为了让大家玩，所以你有水平到你手上多玩几天，没有水平到你手上它就跑掉了，玩的就坏了。

留给子女的不应是财富，而应该是智慧和人品。

他美国人拳头大，就可以欺负我哪？我就把事情捅大，让全世界来评评理！就是倾家荡产，我也跟他干！花再多的钱也不在乎，但中国人的骨气不能不在乎，我们打的不是官司，是荣誉。打，一定要打赢！

（此文发表在 2011 年第 9 期《中国中小企业》）

中国企业怎样在国际上做生意

摸好规矩才不吃亏

我记得有一个朋友给我发短信，告诉我普京两句很经典的话。第一句话：没有私利的愤怒，没有意义。第二句话：你要想参与战争，就得有武器。没有武器怎么跟人家打仗？不可能。

我们要想走向国际，首先就要摸一下国际的规矩，了解了解这个地球村的商业文化、自由经济的文化。连起码了解都没有的话，走出去就可能吃亏。

福耀在国际上曾经打过一场官司，那是 2002 年了，结果我们与对方处得非常好。我现在玻璃的产量一半是出口欧美，无论是欧洲的汽车，还是美国的汽车，我是他们的主要供应商。

到底是怎么做到的呢？从 1995 年到 2006 年，我花了 10 年的时间在国外设办事处。像 1997 年，我在俄罗斯设办事处，做了 14 年的生意，2011 年 6 月 15 日胡锦涛访问俄罗斯的时候，我才在俄罗斯跟他们签订合同。福耀开发国际市场是从小生意做起来的，做到一定范围，市场了解到了，才差不多了。

何不去"学习"反倾销？

规矩摸得差不多了，那怎么样在国际上做生意？

现在最热门的话题是反倾销，中国企业家想走进国际市场，必须要弄清楚关于反倾销的两个问题：一、反倾销是什么？二、从一个国家的战略定位上看，它的地位在哪里？

很多人都知道，2011年福耀反倾销胜诉。福耀和加拿大、美国都打过反倾销官司。反倾销虽然说带有一定的政治色彩，但还有好的一面。反倾销是维护商业文明很有利的武器，它反对回扣、反对官商勾结、反对不平等贸易。如果撇开政治问题，我们看到反倾销这一面的话，我们为什么不把反倾销对企业有好处的一面学到手呢？为什么不去学习它、适应它，去创造有利于我们的竞争环境呢？它告诉你的是，必须要自强、自立。

官司怎么打赢的呢？因为福耀的内控非常棒。我从做企业的第一天开始，没有其他本事，就是有很好的财务管理体系，有很完整的会计数据库，再加上每年向国家交的所得税来证明我企业每一个动作都是合法的，于是我赢了官司而不用再多花钱。

反倾销还有一面，反不正当竞争能够提高你自己，让你意识到必须正当竞争，以此为标准来要求自己，化弊为利。其实福耀正是在反倾销中不断武装自己，在国际舞台上生存下来。怎么生存下来的呢？首先就是你要成为那种别人最需要的对象。我们采取了什么政策呢？我们早就计划了，设计出我们自己的产品，专有技术。全世界这么大，做汽车的只有八大家，做玻璃的更只有六家。你不是告我吗？我索性扮演你的角色，从研究客户开始。客户需要我有设计的能力，需要我有供货的能力，需要我的产品质量能够稳定，围绕这些需要，福耀一直以来都系统地做这些事情。

其次是逼迫自己遵守正当竞争的秩序。我2002年打反倾销官司，2006年我们则成功地获得了八大集团的合同。我相信，刚开始八大集团也只是想气一气其他的玻璃厂。当时，我跟通用签了合同，把汽车玻璃卖给美国通用汽车，按照规则，我的玻璃就不能再在配件市场上卖。而市场惯例是，很多厂商将略微残次的产品，把标签拿掉，进入配件市场。我们也这样做了。通用知道后很生气，我就非常真诚地跟他们承认了这些事情，让海关提供资料，多少批次、多少钱，都跟他们承认了。结果，获得客户很大的理解。

从国家战略的高度做考虑

再比如说，中国从美国进口了很多粮食，请问中国有没有种粮？每年中央第一号文件就是种粮。我们为什么不问问如果美国人不卖我粮食怎么办？这个事情，我们首先要能够知道它在国家战略上的定位，知道美国卖给我们粮食是一种补充，了解这一点，对我们很有意义。这也是我打完那场官司后的反省。

那么，怎么来应对这个问题呢？我的观点是这样的，人民币升值，美国国会有200多票通过了这个法案。我研究过了，假如美元比人民币是1∶6.3，中国就会有30%的企业要停下来，没法出口。我一年几亿美金的外汇，活得应该有尊严啊。那怎么做？我们分析了，美国人90%买我们的零用品，那我们就先告诉他，我的价格要升上去，你必须拿大批的美金来买我的产品，不然的话，你买不到，因为我们国家不补贴，不抬高价格，我企业亏损就关门了！

所以人民币升值，真正的损失不是中国人的损失，这事情要弄清楚了。我们还可以告诉美国人，要么你的销售也别进来。我们该讲话的时候就要敢讲，对国际市场经济，就按照条约跟他们相处，那就不会有问题了。

（此文发表在2012年第2期《化工管理》）

商战不败之信仰

大家好，我的习惯不好，在任何场合演讲不喜欢用稿，讲的时候比较零乱；而且福建普通话不大标准，听起来比较吃力，如果听完需要我解释某一句话，我愿意跟大家做解释。

我是一个企业家，今天讲我创业的历程和一些体会，分三部分。

第一，福耀品牌价值

福耀玻璃去年主营业务收入是 96.68 亿，税后净利润是 15.7 亿，去年纳税 10 个亿。

大家知道福耀，但可能不知道福耀在做什么？福耀是做汽车玻璃的，1987 年在福州注册，当初我提议做玻璃，又请了四五个股东凑了 100 万，成立一个汽车玻璃厂。通过这 25 年的时间，福耀现在在全球建立起 34 家子公司，在中国十多个省市建了工厂，而且都是各省市的重点企业。

福耀今天在中国的汽车玻璃中占 70% 的份额，是全球八大汽车厂（宝马、宾利、路虎、奥迪等）的第一供应商，在全球汽车玻璃同行业稳坐第一把交椅，无论是供应量还是企业效益。我们的财报显示，去年主营业务收入是 96.68 亿，税后净利润是 15.7 亿，今年一季度销售 22.5 亿，净利润 3.52 亿。

回顾以上取得的业绩，今天，福耀能够基业常青，能够立于不败之地，在现有危机下取得这样的成绩，靠的是福耀已经成为全球汽车玻璃的知名品牌，我的玻璃成为包括奥迪、奔驰、宝马、宾利、路虎等八大汽车商的用户。这是品牌的价值。

第二，对品牌的认识

人品、产品、品位、品质连在一起就是品牌。

我爸当年做生意，做得很好，我跟他做生意，每天吃饭时，他把做生意的感想告诉我。小时候我爸就跟我讲：中国的文字是象形字，"口"这个字是没有简写的。他的意思是告诉我，你在讲话时，开口一定要慎重，对位置比你高的，千万不要去赞扬、奉承人家，这个对人品会有影响；位置比你低的人，你认为不满意的，认为做错的事情，也不要轻易表态。因为你不是最高水平，你的讲话也会影响到你的声誉。后来我做企业，就想到我爸讲的这句话，是很对的。

品牌是什么？

第一是人品，"品"是三个"口"，三人成众，三个"口"就是众口。你去做，让他们来评判，这叫人品，人品是这样做出来的。那么你必须坚持塑造企业的信誉度、美誉度，做任何事情应该值得人家圈点和评判。做品牌的第一品是人品。

第二是产品，也就是企业的战略定位问题。战略定位是什么？你准备投资，投资什么？为什么会投资玻璃？是因为市场好卖还是因为你熟悉玻璃？什么决定你的投资方向？产品的服务对象是谁？对你的服务对象了解有多少？其爱好、特性是什么？最后是由谁来做、怎么做、什么时候做？这些东西就是产品，就是战略定位的问题，做之前应该认真研究这些问题，保证这些问题有效解决。从我的经验来讲，产品很关键。

第三是品位，这涉及品牌的形象问题。这个问题就是要塑造企业和个人在社会上的诚信度、信誉度、美誉度。

员工也是我们的客户，怎样留住员工？就要考虑薪酬福利，企业的发展愿景，员工的个人发展愿景，企业的价值观和文化。什么是文化？中国最有价值的文化就是立德，德的核心就是仁慈。企业虽然不是员工的，但他有份。

我们的员工不仅享有一般的福利，生病我们也可以给他看，我们为北京的临时工治病花了100多万，在我们工厂生病必须送医院，送医院就不惜代价，治好为止。这样做不单单是一点钱的问题，而是形成一种文化，对公司价值的认同，你应该给他们解除头上这把剑，什么时候掉下来，集团都可以帮你解决。

品位，一定是从我们做生意时就要讲诚信，真正做到童叟无欺，真正让员工体会到跟我在一起的价值，受社会尊重。我们各地企业员工，穿上我们的工作服，出去做生意不会被人家欺负，什么原因呢？因为我们企业被很多领域照顾。我是纳税大户，去年我缴税10亿，这也巩固了我的品牌地位。品位对做企业品牌来说是很关键的一"品"。

第四是品质，就是产品质量。产品质量没有最高，只有更高，但最高的质量是什么呢？稳定，稳定在一条线上，不要一下子跳上去，一下子再跌下来，跟过山车一样。超过这个质量标准，到这个线，就保持下去，不要一下子冲上去，跌下来，我不接受。

我做的是汽车玻璃，汽车有毛病要召回，我是全球供应商，可以想象质量需要稳定。质量稳定是由体系控制的，不是设计出来的，不是老板用高压手段能解决的。体系控制用什么来保证？很简单，选你所做的，做你所选的。需要非常严格的纪律性，归纳为一句话：企业的品质、产品的品质反映企业的综合素质，企业上上下下班子的素质。

质量管理是一个系统工程，比如我今天来到工厂门口，保安上来就说"你是干什么的，车子停旁边去！"我就很不高兴了，我买你的东西，我是上帝，你怎么能这样对待我？这一单生意就怪在这个保安身上了，你应该客气一点，"你到这里找谁？"我们企业员工从上到下，都是有系统的培训，每一个人对品质都有一定的管理。

从人品、产品、品位到品质，四个"品"连在一起，这就是我对品牌的认识。

三、品牌是怎么铸就的？

用佛家六度，"布施、持戒、忍辱、精进、禅定、智慧"塑造品牌。

我是很虔诚的佛教徒。回顾我从业一生，我很自豪的是：在现有政策环境下，把企业做得很强大，变成国际知名品牌，而且我没有敷衍了事，该尽的职责都尽了，我会履行公民职责。怎么做？我以佛祖的"六度"作为自己的行为指南。当然，作为企业家，我是很粗浅的，但我把佛家的"六度"用在企业品牌的塑造上，我是这样用的：

一是布施。布施有三类，财施、法施和无畏施。按照佛祖的理论，财施是最小的，没有功德的，有钱人以财物予人，佛祖还建议财施最好隐性布施，就是做好事不要留名，让人知道了就不好，就没有功德。

我最初做福耀玻璃的时候，不是为了钱，当初看日本在中国卖玻璃，去研究发现大厂不去做，小厂做不来，我认为我很有才华，而且有社会基础，可以做得来。那时我找人帮我，为中国人做一块玻璃，中国人应该有一块自己的汽车玻璃。那时，我刚刚知道布施。

在做的过程中，因为佛门提倡众生平等、心怀慈悲、谦虚诚实、尊重他人、上下一致，这都是在一种慈善范围，在慈悲的布施范畴。

二是持戒。佛家的戒相当于儒家的礼，佛门要求遵守法律法规的同时，个人要戒贪、戒痴、戒嗔、戒赌、戒色。我很自豪地说，我不做这些事情，我不会赌钱，我也不贪。我坚定地知道去做该做的事情。总结自己，刚刚走向社会做汽车玻璃时，是从不为向有为过渡；学会有为以后，我知道还应该有所为有所不为。

为了这一块玻璃，我向中国承诺，对我的员工承诺，我们为中国人去做一片玻璃,让所有中国人能用上我的玻璃,不管他是达官显贵,还是平民百姓,一定要让他觉得放心。这一片玻璃能代表中国人的形象,在国际上跟人交流,洋人能够做到的,我们也应该做到,今天做到了。我们就本着这个理念来做。

在持戒上我还有一个心得,佛教的观点是说处之己戒严。我们的管理制度非常严格,我和我的员工说"我爱你",因为我不想你犯错误。我的管理制度是相互制衡的,我制度不严,你顺手拿走了东西,到时候我怎么处理?开除你,我损失一员大将;不开除你,破坏了我的规章制度。因此,我们要求管理层在管理制度上必须严谨,把话说死,把东西锁紧。在持戒里既控制别人,又防止了不好事情的发生。

三是忍辱。在忍辱方面,我也不怕吃亏,反正我能做自己想做的事情,没有本钱也不必要去做,不批准也无所谓,能够用这种心态应对一切。

四是精进。生命不息,奋斗不止。精进就是精益求精,要持续创新。福耀最早引进中国第一条汽车玻璃生产线,当初我们提出,引进设备要消化技术,在消化技术的基础上,我们还必须要有自己改进创新的技术,我们必须要有自己的制造能力。福耀今天成为全球第一大汽车玻璃工厂的时候,如果自己不会做设备,就没有这么强的竞争力。

五是禅定。淡泊名利。我在全国已建好的工厂有七八百万平方米,我向社会承诺,向我的股东承诺,我只做汽车玻璃。

我是当了24年福建省政协委员(不是两会代表),历届省委书记、省长都是我很好的朋友,我认为那是荣誉。但自认没有功,当了24年政协委员,24年我还没有时间去开那么多这种会议,包括请我吃饭。我想这个事情不是重要的,还有更重要的事情等着我去做,什么都要就是包袱。我做什么事情,会从企业角度评估可不可以做,怎么做;但个人问题我随遇而安,不会计较。

六是智慧。智慧跟聪明有差别。2008年金融危机之前,我每天早上上班坐在汽车上听新闻,从国际贸易摩擦不断上升,到中央政府环保、交通新法规出台，再到人民币汇率浮动，我们会根据这些做测算，我们做了多少，其他企业做了多少，交通法实施会有多少影响。我们通过这些现象去测算，2007 年我们把各子公司总经理调回来，采取几个措施：清理在建项目，已经开工正在建设的抓紧完工；促进现金回流，当时我们现金流负债率达 67%，提出两年把负债率降下来；根据测算，危机来的时候，不应该让政府救，我们展开了一场自救运动，关闭预期会亏损的企业，因此在 2008 年中国经济最火的时候我关掉了四条生产线，损失了十几亿，很多人不理解，说这个动作太大，我说拿十几亿拿得起，等你开始亏的时候亏不起，这是智慧。

通过这些努力，福耀品牌建立起来了，去年净资产收益率到 35%，位居中国第一。就是因为我的政策实施有效。负债率降下来的时候让财务成本大幅下降，配合整个自救政策的实施，这就是有智慧、最聪明、最理性的做法。

今天福耀能够常青不倒，靠的是品牌；品牌是怎么做成的？首先要有信念，把信仰作为永恒不变的信念在心里，围绕这个信念去做事，才会让自己的基业常青。

（此文系作者 2013 年 2 月在北京大学光华管理学院的演讲）

应客观分析中美制造业的成本对比

　　2017 年 4 月 26 日新任美国总统宣布美国政府减税方案，在美企业所得税从 35% 下调至 15%。此消息出台后引起了全球以及我国各界人士的热议，普遍关注的是此政策对全球经济再平衡以及我国出口企业的影响。

　　这些年我一直关注中国制造业成本问题，也发表了很多的看法。今年两会期间，我也表达了中美经营成本之争的一些观点。作为企业家我分析认为，美国减税对正在美国经营的企业当然是受益，但影响还不是最大。理由是从面上看所得税税率从 35% 下调至 15%，下调了 64%，从绝对值计，因为在美制造业利润很难平均获得营业额的 8% 以上利润。而即使按照假设 8% 来计算，减税后税负也仅仅是营业额的 1.2%。

　　不过此次美国减税不是单在美本土企业，关键是允许美国在海外投资企业的资本利润回流参考新税率。这将促使美企往回撤资，对本来就资金紧张的新兴国家绝对是一个考验。

　　今天我们面临的是全球经济格局发生变化，美国调整政策，为的是倡导制造业回归，同时要恢复制造业大国地位。原来停滞不前的新兴经济体纷纷效法中国，大力倡导发展开放型经济，并大建经济开发区，对我国制造业发展都会带来一些影响。如我们有为数不少的企业外迁，除美国以外，还有周边国家，这个现象需要引起我们的重视。如果我国制造业要素成本与周边国家或美国有一定差距的话，会对我国制造业的发展产生一些影响。

　　因此，我建议，在全球经济环境的变化带来的各方面要素变化的背景下，应引起全国各界的重视；同时，我们应客观地分析中国与美国或其他国家制造企业综合成本真实情况，通过比较分析，寻找成本失衡的原因与问题的症结。

（此文发表在 2017 年 7 月 11 日《人民政协报》）

对话曹德旺：一片玻璃半生缘

史小诺

在中国的企业大佬当中，曹德旺是一个很特殊的存在。他很少接受媒体的采访，也很少出席年初年尾热闹的论坛，在各种大佬们称兄道弟的圈子里也见不到他的影子，但他的产品在中国占据着 70% 的市场份额，是业界公认的霸主。在行业之外，他最为人所知的是做慈善，他被称为中国慈善的领军者，从 1983 年第一次捐给母校 2000 块钱买桌椅，到今天他捐出的善款已经超过 60 亿。和做生意不同，作为慈善家的曹德旺并不低调，他不仅突破法律空白创立了股权捐赠模式，还与国务院扶贫办下属的中国扶贫基金会签署了号称"史上最严苛"的协议，开创了公益问责的先河。这几年，年届70 的他又成为中国制造走出去的先锋。

芒山工厂是福耀集团从昔日玻璃巨头、美国老牌制造企业 PPG 手中购买的一间老工厂，在原废旧厂房和生产线的基础上，曹德旺投资两亿美金重新改建，他要把芒山工厂建设成为世界一流的高端汽车玻璃生产线。有趣的是，PPG 公司曾是福耀的对手，与福耀打过反倾销官司，这个案件不仅是我国入世后的第一起反倾销案，也是中国企业状告美国商务部并赢得胜利的第一案。对于当时走出去频频受阻的中国企业，这是一次令人振奋的胜利，曹德旺也成了 2004 年我国企业反倾销的代表人物，但在曹德旺眼里，这并不是一件难事。

记者：你当时的压力大吗？

曹德旺：没有压力，我很开心。因为我知道美国人搞错了，他把我认为是民营企业肯定做假账，我是中国少有的民营企业不做假账的公司，我的计算机系统，你过来我打开给你看，谁都不能改的，摆在这里是事实，美国人也很可爱，他后来查到这个事情，他们也判我赢了。

曹德旺祖籍福建福清，1946年出生于上海的一个富商家庭，父亲曾是上海永安百货的股东，母亲是大家闺秀，曹氏家族世代经商，历史上就是福清的名门望族。两岁的时候，为躲避战乱随父母举家迁回福清老家后，万贯家财遗失殆尽。曹德旺9岁才上学，14岁又被迫辍学，帮着父亲倒卖烟丝，贩卖水果，每天起早贪黑，他记忆最深刻的是，母亲每次凌晨两点叫他起床的时候，都心怀不忍，经常因为心疼哭红了眼睛。

记者：你想妈妈吗？有时候。

曹德旺：那经常想。因为我觉得我妈妈太可怜了，她就是1960年饿了以后得病又没有办法治。

记者：哪一年走的？

曹德旺：九几年走的。

记者：那也没享到你的福了吧？

曹德旺：她晚年一直生病躺在床上。现在好很多，以前一想到就哭。

父亲打我，现在也理解他，他那时候很得志的，后来落魄完了不得志，还要为了生活那样辛苦，每天的心情可以想象的，碰到你这个傻冒过去就揍你。

记者：早上司机去接我的时候，到酒店接我的时候，我说你们老板很厉害，厉害，我说你们老板凶不凶，不凶，我说不凶，我说凶吧，真的不凶，因为我们老板是有严有慈的。你厉害的时候是什么样子，会咆哮吗？

曹德旺：没有，也不会，我做老板就像做父亲一样，就把员工看成自己家里人，从德育、体育、智育全面关注他们，像我们公司的员工，他如果说下面禁止他打麻将，被我知道的话你给我出去我不要你了，坚决制止他们这样做。

记者：打麻将，你说是上班的时候？

曹德旺：赌博，晚上也不行。

记者：在家也不行？

曹德旺：当然了，在我们宿舍区肯定不行。

记者：你管得还是有点严，人都是工作之余？

曹德旺：工作之余很多事情可以做的，你沾上这个习惯就没有心思工作了，你可以提高你自己，很多东西需要提高，一辈子坚持做工人不是好工人我告诉你，你应该往上走，我每天都在办工厂，你应该到新的工厂当厂长去。

记者：现在福耀是中国第一，世界第二，销量上，做老二，你想做老大吗？

曹德旺：我坦诚告诉你们，如果按照销量我们现在就已经在行业里面算是第一名了，就按利润，我们福耀的利润，他们都是上市公司，福耀集团的利润相当于全世界做汽车玻璃企业利润的总和，牛掰吧？

记者：你觉得成功主要是在你决策上还是底下你的专业人才上面？

曹德旺：我认为都有，应该是一将功成万骨枯，福耀是福耀人的福耀，是中国人的福耀，首先我会是感谢我们所有的汽车厂，他们对我的支持，福耀是他们培育出来的，我很感激我的员工，我的员工都非常卖力去做，因为我工作量太大，脾气也比较暴，应该承认我在管理上就比较武断，多多少少也会伤害管理层，但是他都不会跟我计较，福耀是怎么得来的成绩，我认为应该是他们得来的，不是我自己创造的。

记者：2015年或者2016年我们也在说可能中国经济要转型，很多制造业，很多行业都觉得挺艰难的，那如果要让你给他们一些建议，你有建议吗？

曹德旺：我说谁都不要埋怨，都是我们自己人干的，我虽然不是官，没有参加决策，但是我是企业家，参加过执行，现在就是面对，必须去面对这件事，中国是我们的，是中国人的，不能因为它现在有困难就把它抛弃了。从我的观点必须客观公正来认识现阶段的问题，那么大家不要讲官话，也不要盲目乐观和盲目悲观，都是错的，要拿出态度，是福是祸都是我们的。

记者：你为什么要做慈善呢，是因为钱多吗？

曹德旺：不是，一做慈善中国人就想到捐钱，实际上我跟你讲创业是做事，做慈善是等于做人，真正捐钱在做人当中不是成功的，弄不好你就变成土豪，捐了钱还被人家骂。

你问我做慈善是什么，是在修行，修做人的规矩，因为人就是每天做两件事，一是做人，二是做事，做那些事情为了获得更好的资源，更正的能量来支持做事。因此你不要说慈善就是捐款，但是你还要不要伤到别人，比如你捐钱你舍得捐这个钱给人家的时候，乞丐在这边乞讨，给你，你这样捐钱旁边人看你这个素质很低，你如果看到感兴趣了就蹲下来，我口袋里我也没有多少钱，我拿 5 块给你，希望你不嫌弃。

记者：到 70 岁的时候你觉得你还会有困惑吗？

曹德旺：没有困惑，为什么呢，因为可以死的人了，但是我现在做的一切只是为了社会进步，是一种责任，要记住随心所欲，孔子讲的不要规矩，那就是随心所欲做好事，能够按照自己的能力去做，身体力行。

记者：你要是自我评价的话你是一个什么样的人？

曹德旺：这个问题我还没有想过，如果让我说的话，我认为我是一个君子，我对国家忠诚，比如讲 1995 年前我想把企业卖掉自己跑去玩的时候，我选择了移民美国，我拿到美国的绿卡，把公司卖给法国赛特邦，赛特邦后来不接，不接我扔不掉我又回来，1999 年回来，我接着把它做了。当我做起来以后，在 2005 年的时候我认为将来福耀是中国玻璃的代名词，我已经从原来无名小卒，1995 年前养家糊口的概念变成今天是未来中国人的，我必须把绿卡还给他，回中国去。因为我如果继续留在这里拿他的绿卡，将来中国没有玻璃，这是替国家负责。很多人劝我想清楚，我说不要想清楚，老板移民就怕政府追究他们，我说不管他怎么处理我都接受，中国我应该是这样的对待。

作为一个有强烈宗教信仰的企业家，曹老身上充满着矛盾。一方面他宁折不弯，号称从商 30 年从来没给政府官员送过一块月饼，对外他还历时 5 年花费上亿赢了美国、加拿大两场官司，但同时他又说自己需要反省，即使赢了也要看看自己做错了什么。这种深刻的内省源自他信仰的佛教，在他的自传里专门有一节叫《守雌》，就是告诫自己，不要太张扬，要学会做大哥，更要学会做小弟和配角。重要的不是角色的分量，而是你是否能演好属于自己的那个角色。曹老说，我希望我演得足够精彩。

（文章来源于 2016 年中央电视台财经频道《遇见大咖》栏目）

张瑞敏

　　张瑞敏，男，1949 年 1 月生，山东莱州人。人单合一模式
创立者，全球 50 大管理思想家之一、享誉世界的企业家，海尔
集团创始人，现任海尔集团董事局主席、首席执行官。

　　张瑞敏始终坚持"人的价值第一"，将中国传统文化精髓与
西方现代管理思想融会贯通，创新发展、自成一家，以创新的
管理理念为全球管理界探索输出了符合时代特征的商业模式和
经典案例。

　　2017 年 3 月 24 日，美国《财富》将张瑞敏评选入"全球
50 位最伟大领袖榜单"，并评价其"看到了大多数 CEO 看不到
的未来"，2015 年、2017 年张瑞敏两度入选"全球最具影响力
的 50 大管理思想家"，是唯一两度入选的中国企业家。

中国企业如何应对跨国竞争

有人问我，海尔成功的秘诀是什么？我告诉他，海尔不断帮助用户成功，所以才能成功。海尔改造企业内部的结构，使之扁平化、信息化，这样每个员工都能最大限度地直接面对市场。海尔为设计人员冠上型号经理的名称，这不仅仅是名称的改变，更是直接影响着企业发展。日本这个家电强国，国外家电品牌很难打入。海尔迅速派出型号经理深入调查，发现日本单身女性独居公寓者居多。为此，海尔专门研发了单人洗衣机产品，在日本市场迅速走红，不仅销量令人满意，还获得了日本的设计大奖。由此可见，迅速抢占稀缺客户资源非常重要。

与对手共建关系平台也能提升企业发展速度。海尔和"三洋"就建立了竞合的关系，相互利用对方资源开拓销售渠道，提升抢占市场的速度。目前，海尔已与欧洲、日本、美国很多公司建立起这样的竞合关系，这对各方的发展都大有裨益。

海尔对世界名牌的体会是"一个企业在不同的国家和地区所建立的本土化的名牌的总和"。如果一个世界名牌在中国不能成为一个本土化的名牌，那它就不能称为世界名牌。海尔踏出国门，许多人认为风险很大。但如果海尔走不出这一步，今后的风险会更大，甚至最终在中国市场也缺乏立足之地。

国外一个著名杂志社撰写的一篇评论文章，说海尔在意大利收购工厂是愚蠢的举动。我邀请这位记者商讨，产生分歧的症结在于视角不同。按外国人的视角，那个被收购的企业没有知名的品牌，记者认为海尔应该收购一个有知名品牌的企业，才能尽快提升海尔品牌的知名度。而海尔的理念在于，在国际市场建立海尔品牌，而不是收购国外品牌。这次收购，值就值在海尔有能力把它改造成在意大利叫得响的海尔的品牌。这位记者在参观车间先进的流水线后心悦诚服。

现在，这个意大利工厂不仅成为海尔的海外生产基地，而且还享受了一些国家有关从意大利进口商品的免税政策。这样，海尔在意大利基地生产产品不仅节约了运费，还省去了12%的关税。

中国要有大量的OEM的工厂，但更要有自己的品牌，如果没有自己的品牌的中国企业就是只擅长于制造的企业。所以有竞争力的中国企业如果要成为跨国公司，一定要打造属于自己的品牌。

（此文发表在2003年第1期《中国企业家》）

没有改革开放就没有海尔

海尔是抓住改革开放的机遇发展起来的。对企业而言，改革开放的进程，就是企业逐步走向市场、转变观念，成为充满生机与活力的市场竞争主体的进程。

1984年，正值改革开放初期，我被派到青岛电冰箱总厂（海尔的前身）担任厂长。那是一个有600多人，资不抵债的街道小工厂，由于经营不善已亏空147万元，工厂面临倒闭，人心涣散。

为了改变这种状况，我们决定引进德国利勃海尔冰箱生产线。我去北京跑这个项目，由于企业资金非常困难，就花两块钱租一个小马扎，坐在火车通道里，一直坐到北京去。那个时候很艰苦，但是那种艰苦也使得海尔的员工都非常珍惜改革开放的机会。

1984年10月20日，党的十二届三中全会通过了《中共中央关于经济体制改革的决定》，社会主义计划经济开始向商品经济转化，市场需求迅速上升。当时"用纸糊一个冰箱都能卖出去"，但我们没有盲目上量，而是明确提出"先卖信誉，后卖产品"，制定了"起步晚、起点高"的原则。四年后，海尔冰箱获得了中国电冰箱史上的第一枚国优金牌。

改革开放带给我最大的变化和收获，是思想观念上的转变。1992年春天，邓小平同志南方谈话发表，要求改革开放"胆子要再大一点，步子要再快一点"。我们当时觉得这肯定是一个新的发展机遇，6月份，便贷款在青岛圈下了800亩地，建一个工业园。海尔工业园项目投资16亿元，从银行贷了2.4亿元。这时，资本市场开放了，我们抓住了这个机会，1993年11月海尔股票在上海上市，筹集到的资金使海尔工业园得以建成。

纵观改革开放和海尔的发展，我有几点感悟，第一，就是像小平同志所说的，"发展是硬道理"。在这个过程中明确企业的目标很重要，如果目标不高，外部环境再好也没有用。30年来，改革开放进程不是一步到位的，每个时期给企业创造不同的条件，海尔根据改革开放提供的外部条件，与时俱进地去创造对企业有利的内部环境，这也是企业发展的一个非常重要的因素。第二，对于海尔来讲，我常说这句话，没有改革开放就没有海尔，或者换句话说，海尔就是改革开放的产物！

（此文发表在 2008 年 7 月 22 日《经理日报》）

中国式管理的三个终极难题

今天在这里我想讲三点：

第一个是怎么样做适应中国国情的管理；

第二个是在信息化时代怎样做管理上的创新；

第三个是海尔自己在商业模式创新上的探索。

中国现在有一个 MBA 悖论，一开始大家对 MBA 非常狂热，只要有了 MBA 的学生、受到 MBA 的教育企业管理一定能够上去。当然 MBA 是非常重要的，但是有一个 MBA "退烧"的问题，用了之后觉得不像期望的那么高。主要原因是 MBA 案例大部分是国外案例，很少有中国自己的，中国没有自己的管理模式、管理方式。在改革开放前，中国没有自己的管理，改革开放后中国主要是学习日本的管理方法，而不是管理模式，比如像丰田这种管理模式。引进 MBA 还有一个是不是水土不服的问题，我自己也感觉到这确实是一个非常大的问题。

难题一：怎么样做适应于中国国情的管理？

2008 年 11 月我去美国波士顿，和杰克·韦尔奇专门有一个会谈，谈了很多问题，我问的第一个问题是：韦尔奇如何能够把 GE 做到世界最大，但是又做到了世界最小。意思是说他把公司做到了世界第一，但是公司里每一个人又能够充分地发挥、体现自己的价值，其实这是非常不简单的。在中国很难做到这一点，我请他谈一下他的体会。他说中国的企业文化和美国有非常大的不同，在美国很多方面可以放权，因为美国的财务制度非常非常完善，完善到了我自己都不了解，里面有非常复杂、非常详细的内容，但是可以帮助我把这个企业有系统地推进。我让员工更多地创新，因为在这个制度下反而会觉得受到很多的束缚。GE 在中国也有很多企业，在中国员工很愿意随意改动一些东西，中国没有一些非常完善的制度，这是两个国家在管理上非常大的差异。

其实我们自己在国外设立工厂或者是和国外公司打交道后，也感觉到中国企业内部的文化和美国、日本的都有非常大的不同。比如说我们在美国南卡罗来纳州设立了一个工厂，我们的人过去告诉美国生产线的工人应该怎么去操作，但是过了几天，按照美国的条件可以再改动一下，美国工人就不干了。他说你前两天告诉我那样干，今天又告诉我这样干，到底哪个是对的？所以不能随便改。

这就体现了一个"法"的概念，但是中国工人的这个概念并不是很强烈。比如，让日本人擦五遍桌子，但是中国人可能今天擦五遍，明天就擦三遍了。我们把日本的一家工厂并过来，研发了非常好的产品，在全世界都卖得非常好，我们就给这个研发团队特别的一份奖励，结果他们不同意。为什么呢？让这些人来干就开发出很好的产品，如果不让他们干，让其他的人干也会开发出很好的产品，这是我们的决定，而不是他们的能力问题，不可以给他们单独奖励，最后把钱还是平均了。日本人的这种团队精神也是和中国不一样的。

难题二：怎么样在互联网时代进行管理创新？

现在进入互联网时代，互联网时代对企业提出来的挑战就两个字——速度。谁能够以更快的速度满足用户的需求。有人说农业时代解决饥饿，工业时代征服空间，信息工业征服的是时间，所以对企业来讲时间是制胜的关键，能不能在第一时间满足客户的需求。德鲁克有一句话，互联网消除了距离，这就是它最大的影响。对于企业来讲只能做到和用户的零距离，如果和用户零距离你就赢了。

先要做企业信息化，然后再提升企业信息化。作为企业信息化来讲，中国企业还有很长的路要走。现在媒体报道中国企业 ERP 不能够成功的有93%，也就是说可以做到 ERP 的只有7%，而这7%还不一定能够成功。媒体上可以看到很多企业和做 ERP 的咨询公司打官司，说你给我做 ERP，给我承诺做到什么程度，现在没有做到，我要求你索赔。这说明一个很大的问题，做信息化有一个非常大的误区，还没有做到以用户为中心满足用户的需求，然后就要求做信息化，其实做不到的。现在中国企业做的油水分离，本来业务就像水一样，现在把信息化做得像"油"一样，放在水上面。有点儿像《圣经》马太九章的一句话，没有人把新酒放在旧皮袋里去，如果把新杯放在旧皮袋里去旧皮袋一定会爆裂，新酒也会爆裂，所以只能把新酒放在新皮袋里。原来的业务流程就像旧皮袋一样，现在的信息化像新酒一样，把新酒装到旧皮袋中去肯定不可以。

拿海尔自己来说，做信息化也费了很多周折，现在比较好地做起来了。拿库存问题来讲，我们在做信息化流程时库存没有得到很好的解决，现在我们提出零库存下的信息化。我没有库存，但是用户要的话我可以马上送给你，用户不要就不会形成库存，实际上就是全流程的再造。比如研发，今天研发的产品必须是六个月后用户的需要。市场人员也应该了解到用户的需求，我的产品一定不会形成库存的。现在这个问题我们做得相对好一些了。

这也是中国企业面临的很大的问题，比如说编成统一数据，2008年中国家电企业库存周转天数是64天，我们自己在2008年初库存周转天数是32天，差不多是中国平均周转天数的一半。尽管我们的流程再造现在已经降到了三天。这个过程其实也是很痛苦的。我们的销售在过程中也受到很大的影响，咬着牙做了之后，把全流程的信息化都做起来了。很多中国的企业基本上还是卖库存，我们则是开始卖服务了，根据用户的需求来做。

最近我看到一个报道，丰田汽车说它在金融危机的过程中之所以受到影响，就是因为它偏离了丰田之道。原来的丰田之道并不是表面所说的精益管理，而是我生产的汽车一定是有用户要的。现在我们的零库存做到现在，也做到在生产线上生产的产品出来后不是放在仓库里去，而是哪个商场、哪个用户已经定了，所以我生产线上生产的产品就是用户要的产品。而不是像很多中国企业为仓库采购、为仓库销售，这是一个非常大的挑战，我们的企业信息化从这里切入就是以用户为中心做的。

接下来再往上做就是"信息化的企业"，怎么做我们也正在探讨。我的意思是说"企业的信息化"相当于以企业为中心满足用户的需求，而"信息化的企业"相当于把企业放到全球用户需求的链条中去，你只是这个链条中的一环，应该更快地在这个链条中进行运转。海尔要做的是怎样把我们从制造的企业转化成为服务型的企业。

美国的安德森在《长尾理论》里有两句话，非常好地诠释了这一点，"在信息化时代每个企业应该是低成本提供高质量产品，高质量地帮助用户找到它"。如果低成本提供所有的产品，就不是中国企业现在大规模制造，而应该是大规模定制。因为大规模制作一定可以做到低成本。像长尾理论说的不是 80/20 原则，而是所有型号的产品用户可能都要用。那个时候，在大规模定制时，虽然是大规模，但是要定制很多型号的产品，这对中国企业来讲是非常大的挑战。

高质量地帮助用户找到他需要的产品，现在用户面对的不是你一个企业，而是全球很多企业，要高质量地帮助用户找到他需要的产品要求你的产品在全球非常有竞争力。对于中国的企业来讲，从现在开始，通过金融危机来转型是非常大的挑战。

我们现在具体探索的就是虚实网结合，所谓"虚网"就是互联网，所谓"实网"就是最后一公里，也就是鼠标加及时服务。用户在互联网上点鼠标之后我应该是第一时间送达，这就需要跟实网——物流、营销服务等结合。现在在实网方面我们正在努力地往前推进，因为中国的市场实在是太大了。特别是中国农村，现在扩大内需主要是农村，中国有 2812 个县，35000 个乡，64 万个行政村，一个县就有上百万人，广东地区有些地方一个很小的地方、一个县可能 GDP 就可以突破千亿，这个潜力是非常大的。但是这个网络深入下去就非常困难了，所以我们从县、乡、村一点点往下铺。

这和"虚网"——互联网要结合起来，他点了鼠标后你怎么样送达。国外很多大的物流公司到中国来希望和海尔进行合作。他的很多方面都比我强，但是就差一点，就是最后一公里。现在中国政府推的"家电下乡"，我们在"家电下乡"全国中的份额是最大的，是第一位的。就是因为我建设了庞大的网络。另外还有很多外国品牌和我是竞争对手，比方说美国、欧洲、日本的家用电器品牌都是我的竞争对手，但是它现在把农村的销售委托给我。为什么呢？因为它没有办法配送，也没有办法服务到每个村、每个县。

中国很有意思，村里很重要的是村长，村长如果觉得我用海尔的产品很不错，村里的村民大概都会同意。因为他可以给你一定的优惠政策，比方说电价可以给你优惠一点。另外我们村的电工，如果说谁买了海尔家电我可以免费给你修理，村民当然会很高兴了。另外中国农村的电价是很有意思的，不是和城市电价一样，很贵。为什么很贵呢？因为有很多费用都摊到电价里去。农民买电器买得起，但是用不起。

这是非常重要的，现在进入到云计算时代之后，没有人去买服务器了，肯定只买服务就行了。就像没有任何一个单位说我买一个发电机，自己给自己发电就行了。但是你买什么样的服务就是一个很大的挑战了。这个服务一定要和市场是紧密联系在一起的。

难题三：什么是商业模式上的创新王道？

我谈谈海尔自己在商业模式创新上的探索。到底这个商业模式是什么样的，现在有很多说法，所谓的商业模式不管怎么说就是一条，能不能创造客户价值。如果说你能够创造客户价值，能够体现客户价值，这个商业模式就是对的了。像丰田的精益管理、戴尔的直销模式。

我们自己现在在做的过程中，怎么样能够统一一个目标来创造客户价值。海尔1984年开始创业时只有600人，原来是一个濒临倒闭的小工厂，现在是一个国际化的企业，发展得比较快。在发展的过程中很多管理的东西都没有跟上，慢慢地就会有一种大企业病。所谓大企业病就是内部员工和部门相互间的博弈。就像1994年获得诺贝尔奖的纳什所说的，每个人都从自己利益最大化出发，最后形成一个博弈。可能是我为了自己的利益损害了公司、别人的利益，这一点在我们自己集团中也慢慢形成：部门间相互做一个防火墙，这样就形成一个非常大的问题。现在我们所做的是怎样使大家的目标都集中到创造用户价值上，怎样能够协同起来。

第一步把各个组织结构颠覆了。按照职能管理原则，组织结构应该是金字塔形的，是一个中三角，企业最高领导在最上面，然后是次要领导，接着是一级级领导下来，到最下边一定是员工。但是员工面对的就是客户。客户所反映的问题员工要逐级反映上去，领导再做决策下来，这里面除了内部的消耗外还有一个很大的问题是不能够非常好地直面市场、快速做出决策。现在就把这个三角形倒过来，变成倒三角。客户在最上面，然后是一线经理、员工直面客户，最后一级级下来，最高领导成了最下面的了。这样企业的最高领导从原来的发号施令变成在最下端为一线经理提供资源。所有的部门在这当中都为了一线经理和客户提供资源，从发号施令者变成提供资源者。

2009年4月份我到美国佛罗里达和郭士纳（IBM公司前任董事长）谈了，他写了《谁说大象不能跳舞》，就这个问题我们进行了交流，我画了这张图，从正三角到倒三角，我们现在是这么做的，你觉得怎么样？他说我在IBM做头的时候想这么做，但是我没有做。他说这个方向肯定是对的、方法肯定是好的，但是当时没有做的原因是什么呢？主要有两点：第一，如果你在上面叫一线经理变成一个个的经营体，经营团队就会产生一些问题，市场上一些新的机会就不会关注了，只会关注他对的客户，这样会丧失很多新的机会。第二，一线经理团队对着客户，身后的资源不能及时提供给他，他要回过身来找资源，对客户的关注下降了。因为这两个原因当时在IBM没有采用这个方法。

我们也考虑到这两个问题，现在在采取措施解决。一个企业可能很大，但是再大、再小的企业就是三张表，损益表、资产负债表和现金流量表。现在我把损益表做到一个团队，在倒三角形最尖端的领导个人损益表是要关注这个企业在市场上的战略方向和战略目标，当然企业新的机会就是他损益表的任务。为了防止一线经理和客户承诺后还担心背后的资源没有共享，所有背后的这些人，比方说人力、财务等都有各自的损益表，这个损益表和这个团队对客户的承诺内部要形成一个契约。我们也进行了一些试点，效果还不错。收到了一些效果，这完全颠覆了过去的思路，过去我到企业里来干，根据我的职务、能力、所做的工作给我开工资或者是奖金，现在完全变成了你到公司来干，你拿到的是公司的资产，你拿到的资产必须要增值，如果不增值的话就亏损了。你拿到资产后我给你时间划定，做到多少是保本，挣到多少是公司利润。一个是市场行业平均利润、一个是市场标杆企业的最高利润，第一步可以达到平均率，第二步达到最高，把这个利润留下后，把所用的费用拿掉，剩下的进行分成。

我在企业里干了30多年，我觉得作为企业领导人最难的是要不断地战胜自己。因为你不是神仙，不可能主观的判断总是会适应客观规律，所以就很难了。因此不能够自以为是，要永远自以为非，只有这样才能不断地挑战自己。

（此文系作者 2009 年 6 月 12 日在沃顿全球校友论坛上的演讲）

改革也是自我松绑的过程

改革需要环境、需要空间，改革本身也是一个自我松绑、自我解放的过程。对企业来说，在一个更好的政策环境下，实现自我变革，企业才会不断发展壮大。

海尔的前身是一家资不抵债亏空 147 万元的集体小厂，1984 年，在引进德国利勃海尔先进电冰箱生产技术和设备的基础上艰难起步，历经 30 年的创新拼搏，发展成为全球白色家电第一品牌。营业收入从 348 万元增长为今年的约 2000 亿元，利润超百亿元。海尔的持续健康高速发展离不开党的改革开放政策，可以说，没有改革开放就没有海尔的今天。

1984 年的十二届三中全会在提出"有计划的商品经济"的同时，也决定释放企业活力，增强企业自主权，一个宏观一个微观，这条主线一直延伸下来。十八届三中全会进一步明确提出让市场在资源配置中起决定性作用。海尔经历了市场属性回归和政府职能转变的 30 年发展轨迹。在这个过程中，最有典型意义的是 20 世纪 90 年代，当时任青岛市委书记和市长的俞正声同志的五字方针："支持不干预"，这五字方针绝非"松绑"那么简单，海尔也就是在那个时期驶向发展的快车道。

改革需要环境、需要空间，但改革本身也是一个自我松绑、自我解放的过程。一切改革的红利都不会自动到来，一切改革的机制都不会自动诞生，一切改革的实践也不会自然延续。对企业来说，在一个更好的政策环境下，按照市场规律，踏准时代的节拍，跟上时代的步伐，实现自我变革甚至是颠覆性变革，企业才会生存下去，才会不断发展壮大。

我们自八年前开始探索"人单合一双赢"模式创新，就是一次企业自我变革的过程。现在看来，虽然已经取得了预期的成功，但探索远远没有完成，当然，变革本身就是一个过程，永远不会结束。基于互联网时代的鲜明特征，这几年，我们致力组织结构的深刻变革，推动海尔由传统制造企业向互联网企业的全面转型，使企业的组织形态与互联网时代"合拍"，而在更深层的目标上，我们追求企业中的员工与互联网时代"合拍"，让企业转型，更让企业员工转型，也就是员工的市场化转型。

我们希望将海尔打造成一个开放的创新创业平台，在这个平台上，每一个具有创新精神和能力的员工，都会成为"创客"，都会找到自己的位置。这个平台既是"在册员工"的创业平台，更是"在线员工"的创业平台。在海尔开放的人力资源平台上，员工从被动的指令接受者变成主动的创业者。这一创新，不仅使人均收益大幅增加，还大大缩小了与世界发达国家在人均劳动生产率方面的差距。而我们知道，即使今天，中国的劳动生产率和美国等发达的经济体相比，相差还很大。海尔通过商业模式转型、管理优化和智能制造升级，打造一个高效收益平台，有效提高人均效率和员工人均收入，也是深入贯彻党的十八届三中全会决定、加快企业改革的必然结果。

变革才能让我们不断重生。互联网时代的企业兴衰也证明，不变革，必然被淘汰。正像习近平总书记所强调的那样，我们要充分体会这个"历史新机遇"，"敢于担当、勇于作为"，勇当改革的探索者、先行者，从而为国家经济和社会持续健康发展发挥更大的作用。

我认为，中国的改革开放是全世界最大的也是最有影响的模式变革探索试验，没有改革开放就没有海尔的今天。同样，在互联网时代的挑战面前，如果没有适应互联网要求的商业模式和组织运营模式变革，也就不会有海尔的明天。

只要找对路，就不怕路远。

（此文发表在 2014 年 12 月 8 日《人民日报》）

从模仿到引领：走向世界管理舞台的中心

如果用一个词来定义新时代中国企业家的责任与担当，我认为应该是"引领"。过去，我们要学习和模仿国外先进经验、先进管理模式；现在，我们应该走到世界管理舞台的中心，实现引领。

如今，互联网已经把传统经典管理理论颠覆了，所有企业都要改变管理模式。某种意义上讲，这为我们中国企业提供了机会。对很多西方企业来说，他们曾经的先进管理经验和模式在今天已经不是资产而是负债了。相对来说，中国企业没有那么多包袱。所以，中国企业应该抓住机会实现时代引领。

根据海尔自身的探索实践，我谈两点体会。

第一，国际标准的引领

中国企业已经在很多方面实现了实质上的引领，但在标准上，我们仍落后于人。国际上把标准称为"收费站"是有道理的，因为标准代表了话语权，有了标准就"什么都有了"。

在互联网时代，制造要实现从大规模制造到大规模定制的转变，但直到目前国际上还没有相关的标准。

2016年12月6日，国际四大标准组织之一的美国电气与电子工程师协会（IEEE）通过了由海尔主导制定的大规模定制国际标准的提议。这是这个组织成立几十年以来，首次以模式为技术框架制定标准，海尔也代表中国企业成为首个制定标准的企业。

我们为什么能够从国际上多个模式中脱颖而出？打个比方，大规模制造就是打固定靶，而大规模定制是打飞靶。固定靶像大兵团作战一样，设定好目标，然后安排炮兵、步兵来打；但大规模定制不一样，每一位用户的需求都是个性化的，也就是不确定的，需要先获取它再满足它，就像飞靶一样。比如，德国工业4.0的样板——大众辉腾汽车就在亏损20亿欧元后停产了，根本原因就是没有真正以用户为中心。反观海尔互联网工厂模式就是以用户为中心的大规模定制。

在发展大规模定制的过程中，有一个指标非常重要，那就是我们提出的"不入库率"——所有产品下线后不进仓库，而是直接送到用户家里。如今，海尔产品的"不入库率"已经接近70%。从某种意义上讲，传统企业不是为用户生产，而是为仓库生产，生产出来的产品要先放在仓库然后再推销。海尔的产品之所以不入库，是因为产品在生产线上的时候就已经是有主人的了，这也是大规模定制的核心。

被称为物联网之父的凯文·阿什顿曾经到海尔参观，并在两天后表示，海尔是最接近物联网的企业。我问他为什么有这个体会？他说，现在全世界都意识到移动互联网的下一步就是物联网，但大家都把目光聚焦在产品传感器上。产品传感器确实是物联网的必要条件，但物联网的充分条件一定是用户传感器，也就是说要关注用户的情感。谁能抓住用户体验，谁就会在物联网方面率先"引爆"。

第二，商业模式的引领

我们以前都在努力学习国外的管理模式，比如改革开放初期学习日本的全面质量管理，后来又学习美国的六西格玛。这些管理模式的起源都是泰勒的科学管理。所谓科学管理就是时间动作研究，每一个动作都要分解为一定时间，后来有人根据这个理论发明了流水线。把流水线发扬光大的是福特汽车。通过流水线作业，福特把汽车从高消费产品变成了大多数家庭都可以消费得起的东西。

传统管理模式的另一个理论基础——科层制是由被称为组织理论之父的德国人马克斯·韦伯提出来的。和这一理论相关的是，诺贝尔奖获得者科斯在1937年写了一篇文章叫作《企业的性质》，他认为之所以要有企业，就是为了减少交易成本，因此企业内部不可以有交易，并由此认为企业是有边界的。但互联网带来的一个最重要的改变就是企业与用户之间的零距离，它是去中心化、去中介化的，而且一定是分布式的。而且，现在信息是对称的，在这种情况下，企业是没有边界的。

实际上，流水线和科层制在互联网时代都被颠覆了，但直到今天，大部分企业的管理模式还是"流水线＋科层制"。

海尔在互联网时代创造了一种新的管理模式——"人单合一"。"人"就是员工，"单"并不是指狭义的订单，而是用户需求。所谓"人单合一"就是要把员工和用户需求联系在一起。这个模式从2005年9月20日提出至今已经探索了12年，目前全世界主要的商学院，包括哈佛商学院、斯坦福商学院、沃顿商学院以及中国一些商学院都把它列为教学案例，大家普遍认为"人单合一"是互联网时代的下一个商业模式，至少是一个方向。

在海尔，它已经体现出作用。比如，我们去掉了1万多名中层管理者；把企业变成了一个创业平台，我们给员工提供的不是一个工作岗位，而是一个创业机会。通过"人单合一"，我们形成了一个人人都有机会成为创业家的平台，每一个人都是自己的CEO。我们的企业不再是科层制，它已经从一个企业变成了由2000多个小微企业共同构成的生态圈。它们中的很多已经获得了风投，还有的已经在新三板挂牌了。对于这些小微企业来说，我只是股东不是领导。

我们的模式不仅在国内做得很好，国际上也非常看好。2016年6月份，海尔并购了美国的GEA（通用电气公司家电业务）。GEA有120年的历史，线性管理非常严密，但显然不适合时代的发展。我们在GEA也尝试了"人单合一"，到去年底已经显现出效果。兼并之前的 10 年，GEA 销售收入下降了 11%，去年却增长了 6%。过去几年间，GEA 的利润增幅一直保持在 4% 至 5%，去年则大幅增长了 22%。

这是我们在美国推行"人单合一"模式的结果。实践证明，它是可复制的。简单来说，GEA 以前和其他企业一样是"串联"的，研发、制造、销售谁也不管谁，部门之间不通气。改变的第一步就是不要让产品成为"孤儿"，它由谁负责、该向谁负责都要弄清楚。当所有部门连成一个整体，"串联"就变成"并联"了。变成"并联"后，每个人都会为如何让产品创造用户价值而努力。

在接受美国《财富》杂志采访的时候，我打过这样一个比方：就像西餐中的沙拉一样，蔬菜水果可以各式各样，但沙拉酱是必须的。"人单合一"就是我们的沙拉酱。

（此文系作者 2017 年 5 月 6 日在"2017 年全国企业家活动日暨中国企业家年会"上的演讲）

海尔集团创建价值体系的沿革路径

今天是我们创业 33 周年，我们要回顾一下。整个海尔集团为什么能够发展，我刚来到这里创业时还是一个资不抵债濒临倒闭的小厂，那时候我只有 35 岁，到现在我们发展到这个程度。我们回顾一下海尔创建价值体系，这个价值体系是不断沿革的，是跟随时代沿革的。所有的企业都应该有一个价值诉求，到底想干什么。

企业没有为社会贡献价值，就不应该存在。

一般企业会把利润当成自己的价值。其实利润只是价值的结果，不代表价值。就好比说人吃饭是为了活着，但是活着并不仅仅是为了吃饭。因此有很多企业狭义的理解为，只要有利润就行，因此为了利润不择手段。

另外还有一种就是获得了价值，也做得很好，但是一成不变。不管时代怎么变，仍按照曾经获得价值的方式一直延续下去，比如像柯达、摩托罗拉、诺基亚都是这样的。跟不上时代，原来的价值可能就变成了负债。

海尔的价值诉求应该是什么？就是董事局大楼前面巨大的水滴雕塑——上善若水。上善若水，水善利万物而不争。水滋养万物，世间万物离开水都不能生存，但水不争，不索取什么。企业同样应如此。

海尔创建价值体系的路径，我们先了解这个价值体系的框架。从横向、纵向上看都是有逻辑的。

纵向来看，价值观、价值体系以及价值成果构成一个逻辑关系。我们必须要创造一个价值体系，但价值体系以正确的价值观为前提，价值体系（创造价值、传递价值）产生正确的、有影响力的、推进社会进步的价值成果，这三者前因后果的关系。

具体内涵体现上，价值观是人的价值第一，其他企业追求的是股东第一，这是海尔与全世界企业的不同。企业要追求的首先应该是价值，而不是价格。价值体系包括两部分：创造价值和传递价值。创造价值，就是给用户创造的价值是什么？现在很多传统企业只有顾客，没有用户。创造价值并传递给用户，不能只给到分销商就结束了，知道用户获得了什么价值才是根本。最后是价值成果，那就是要产生可以引领时代发展的模式。如果你做不到这一点，这个企业就没有价值。有很多企业，存在几年后就消失了，就是因为它没有创造价值，没有创造可以引领社会进步、推动社会进步的模式。比如福特创造了流水线，这个模式可以给人们带来幸福，让每个家庭都可以买得起汽车，这就创造了价值。

从横向来看，海尔的沿革路径是从 0 到 1，然后从 1 到 N，再从 N 到 1。大约十年一个阶段。

第一个阶段，从 0 到 1，是从 1984 年 12 月创业开始，到 1995 年的 5 月份，海尔总部搬迁到海尔园，差不多十年多的时间，这个阶段奠定了海尔双创文化基因，展现了海尔双创精神。

第二个阶段，1 到 N，从 1995 年 5 月到 2005 年 9 月 20 号 "人单合一" 提出。这个阶段双创的文化延续到了海尔兼并的企业，也延续到了海外，实现了做大做强，做成一个国际化公司。

第三个阶段，从 N 到 1，从 2005 年 9 月 20 号到现在。这个阶段的 1，是物联网时代的 1，也就是网络的节点。

这整个价值体系，不管纵横它都有一个逻辑关系。横向上看，先是实实在在的双创拼搏精神奠定了基础，然后又将这种双创文化延伸，创建全球化的品牌，因为有双创文化自以为非的基因，我们才能在互联网时代自我颠覆。创造价值这个维度，因为有质量溢价为基础，所以我们才可能有品牌溢价，有了品牌溢价，我们站在比较高端后，才可能再转为生态价值。传递价值也是同样，逐步变成生态圈系统，而不是靠电商。而引领的模式，也是从日清工作法逐渐延伸到 SBU 再到人单合一。纵向的逻辑就是，以 0 到 1 阶段为例，我们通过上下同欲的双创精神，创造了高质量的产品，才能够实现质量溢价，才能够入驻大商场实现价值传递，而日清工作法则是这一切的制度和模式保障。

一、从 0 到 1，双创文化基因（1984—1995）

（一）人的价值第一：上下同欲的拼搏创业精神

我们为什么能够从一无所有起步创出名牌，其实就是靠上下同欲的拼搏创业精神。这种拼搏创业精神，推进我们在创业时候可以在非常艰苦的情况下比别人做得更好。

创业初期，目标就是要能够在国内把冰箱做到第一，所有的都要服从于这个目标。比方说那时候经常去北京，只要一说今天下午或者明天上午要去北京，马上起身就去。那时候火车票是稀缺资源，买不到火车票，就五分钱买一张站台票，很多时候可能要站到北京。但是不管怎么困难，想一切办法克服一切困难，就是要到北京。到了北京之后没有钱住好的宾馆。那时候要求不得超过十块一晚的宾馆，一般住五六块钱，从我开始。那时候住北京一个招待所，十几个人一个房间。上厕所要打着伞，为什么？楼上的卫生间往下漏污水。

当时北京最有名的四大商场，谁能够进去谁就能够占据优势的地位，所以我们想邀请他们去看我们的产品，但人家根本去都不去。很不容易请到西单商场冰箱组的组长到那里去。在十几个人住的大房间里，冰箱就放在中间空地。他看了之后，被这种精神感动了，所以最后他决定一定要引进我们的冰箱，北京四大商场海尔第一个进驻的就是西单商场。

到德国利勃海尔培训时，当时去的中国企业有三家，青岛、杭州、武汉。我们去的人每天晚上学习到半夜甚至凌晨两点，周六日也不休息，让德国专家跟我们讲解,我们去的人一定要把这些东西都吃透。而另外两家看了以后说这个很简单,觉得要培训十几天,时间太长了,然后就问人家要了一些马克到附近去游玩了。所以德国人当时说青岛来的中国人,和其他的中国人不一样。不一样的就是这种创业的拼搏精神。现在杭州已经见不到了,武汉的那家被我们兼并了。

所以我们一定要有一种创业拼搏精神。砸冰箱是这种精神的延续。那时候所有的企业都认为只要引进国外先进设备,就能够生产出和他们一样的产品。但是我们认为再先进的技术和设备在我们手里面,也是干不出来的。松下的产品让我们干我们能不能干出来?干不出来。因为我们的人素质没有那么高。所以砸冰箱就是为了提高人的素质,这是拼搏精神在质量上的体现。

自主管理班组是当时最早的"人单合一"。当时有几个班组,做得比较好,就让他变成一个自主管理班组,自己决定怎么干。干得最好的是一个冰箱门封条班组。当时还是半机械化,很多靠手工。比方说,有个设备原来来了之后再通电加热,加热要 40 分钟。变成自主管理班组之后,他们自己想方设法把工作做好。他们自己决定轮流每天早来 40 分钟先加热,到了之后大家就可以开始干。质量如果干得不好,大家有责任帮助干得最差的,这个小组做得非常好。但当时没有能在全厂推广。主要一个原因是青岛市劳动局决定每个企业工资总额,想多开一分钱都不行,所以没办法给干得更好的团队更多钱。但不管怎么样,这算是最早"人单合一"种下的一颗种子。

正因为这样我们才可以在 1988 年,获得中国冰箱史上第一枚金牌,那时候几百家冰箱来争,但最后我们拿到了第一块金牌。这块金牌的含金量就在于创业创新的精神。

(二)价值体系构建

1. 创造价值:质量溢价

0 到 1 这个阶段创造价值主要体现在质量溢价。当时海尔以顾客永远是对的这个理念倒逼员工素质。当时我们的口号是:原则一,顾客永远是对的，原则二，如果你感到顾客是错的，请参考原则一。

在这个前提下我们创造了一个质量跟单，既然顾客永远是对的，就要知道如果顾客有不满，要知道这个谁干的。所以每个冰箱上面贴一个质量跟单，说明每道工序都是谁干的。卖出去之后出现问题一定要追索，通过这种方式让大家知道我跟顾客是连在一起的。当时国家领导人朱镕基还带人到海尔来视察，当时他看了之后对质量跟单很感兴趣，专门叮嘱中央电视台进行报道，后来央视专门来采放到新闻联播上。还有一个当时上门服务没有统一标准，所以我们首创了一个"上门五步服务法"，也叫"五个一"：递上一张名片、穿上一副鞋套、配备一块垫布、自带一块抹布、提供一站式产品通检服务。很多企业都跟我们学。

质量溢价，就是通过质量观念传递，通过高质量，实现了高质量高收益。当时商场里头卖冰箱，有一个规定所有的冰箱都要开箱插上电。因为很多冰箱竟然插上电都不制冷，不运转，只有海尔的冰箱例外。所有的冰箱不开包，买了之后直接拉走，保证你不会出任何问题。其实这个质量溢价，卖的就是一个质量诚信。

2. 传递价值：通过诚信单位传递

这个阶段传递价值是通过诚信单位传递。当时海尔的产品质量很高，所以并不是谁都可以卖，我们只供给全国的大商场体系，所以在北京就是四大商场，因为当时谁能够进入这个大商场卖，就证明身价很高。通过这种方式，海尔的产品价值就得到了很大的提升。这和其他企业，只看谁给我高价就给谁，卖到哪里不管。这样的企业最后可能连生存都困难。

（三）价值成果——日清工作法

这个阶段引领的模式就是日清工作法，"日事日毕，日清日高"。重要的是高，如果每天能够比昨天提高1%，72天就可以提高1倍。如果每天都比昨天提高10%，一个星期就可以提高1倍，翻一番。所以日清工作法的核心是日高，每天都要提高，每天都要前进。北宋的《二程集·河南程氏遗书》

（程颢、程颐）里有言："日新者日进也，不日新者必日退。"说的就是这个意思。日清工作法到今天对我们仍有重要的意义，还是我们的基础。

二、从 1 到 N 做大做强（1995—2005）

（一）人的价值第一：双创文化的延伸

创业精神，在 90 年代正式提出。1995 年的时候，我写过一篇短文《海尔只有创业没有守业》。当时是从贞观之治时候唐太宗和大臣一段对话有所感悟。当时唐太宗问大臣，说今天我们夺了天下，草创与守成哪个难（帝王之业，草创与守成孰难？）。大家各抒己见，最后唐太宗说草创已经过去，今天我们面对守成，守业比创业更难。所以对海尔来讲只有创业没有守业，如果变成守业，是守不住的，只有永远的创业，创业永远在路上才有可能把事业做大。到后来演化成了双创精神，创业和创新精神。

这个阶段目标要变成做大做强。为什么能够从小到大，由弱变强，创造国际化公司和名牌，就是双创文化延伸。1 延伸到了 N，延伸到了其他的。比方说吃休克鱼，1998 年哈佛商学院把它做成一个案例。那会儿海尔兼并了 18 家企业。当时很多企业都在做兼并，但是有很多企业兼并之后，恰恰是被兼并企业拖垮的。为什么我们能成呢？我们派去的人只是带去一种创新的文化，创业的文化。比方说红星，它当时亏损很厉害。我们把它兼并过来之后，不是给他多少钱补贴上，而是怎样转变他的观念，首先是从质量。那时候产品卖不出去，为什么？质量太差，用户和商场都要退货。所以从质量入手，出质量问题，谁是头谁承担责任。

虽然兼并过程中遇到了各种阻挠，比如兼并黄山电视机厂时，员工上街游行，认为管理太严厉了。但你的产品质量那么差，还要像原来那样上班可以织毛衣，聊天，那这个厂我们就要不了。最后，全体员工都同意了我们的要求。这在合肥和安徽引起非常大的反响，因为当时职工闹事儿非常多，这是唯一一个职工闹事儿最后以全部同意的方式处理的。当然还有其他的一些问题，但不管怎么样，我们兼并了 18 个企业，都从亏损扭转为盈利，很重要一个原因，就是双创文化，双创精神的一种延续和扩大。

在海外我们一直坚持创自己名牌，而不是为名牌代工，今天为止可以看出来，中国家电在世界上占一半，但是拥有自己品牌的不到 3%。而 3% 里头 80% 以上都是海尔的。因为很多企业都是靠给人家代工。国际上认为在母国之外创出名牌的话，至少要亏损八年，海尔其实在美国至少亏九年。

做代工的话，现金流和利润都有保证，少一点无所谓，总比亏损要好。但是海尔认为亏也要亏出一个世界名牌来。我们确实亏了很多，难以估量，至少我们在最低谷那一年，整个集团利润率是 1.2%，但现在我们很多产品都会达到 10%。那时候我们基本上是亏到底，但我们就是咬牙创出一个名牌来。所以我们能被欧睿国际连续九年评为全球白电第一品牌。

（二）价值体系构建

1. 创造价值：品牌溢价

在 1 到 N 的阶段，就是从质量议价到品牌溢价。这个阶段因为国家有规定，做冰箱的就不可以生产洗衣机，也不可以生产电视机。所以我们通过兼并 18 家企业可以进入到很多行业，实现了多元化的发展。

在海外海尔先难后易，先到发达国家，后到发展中国家，这和当时中国走出去企业完全相反。我们当时的理念是找高手下棋，找一个比你更差的人下棋，棋艺永远不会提高。

我们通过全球化的创牌就形成了一个国际化品牌溢价体系。

2. 传递价值：建立全员、全流程价值传递体系

1 到 N 阶段的传递价值，从开始做大商场，到通过建立全员全流程传递价值体系传递名牌价值。主要通过售前的研发和广告，售中质量控制和售后的 JIT（Just In Time）即时送达。这就与传统的通过代理商压货体系完全不一样，我们 CCC（即冗余资金周转天数）可以达到 -10 天。在行业里，

比较差的有的可以达到正的三十天。我们为什么可以达到？因为零库存，没有积压的资金；零营收，没有很多应收账款，这是全流程的体系。

（三）价值成果——SBU

1到N时代，我们的引领模式是SBU，策略事业单元。当时我们把集团内部分成很多小的单位，要你们各自去发展。1993年时我写过一篇文章，叫做《胜也玄宗，败也玄宗》。我那篇文章实际是想让每一个人成为责任权利的主体，人人是经理，人人是老板。

三、从 N 到 1 做大做强（2005 至今）

（一）人的价值第一：自以为非的双创文化基因

第三个阶段是从N到1，N不是双创问题，而是变成每个网络节点。这就是我们为什么能颠覆经典管理，创造物联网引领模式。不但要延伸双创文化，更重要的是变成双创文化基因，即永远自以为非的双创文化基因。

首先企业成为创业组织的网络节点。我很同意凯文·凯利的话，企业一定会消亡，组织不会消亡。将来企业组织形式可能真的不会存在。诺贝尔奖得主科斯1939年写的企业性质中提出企业之所以存在，是因为可以降低交易成本。原来市场进入障碍太大，但现在市场可以零摩擦进入。所以企业为什么要存在？可能组织就可以。有学者问海尔怎么做到扁平化？我说不是扁平化，我们是网络化。扁平化和网络化不是一回事儿，扁平化指的管理层级少，但是网络化是指每一个组织每一个人都可以在网络里生存，所有资源都可以在网络上面获得。所以我们就是企业成为每个创业小微组织的节点，员工成为创客网络节点，成为自主人。

工业革命以来有两种人，第一种叫做经济人，泰勒时代的科学管理，所有人只为了追求物质性补偿的最大化，做100个拿多少钱，做200个拿多少钱。但后来发现很难调动人的积极性，后来又出来"社会人"，考虑到了人在感情方面的特点和需求。但是都不灵，原因就在于你组织没有改变，还是科层制，员工只是一个执行者而已。所以海尔提出了"自主人"。自主人是什么？把决策权、用人权、薪酬权给你，相信你可以在网络上整合所有的资源实现目标。这三权就是企业CEO拥有的权力。去年有一万多家企业来学习，很多企业说很好，但是学不了。为什么？权力都放给员工我怎么办，我靠这个升迁、薪酬控制他们，都放了我怎么控制他们呢？关键在于你相信不相信他们每一个人都可以成为最优秀的人，每一个人都可以成为CEO。

韶关南华寺是禅宗六祖慧能扬"南宗禅法"的地方，禅宗六祖慧能在那里讲经37年。他有一句话叫做"下下人有上上智，上上人有没意智"，意思是最底层的人有最高的智慧。毛主席也有一句话，"卑贱者最聪明，高贵者最愚蠢"，主要讲智慧在民间，都在最底层，就看能不能给他们创造机会。

"人单合一"就是给每个人创造机会，把每个人变成自主人，让他们有机会发挥自己的才能。德国哲学家康德生前最后一本书里解答了一个问题"人是什么"。他认为人就是具备了自己创造自己特性的人。怎么叫做人自己创造自己呢？就是我可以拥有一个新的自我，但必须是把我的潜在价值充分发挥出来。我们就是要通过平台，让员工有机会创造一个新的自我。像雷神，它就体现了"自主人"的概念。海创汇要有别于甚至优于硅谷一个创业平台。

在全球，海尔以"人单合一"将各个网络节点聚为沙拉式的体系。"人单合一"已经在日本、新西兰取得了很好的成效，在GEA的效果也逐渐显现。

（二）价值体系

1. 创造价值：生态价值

N到1阶段是以社群体验迭代的生态价值颠覆传统的产品价值论，体现在以用户乘数为理论基础的共赢增值表上。

在互联网时代，有很多传统的品牌的溢价已经很难体现出来。为什么呢？因为电商渠道只能够传递原来的价值，创造不了价值。所以很多品牌在电商平台上也要打低价。在物联网时代，最主要的就是社群经济，必须是社群体验，而且要不断迭代。这就要创造生态价值，并不断地迭代升级。

2. 传递价值：以生态圈而非电商平台传递价值

从 N 到 1 是以生态圈而非电商平台传递价值。互联网时代要么拥有平台，要么被平台拥有。现在很多企业发现双十一在电商上的费用已经超过实体店费用，但离开了电商平台又不行。海尔要建立自己的生态系统而不是进到电商平台。这就是由线性价值链转为非线性价值矩阵。线性价值链就是产品给经销商的关系，但价值矩阵就是在生态圈的各方都是利益最大化。现在 COSMO 平台和大顺逛都在做这个生态圈。

物联网是用户个性化需求，所以需要场景服务，这里最重要的就是人的情感。人工智能虽然有逻辑，但是没有办法把人的意识通过算法算出来。所以我们要通过三个"十万"（十万个社区、十万个自然村、十万个物流车小微），要和人当面交流当面接触，因为计算机在可预见的未来根本做不到这一点。所以必须要加快社群建设。

（三）价值成果：人单合一模式

现阶段我们在做的就是人单合一模式。

前两天来了一位外国学者，我送给他一本《孙子兵法》，我把《孙子兵法》第六篇的虚实篇里面一句话写在封面上，"兵无常势，水无常形，能因敌变化而取胜者，谓之神。"意思就是两兵打仗排兵布阵没有固定的阵势，水流动没有固定的形状，根据敌方的变化，以变制变能够取胜就是战神。企业里面没有谁能够根据时代的变化永远踏准节拍，永远做出正确的决策，所以对于海尔来讲，要做好，就是用"人单合一"，让每一个人都成为一个创客，让每一个人都成为一个 CEO，我们共同来面对时代剧烈的变化，以期在时代中取得我们最好的成绩，谢谢！

（此文系作者 2017 年 12 月 25 日在"创业进行时，引爆倒计时——纪念改革开放四十周年及海尔创业三十三周年研讨会"上的演讲）

创建联网时代的商业模式

哈佛大学是全世界最顶级的大学，所以在这儿演讲感到非常荣幸，而且我和哈佛大学非常有缘。20年前，也就是1998年，我们当时的案例被哈佛商学院选中，我受邀来哈佛参与了我们的案例授课。

20年后的今天，我们又有新的案例进入哈佛商学院。和20年前不同，这次的案例研究的是物联网时代的商业模式。移动互联网下一个最重大的经济活动就是物联网，并且物联网经济的规模比移动互联网大得多。但是，物联网时代的商业模式到底是什么？现在还没有定论，但是你肯定要去探索。我们有一句话，"没有成功的企业，只有时代的企业。"所有的企业，都不要说自己成功。我认为永远没有成功这个词，因为所谓的成功只不过是踏准了时代的节拍。但时代在不断变化，任何企业和个人都不可能永远踏准时代节拍，因为我们都是人不是神。一旦踏不准节拍就会万劫不复。柯达就是一个很典型的例子，摩托罗拉也是，这样案例还有很多，包括很多曾经达到世界顶级地位的企业。

中国企业过去没有自己的商业模式，只能是学国外的，比如学日本的、学美国的。但在物联网时代，大家站在了同一条起跑线上，谁也不知道物联网前方的商业模式是什么。因此，如果我们率先探索成功，就会走在世界企业的前面。

哈佛商学院这一次引入海尔新案例的课程叫"管理与变革"，海尔案例属于"全面转型：行业动荡和商业模式变革"教学模块。我在这个课堂上专门讲了海尔在物联网时代的商业模式探索。关于海尔的物联网转型，哈佛商学院在 2015 年就到海尔去调研制作了一个案例，今年为什么又继续这个案例研究呢？因为所有学员都认为物联网是个方向，但到底怎么做？还是很难找到办法。我今天的分享也不是唯一的结论，只是我们的探索。我要跟大家分享的就是海尔探索新模式的整个历程。

海尔概况

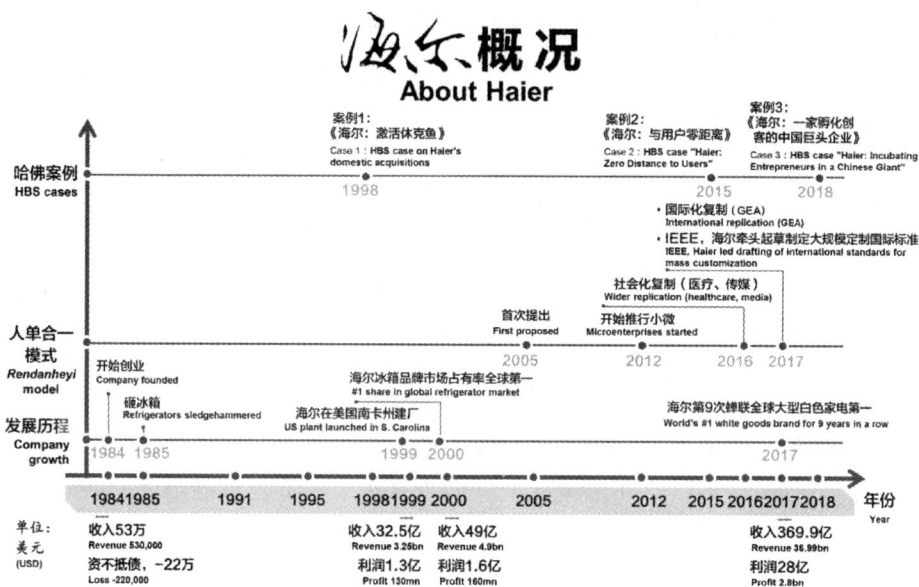

这张图上有三条横线，代表了三个不同的维度，从下往上，依次是发展历程、人单合一模式和哈佛案例

（一）第一条线是发展历程

海尔的创业是从 1984 年开始的。1984 年它还是一个资不抵债、濒临倒闭的集体所有制的小厂，员工只有几百人。全年的收入折合美元只有 53 万美元，亏空就达到 22 万美元，也就是说，这个厂就要垮掉了。一年中换了三个厂长，谁都不愿去了。我当时是这个厂的上级领导，没有人愿去就把我

派过去了。其实我也不愿意去。

当时工厂里面的情况是什么样子呢？我去的时候是 12 月份，天非常冷，比现在的波士顿要冷得多。车间里所有的窗户都没有了，四面漏风。一问才知道，因为没有钱买取暖的煤，工人就把木制的窗户拆下来当柴烧了，工厂里基本上见不到工人。我去了以后第一件事是先整顿劳动纪律。先制定了 13 条管理规定，其中很重要的一条是任何人不准在车间里面大小便。到了这个份上，工厂的管理水平就可想而知了。我们就是从这种状态起步的。

1985 年，发生了一件很重要的大事就是砸冰箱。当时我们正在洽谈引进西德的生产设备。大多数员工都认为，只要进口设备和技术引进来了，生产肯定就会好的。但我认为，如果员工质量意识和素质非常差，即使引进先进的设备和技术也生产不出一流的产品。当时，我收到一封投诉信，投诉冰箱的质量有缺陷，我借此机会把仓库里的 400 多台冰箱全部开箱检查一遍，结果发现有 76 台冰箱有划痕等质量问题。我坚持把这 76 台有问题的冰箱当众砸毁，而且是谁干的谁来砸。砸了冰箱不代表质量就好了，目的是提高大家的质量意识，树立有缺陷的产品就不能出厂的观念。20 年前，在哈佛的课堂上还有学生提问，认为这个做法非常激进，会不会引起矛盾？

我当时采取一个做法没有把矛盾激化。我宣布谁造成的质量问题谁亲自砸毁，但这次不扣大家的钱，可是我的当月工资全部扣掉。我当时一个月的工资只有 50 多元人民币。所有人都没有话说了，下定决心一定要把质量做起来。由此，我们树立了一个观念，企业里不管有多么好的资产都不可能增值，唯一可以增值的是人。把人的素质提高了，企业就可以增值。我们坚持这一观念，从原来一个资不抵债的小工厂，发展到现在已经连续九年蝉联了全球白色家电的第一品牌。

（二）第二条线是海尔的人单合一模式

"人单合一"，人就是员工，单就是用户，合一就是把员工的价值和用户的价值合一，这一部分后面再具体讲。简单地说就是企业里没有层级了。海尔目前在全球有七万多人，过去最多的时候达到 11 万人。变革最大的时候我们把一万多名中层管理者去掉，有两条路可以选，要么创业，要么离开。现在的海尔不再是层级结构，而是变成一个创业的平台，有上千个创业公司在平台上运作。组织去掉层级之后，很重要的一步就是薪酬制度也要改变。过去是企业付薪，现在变成用户付薪。我刚才在哈佛商学院讲这个变革的时候，大家觉得很难理解，但是互联网时代必须这么做，必须把员工和用户连接到一起。我们从 2005 年提出人单合一的概念，一直探索到今天，13 年的时间，虽然经历了很多曲折，但终于开始见效了。

见效的标志从两个方面体现：

一个标志是国际标准的认可。另一个标志是跨文化跨行业的复制。

国际标准的认可：人单合一模式的体系中，有一个很重要的构成就是大规模定制平台。大规模定制是物联网时代的趋势，德国工业 4.0 也在做，我们的 COSMO 平台也在做。这两个解决方案，加上美国的、日本的解决方案一起拿到 IEEE（电子与电气工程师协会，国际四大标准组织之一），结果我们的模式胜出，被选择主导制定大规模定制的国际标准。

COSMO 和德国工业 4.0 有很大的不同。德国工业 4.0 以智能制造为中心，COSMO 以创造用户为中心。工业 4.0 的全球样板工厂是大众辉腾位于德累斯顿的透明工厂，2016 年已经停产。海尔 COSMO 平台的互联工厂并不是不要智能制造，但更重要的是服务用户。我跟德国方面交流的时候说，海尔有一个指标是别的企业所没有的，那就是不入库率。产品不进仓库，直达用户家中。这是因为我们在生产的时候就知道用户是谁，而且用户参与到个性化体验的全流程。有人说，德国制造面临两大威胁，一个是全世界的机器人公司，另一个是海尔的大规模定制模式。

欧洲现在又在工业 4.0 基础上提出工业 5.0，德国企业也把智能制造的目标调整为"智能服务世界"。但他们也承认，海尔实际上已经做到"智能服务世界"了，也就是说他们落在我们后面了。

普适性的认可：人单合一模式在国外的复制，2016 年海尔兼并美国通用电气家电（GEA），它有 120 多年历史。在我们兼并之前的十年，它的销售收入是下降的，而且下降幅度比较大，利润也基本没有大的增长，但是 GEA 复制"人单合一"模式之后，仅仅一年的时间，它的销售收入增长了 6%，是同行业的两倍，更重要的是利润比去年增长了 20%。这说明"人单合一"模式适用于世界上其他的很多国家。

在国内，我们收购了上海的一个康复护理机构。过去，这个机构和国内其他医疗机构一样深受医患对立之苦，经营难以为继。并购以后，还是那些人，只是把人单合一模式复制过去，从医患矛盾变成"医患合一"。现在这个机构的口碑大幅提升，在业内成为别的机构学习的标杆。这说明，人单合一模式可以跨行业复制。

（三）最上面这条线是哈佛案例，也就是哈佛商学院收录海尔案例的历程

从 1998 年以来，海尔共有十几个案例被哈佛商学院采用，最有代表性的是三个。分别是 1998 年的《海尔文化激活休克鱼》，2015 年的《海尔：与用户零距离》和今年的《海尔：一家孵化创客的中国巨头》。

这三条线之间的逻辑关系是这样的。第一条线说明海尔发展非常快，而且是颠覆性的创新发展；第二条线是对第一条线的支持，没有人单合一模式就不可能实现这么快的发展；第三条线是国际认可的结果。

这个结果说明了一个道理，一个企业最重要的不是规模有多大，而是能不能在不同的时代都踏准时代的节拍。美国经济学家大卫·梯斯在 20 世纪 90 年代就提出动态能力的战略理论。动态能力的观点认为，一个企业固然需要核心竞争力，但最重要的不是核心竞争力，而是更新核心竞争力的能力。很多企业有核心竞争力，做成行业老大，但时代变了，却不能动态更新核心能力，那就死定了。

海尔的发展历程就体现了梯斯所说的动态能力，根据时代的变化，持续改变内部的组织结构，跟时代一起变。

人单合一模式的六要素

"人单合一"是一个探索性的模式，之所以说探索，是因为人单合一模式的六个要素都和传统企业不同，甚至是颠覆性的。

六要素分别是：企业宗旨、管理模式、组织架构、驱动力、财务体系、物联网。

（一）企业宗旨

企业宗旨，体现为两个理念——企业理念和人员理念。

传统企业的企业理念是长期利润最大化，人员理念是股东第一。我认为应该改过来，企业理念就应该是 2500 多年前老子在《道德经》中的一句话，"上善若水，水善利万物而不争。"也就是说，企业和社会、和用户的关系，不是去争利，只管自己赚钱和长期利润最大化而不管别人。企业应该为社会创造更大价值，就像"水善利万物而不争"，滋养万物却从不说是我的功劳。企业也一样，否则只争谁是老大，最后没有社会价值再大也会死掉。

人员理念应该从"股东第一"变为"员工第一"。股东只能分享利益，从来不能创造价值。员工第一，指员工和用户的价值合一，员工能够创造出用户价值，股东价值也就得以实现了。所以，股东价值只是一个结果，却不能成为宗旨。

员工第一的理念适用于不同的文化。我们并购国外的企业，都没有从总部派管理人员，只是改变他们的理念和文化就实现了扭亏为盈。我们称之为"沙拉式"文化融合。就像蔬菜沙拉，不同的蔬菜就是他们原来的文化，在沙拉里还保持各自原来的形态，但沙拉酱是统一的，就是"人单合一"。

在日本，我们把日本三洋的"团队第一"转向为"员工第一"。海尔兼并三洋家电的时候，它已经亏损了八年，但是这个亏损找不到任何人的责任。全世界没有哪个国家能比得了日本的团队精神，大家都是按照上级指令做的，上级一个指令不睡觉也必须干出来，问题是市场在哪里？用户要什么？这个没人去管，所以连续亏损。我们差不多用了将近一年时间，日本员工才慢慢接受"人单合一"。员工也很高兴，但工会这时候又跳出来说不行，因为不符合日本原来的团队精神，团队创造的价值必须平均分，不能有的多有的少。我们做工会的工作，告诉他其实团队精神没有改变，只是把团队精神的方向从上级变成了用户。

在美国，我们把 GEA 的"股东第一"转向为"员工第一"。去年我在斯坦福大学讲过一个概念，叫硅谷悖论。硅谷的初创企业都很有激情，但一旦到华尔街上市，就变成要为股东负责，慢慢形成大企业病，失去持续创业的活力。

在新西兰，我们把斐雪派克的"技术第一"转向为"员工第一"。斐雪派克是海尔并购的新西兰国宝级品牌，技术很强，可以超越很多国际名牌，可是仍然亏损。为什么？孤芳自赏！它制造的电机可以没有任何震动，但用户不要你的技术，用户要的是好的洗衣体验。

人单合一理念在不同的文化背景下都可以被接受，这是因为全世界不管哪个国家，不管哪个民族，不管哪种文化，有一点完全一样，就是每一个人都希望得到别人的尊重，每一个人都希望把自己的价值发挥出来。古希腊哲学家亚里士多德有一句名言，他说，人的幸福是可以自由地发挥出自己最大的能力。人单合一就是让每一个人充分发挥自己的能力，实现自己的价值。

（二）管理模式

管理模式从四个角度来说——理论依据、支持平台、价值主张、价值体系。

1. 管理模式之理论依据

两百年来，传统管理的理论依据只有一个，那就是"分工理论"。最早提出来的是亚当·斯密。亚当·斯密的《国富论》出版于 1776 年，第一章就是论分工。他举了一个制针的例子。在传统手工作坊里，一个人可能一天也做不出一根针来，但是如果把制针的过程分成 18 个工序，10 个工人分工来做，每个人每天可以做出 4800 根针来。

在分工理论的基础上，诞生了古典管理理论的三位先驱：泰勒、马克斯·韦伯和亨利·法约尔。美国人泰勒成为科学管理之父，其贡献是到今天为止还在用的流水线；德国人马克斯·韦伯成为组织理论之父，其贡献是到今天为止还在用的科层制；法国人亨利·法约尔成为现代经营管理之父，其贡献是到今天为止还在用的职能部门。流水线、科层制、职能管理统治企业长达百年，但今天都要成为过去。

海尔人单合一模式的理论依据主要是互联网和物联网。美国人杰里米·里夫金在《第三次工业革命》一书中的两个观点，一个是制造从大规模制造变成分布式制造，另一个是组织从传统组织变成去中心化、去中介化和分布式的组织。区块链的最大特点就是这样。

2014 年诺贝尔经济学奖获得者、法国经济学家让·梯若尔的研究认为，传统时代是单边市场，互联网、物联网时代应该是双边市场或多边市场，其显著特点是零摩擦进入和换边效应。

牛津大学教授丹娜·佐哈尔到海尔去调研过几次，她提出了量子管理学。如同量子力学颠覆了以牛顿力学为基础的经典物理学，量子管理学也颠覆了传统线性管理模式。

2. 管理模式之价值主张

传统管理模式的价值主张强调工具理性，体现为 X 理论和 Y 理论，X 理论主张人性本恶，Y 理论主张人性本善。分别对应"经济人"假设和"社会人"假设。X 理论和"经济人"假设催生福特模式，Y 理论和"社会人"假设催生丰田模式。我认为，目前这两种模式都有问题。无论是"经济人"思维下的效率优先，还是"社会人"思维下的精益制造，都局限于管理的主客体对立的工具理性。

海尔人单合一模式的价值主张，强调价值理性为先导，形成目的与手段的统一。所以我们主张人应该成为"自主人"。你能够创造价值就可以实现自己的价值，不能创造价值就没有自己的价值。互联网定律里有一个梅特卡夫定律，网络价值等于网络节点数的平方。网络上联网用户数越多，网络价值越大。这就解决了马克斯·韦伯在《资本主义与新教伦理》一书中担心的问题，价值理性会沦为工具理性。我觉得"人单合一"恰恰是把这个矛盾解决了，每一个人都创造用户价值，同时又体现每个人自身的价值，两个价值的合一就把价值理性和工具理性结合起来。本来价值理性是主导，工具理性是手段，现在等于把目的和手段结合起来。

3. 管理模式之支持平台

工业革命以来，世界公认最好的两个模式，一个是福特的流水线模式，一个是丰田的 JIT 产业链模式。福特的流水线局限在产品端，丰田的产业链从产品端延伸到上游供应商，但其支持平台仍是串联的单边平台。传统金融业的存贷差模式也是单边平台模式。

海尔人单合一的支持平台是并联的多边平台，比如海尔的大规模定制平台，企业、用户和供应商等利益攸关方并联在同一个平台上，变成一个共创共享的生态系统，这是一个多边平台。

现代政治哲学之父马基雅维利有一句名言，大意是任何一件事情如果不能使参与者都得利就不会成功，即使成功了也不会长久。这就是很多大企业做得很大却轰然倒下的原因，它只想到了自己赚钱，却没让其他参与者得利。因此，物联网时代，企业一定要变成共创共赢的生态圈。传统时代是名牌的竞争，谁是名牌谁就赢，移动互联网时代是平台的竞争，像电商，谁的平台大谁就赢，但还没有形成生态系统；物联网时代一定是生态系统的竞争，只有利益攸关各方都得利才能持续发展。

在市场营销上，海尔跟传统企业不一样。美国学者提出 O2O 不对，应该是 O+O，即线下店加线上店。我跟他交流的时候说海尔做的是"三店合一"，线下店、线上店再加上微店，变成一个社群生态。传统的实体店和电商都做不到社群，而物联网经济的特点一定是社群经济和共享经济。社群经济是以社群为中心组成的生态圈，共享经济就是生态圈中的每个人利益最大化。海尔做的物联网金融就是社群经济加共享经济。

4. 管理模式之价值体系

不同的管理模式呈现出不同的价值体系。我认为，任何企业的价值体系不外乎两条，创造价值和传递价值。

传统时代，这两条都没有做好。

比如创造价值。传统企业的方式是大规模制造产品争第一。关起门来制造，也不知道用户在哪里，只能批发给大连锁或其他经销商，常用手段就是降价促销。因为产销分离，产品传至经销商而不是用户，既创造不了价值也传递不了价值。

海尔人单合一模式形成一个创造价值、传递价值协调一致的体系和机制。由于每一个人和用户连在一起，我们把传统的串联流程变成了并联流程，每一个并联节点都为用户创造价值，每一个节点在为用户创造价值过程中实现自身的价值。

这个协调一致的体系在机制上取消了全世界大多数企业都在用的 KPI 考核，创新了纵横匹配的两维点阵表。横轴是产品价值，刻度分为高增长、高市场占有率和高盈利。重要的是纵轴，刻度依次是体验迭代的引爆、社群共创共享的生态圈和生态收入。

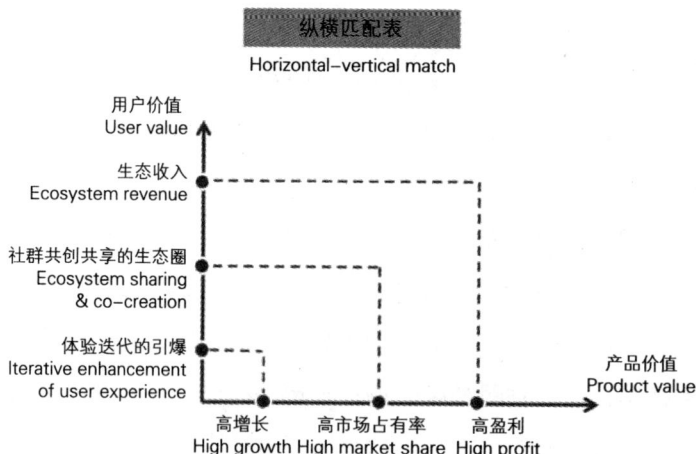

纵横匹配表
Horizontal–vertical match

用户价值
User value

生态收入
Ecosystem revenue

社群共创共享的生态圈
Ecosystem sharing
& co-creation

体验迭代的引爆
Iterative enhancement
of user experience

产品价值
Product value

高增长　高市场占有率　高盈利
High growth High market share High profit

首先是体验迭代，不是说开发一个产品推向市场就行了，而是持续和用户交互，根据用户体验不断迭代，这个刻度不看你销售多少，而是考核你的迭代次数。过去我们非常羡慕日本的开发，开发出来总是无懈可击。前两年我到硅谷去，他们有一个观点我认为非常对。如果你开发的产品上市的时候不能够使你感到脸红的话，那说明你的产品推出的太晚了。意思是说没有产品可以无懈可击，关键是根据用户需求的迭代。然后，体验迭代的结果是形成共享的生态社群，进而产生产品之外的生态收入。生态收入这个创新，把传统财务报表改革了。传统的损益表，收入减成本减费用等于利润。我们创新了一个共赢增值表，不但要有产品收入还要有生态收入，目标是生态收入大于产品收入。美国管理会计协会看了这个表认为非常好，他们现在联合北京大学成立一个小组持续研究推广。

产品收入符合边际效益递减的规律，而生态收入则可以边际效益递增。比如，我们把烤箱变成"烤圈"，产生更多生态收入，而不仅仅是卖出烤箱的产品收入。

（三）组织架构

传统企业的组织架构是执行上级命令的线性组织，就是科层制。海尔人单合一模式的组织架构是创造用户个性化需求的非线性组织。

海尔把传统组织颠覆为创业平台，平台上没有领导，只有三类人，一类人叫做平台主。平台主的单是看你这个平台产生多少创业团队；一类人叫做小微主，小微主的单是看你吸引多少创客；一类人是创客，竞单上岗，按单聚散。三类人都变成网络的节点，不是扁平化，而是网络化。每一个节点都可以连接网络上所有资源自创业。小微创业遵循资本社会化、人力社会化的原则，只有吸引到外部风投，海尔才跟投，前提是小微合伙人必须跟投。这样就实现了"世界就是我的人力资源部"。

雷神笔记本小微就是海尔员工在海尔创业平台上自创业、自组织、自驱动的典型案例。我们强调，世界上最大的难题就是最大的课题。雷神小微的三个小伙子就是在网络上发现游戏用户的痛点，然后开放地整合研发、制造、营销资源把游戏笔记本这个市场做起来的。在硬件做到行业第一之后，他们又发现了游戏用户新的痛点，进入到一站式游戏平台的领域。

（四）驱动力

驱动力就是薪酬。我认为所有的企业驱动的动力主要是薪酬。

传统企业的薪酬大体是两种。第一种就是宽带薪酬，根据职位和能力划分。第二种是委托代理激励薪酬。委托人是股东，代理人是职业经理人，也叫金手铐，它最大的问题是只能够激励少部分人。这两种激励机制产生的驱动力都是他驱力。

海尔人单合一模式的薪酬，是用户付薪及创客所有制的自驱力。

以 GEA 为例。海尔兼并 GEA 之后，我们用这个机制，把原来一个很差的产品部门变成一个小微。兼并前，2016 年这个部门亏损 300 万美元。一年后，它盈利了 1248 万美元。驱动这个部门翻天覆地的就是薪酬制度的变革，把每一个人的积极性充分调动起来。明天我会和诺贝尔经济学奖得主哈特教授讨论这个问题。他在《企业合同与财务结构》中提出不完全契约理论，指出了委托代理激励机制不可能把每个人的激励都一一和价值对应起来。我认为"人单合一"从某种意义上回答了这个难题。虽然每一个小微都面对不确定性，但是它可以自己找到市场，并整合资源去解决这个不确定性的要素。大公司的所有问题都集中到高层，自上而下决策，只能解决一致性问题，不能解决不确定性问题。"人单合一"可以解决这个问题。

（五）财务体系

传统企业的财务体系以损益表为核心，反映的是产品收入及价值。

海尔人单合一模式的财务体系创新了共赢增值表。共赢增值表的第一项是用户资源，然后才是收入成本，通过生态收入和生态价值，产生边际效益、边际利润。例如海尔"社区洗"小微，过去的收入主要来自卖洗衣机产品。其实用户要的不是一台洗衣机，要的是一件干净的衣服。"社区洗"小微把洗衣机作为载体，搭建用户社群，吸引利益攸关方都到这个社群平台上来，变成了一个大学生创业平台和大学生生活娱乐平台，一台洗衣机半年带来的生态收入就超过硬件收入。

（六）物联网

传统时代没有物联网，现在进入物联网时代，很多企业做的都是产品传感器，海尔做的则是用户传感器。

移动互联网成就了电商平台，也创造了历史。但移动互联网之后一定会进入物联网时代。电商只是交易平台，物联网要求的不是交易而是交互。也就是说交易平台可以做到海量商品供用户选择，但交互平台不是，用户交互的是体验而不是产品。比如，海尔的"酒知道"小微，他们把酒柜免费提供给很多酒店，红酒商把酒放进去，用户可以选择自己喜欢的品类。酒柜连上网变成了红酒平台，没有了中间商，解决了原来酒店的红酒很贵还不知道真假的难题。用户、红酒商、酒店都实现了自身利益的最大化，这就是物联网。

结束语

美国最引以为傲的《独立宣言》，是托马斯·杰斐逊起草的。人人生而平等，但是在很多美国大企业里面根本不存在。CEO就是国王，就是独裁者。我觉得从这一个角度来看，美国的大企业必须要改变。美国管理学家研究的结论是官僚制给美国带来的损失巨大，改革虽然很艰难，但从物联网即将到来的角度也必须要变革。

（此文系作者 2018 年 3 月 12 日在哈佛商学院的演讲）

马蔚华

马蔚华，男，1949年6月生，辽宁锦州人。博士，高级经济师，深圳壹基金公益基金会理事长，招商银行股份有限公司原执行董事、行长兼首席执行官，曾兼任香港永隆银行有限公司、招商信诺人寿保险有限公司和招商基金管理有限公司董事长。第十二届全国政协委员，国家科技成果转化引导基金理事长、国际公益学院董事会主席、中国企业家俱乐部理事长、中国金融学会常务理事和北京大学、清华大学等多所高校兼职教授等职。曾任中国人民银行海南省分行行长兼国家外汇管理局海南省分局局长。马蔚华先生同时担任美国哥伦比亚大学中国企业研究中心理事会主席、伦敦金融城顾问委员会委员、纽约市金融服务顾问委员会委员。

2004年，著名的英国《银行家》杂志将他列为全球银行界"2004年度希望之星"。

中国转轨时期的企业家精神

在中国企业联合会、中国企业协会成立 25 周年、福建省 55 位厂长（经理）呼吁"松绑、放权"20 周年和全国"企业家活动日"开展 10 周年之际，与企业界的各位老友新朋相聚榕城，感到非常高兴。借此机会，我想就中国转轨时期的企业家精神谈点看法，与大家交流。

在经济全球化条件下，企业是可以跨国界的，而企业家是有国界区分的；企业是可以跨时代的，而企业家是有时代烙印的。每一个国家、每一个时代，都呼唤属于自己的企业家。处于转轨时期的中国，迫切需要一大批顺应时代潮流的企业家。而要造就这样一支企业家队伍，最重要的是要与时俱进地培育和弘扬符合时代要求的企业家精神。那么，中国转轨时期的企业家精神具体体现在哪些方面呢？我的理解，主要包括以下四个方面：

一、科学的发展观

发展观是关于发展的本质、目的、内涵和要求的总体看法与根本观点。党的十六届三中全会提出了全面、协调和可持续发展的科学发展观，强调坚持以人为本，实现经济社会更快更好地发展。坚持科学的发展观，企业界负有重大责任。企业是市场经济的主体，是构成社会的细胞，只有广大企业都树立和落实了科学发展观，整个社会经济的科学发展观才能得以实现；如果大部分企业偏离科学发展观的轨道，社会经济的发展必然与科学发展观背道而驰。树立和落实科学发展观，既是转轨时期社会经济发展对广大企业提出的客观要求，也是企业自身持续健康发展的内在需要。而企业要确立和实践科学发展观，企业家首当其冲，因为企业家的发展观，在相当大的程度上决定着企业发展的方向、道路、模式和战略。在当前的转轨期，中国企业比较普遍地存在片面的、盲目的"速度情结"和"规模偏好"，作为企业家，应当保持清醒的头脑，自觉地把自己的理念与思想统一到科学发展观上来。

不同行业、不同企业的科学发展观，表述可能不同，但本质一致。对于我所从事的银行业而言，我认为，科学的发展观就是要坚持效益、质量、规模的协调发展。在这三者中间，效益是目的，质量是前提，规模是手段。如果能做到这三者的协调，商业银行不仅现在，而且在将来的竞争中都能经得起考验。要追求效益、质量、规模三者之间的协调，就必须在实践中保持"三个理性"，即理性地对待市场、理性地对待同业和理性地对待自己，不能以牺牲质量为代价而换取一时的、表面的繁荣。

二、不断创业的进取心

从一定意义上说，创业是市场经济的引擎，是技术进步和社会发展的源头。一个国家的经济繁荣，要靠一批又一批的创业者。而创业不是新企业、小企业的专利，老企业、大企业同样存在再次创业、不断创业的问题。古人云，创业难，守业更难。对于一个企业来说，在竞争激烈的市场经济中，守业的最好办法就是不断地创业。一个企业家，即使是成功的企业家，一旦有了"守"的思想，失去了"创"的精神，消磨了闯劲和激情，那他离失败甚至是失业也就不远了。这也正是国内外许多知名企业家之所以永不满足、拒绝保守的原因所在。

创业的关键是创新。创新是企业得以成长、发展、延续的动力，是保持企业竞争力的根本所在，没有创新的企业迟早会衰落。对于企业家来说，创新的意识和精神是不可须臾或缺的。正因为如此，在世界著名经济学家熊彼特看来，企业家就是创新的代名词，或者说企业家最突出的品性就是创新精神。未来学家托夫勒指出，企业在瞬息万变的市场中，"生存的第一定律是，没有什么比昨天的成功更加危险"。因此，越是成功的企业家，越是要清醒地看到成功的危险，越是要始终保持如履薄冰的危机感和时不我待的紧迫感，使企业保持旺盛的创新能力，实现基业常青。

企业的创新可以概括为三个层次。第一层次的创新是产品创新和服务创新，因为没有产品和服务的创新，企业发展的基础就不会坚实，发展的空间就不会扩展。但是，面对技术革命浪潮的冲击，产品和服务的创新很容易被模仿，因此，必须重视第二层次的创新，即管理创新和技术创新。没有管理和技术这两个企业发展"车轮"的创新，产品创新和服务创新就失去了保障，就不会有活力，更不会有新突破。第三层次的创新是经营理念和企业文化的创新，这不仅是前面两个层次创新的源泉，也是企业创新和发展的关键推动力。

三、诚信立业的价值观

企业是一个商业性组织，赚钱是最基本的目的。但是，君子爱财，取之有道。企业赚钱，必须诚实、守信、合法地赚钱。孔子说，民无信不立。孟子曰，诚者，天之道也；思诚者，人之道也。诚信之于企业如同诚信之于个人，一个不讲诚信的人，无法立足于社会；一个不讲诚信的企业，同样无法生存，更不可能实现持续发展。可以说，诚信是企业在市场竞争中的立业之道、兴业之本。国内外成功的企业都十分重视和维护企业的诚信。GE前首席执行官杰克·韦尔奇曾指出："任何一家想在当今激烈的市场竞争中取胜的企业都必须认真对待诚信二字。"香港长江实业公司董事长李嘉诚说："一时的损失，将来是可以赚回来的，但失去了信誉，就什么也做不成了。"《远东经济评论》这样评价："有三样东西对长江实业至关重要，它们是名声、名声、还是名声。"

然而，众所周知，由于种种原因，当前我国还比较普遍地存在弄虚作假、坑蒙拐骗、假冒伪劣、违约毁约、偷税漏税、逃废债务等失信行为，并已成为我国市场经济建设和企业经济活动中的公害。有人测算，我国每年因缺乏诚信而造成的直接和间接损失高达近6000亿元，几乎相当于我国一年GDP的增量。构建诚信社会是关系到我国社会经济发展前途的十分重大而紧迫的问题。作为企业家，理应当仁不让，做出表率，恪守商业信誉和公认的道德规范，这也是时代赋予我们的历史使命。这次会议的主题有自律二字，那么我们需要自律什么呢？我认为，对于企业家而言，首要的是以诚信自律。

四、造福社会的责任感

在当今中国，企业正日益成为推动社会经济发展的越来越重要的力量，企业家作为一个社会阶层可支配的资源也越来越多。企业和企业家社会地位的上升，同时也意味着社会责任的加大。马克思说过："去为别人谋福利的人是伟大的。"中国的企业家应该也能够做造福社会的群体，履行更多的社会义务和社会责任。企业的生存和发展离不开社会的稳定和繁荣，企业回报社会，造福大众，实际上也是在为自身创造必不可少的条件，这与企业的利益是一致的。我们高兴地看到，具有社会责任感的企业和企业家在我国越来越多，不少优秀的企业和企业家都自觉地在利润之外寻求企业的价值，提出了一系列回报社会、国家和民众的理念，并付诸实施。

企业家的社会责任感有许多表现，我认为最重要的有三个层面：一是要有甘做职业经理人的事业心。中国传统文化中，官本位的观念根深蒂固，在重农轻商的古代，是"学而优则仕"；在市场经济的今天，也还存在"商而优则仕"的倾向。这对于经济的发展乃至社会的进步都是无益的。因此，中国的企业家要注意克服官本位的思想，树立产业报国的理想，一心一意将企业做大、做强，并以此回报社会，这是企业家社会责任感的体现。二是要正确处理股东、客户和员工之间的利益关系。企业家的社会责任，包括了对股东、客户和员工的责任，这就涉及到三者的利益关系问题。资本的本质决定了企业必须以股东利益最大化为经营宗旨，股东利益的最大化是以客户利益的最大化为前提的，而争取客户又必须充分调动员工的积极性。因此，处理好股东、客户和员工三者之间的利益关系，要从维护、实现员工的利益入手。三是要正确处理企业、政府与社会之间的关系。企业在接受政府提供的各项服务的同时，必须守法经营，照章纳税，忠实地履行自己的义务；企业是社会的细胞，企业的长远目标必须与社会发展的目标相一致，企业家要自觉关注社会进步和文化发展，在力所能及的范围内积极投身慈善活动和公益事业。

挪威著名的戏剧家易卜生有一句话："社会犹如一条船，每个人都要有掌舵的准备。"处于经济和社会转型期的中国，为企业家这个社会阶层提供了"掌舵"的机会，让我们弘扬新时代的企业家精神，肩负起历史赋予的责任，为我国经济和社会的进步与发展尽最大的努力！

（此文系作者 2004 年 3 月在"全国企业家活动日大会"上的演讲）

积极稳健有序地推进人民币国际化

在经济全球化浪潮的推动下，中国经济正加速与世界经济融为一体，跨境贸易和投资快速发展，境外对人民币需求日益增长，人民币登上国际舞台正恰逢其时。稳步推进人民币国际化，有助于进一步提升中国经济的国际化程度，增强中国在国际经济金融体系中的影响力。就当前而言，通过贸易结算和对外投资等手段促进人民币跨境流通，对于部分释放国内多余的流动性，缓解国内通胀压力和资产泡沫风险，也具有积极的意义和作用。

2009 年以来，中国通过扩大跨境贸易和对外直接投资人民币结算试点范围、拓展人民币跨境流通区域等举措，使人民币国际化取得了积极的进展。但也应清醒地看到，人民币国际化将面临跨境资本流动冲击和利率汇率波动风险加大等挑战，因而是一个长期、艰难的过程，应遵循"积极稳健、有序推进"的原则，分阶段、有步骤地加以推进。既不能错过时机，也不宜操之过急。现阶段应以扩大人民币在跨境贸易和投资中的作用为主要着力点。特提出以下政策建议：

一、建立健全境外人民币投资回流机制。这是增强境外机构与个人持有人民币意愿的重要条件。可通过建立备案登记制的方式，逐步放开外商直接投资项下的人民币投资，促进境外人民币回流国内实体经济；在现已开展境外机构投资银行间债券市场的基础上，允许境外发行的人民币私募股权基金投资于境内创新型科技企业，并允许境外人民币持有者通过境外证券及基金公司投资境内 A 股市场；探索制定境内金融机构扩大非居民人民币业务范围试点方案，通过非居民人民币账户为境外机构提供投资理财、货币兑换、信贷融资等金融服务。

二、促进人民币成为区域化的结算货币，搭建人民币对更多外币的交易平台。这是引导市场主体更多地选择使用人民币的必要之举。建议以中国港澳台、东盟、中东、南美以及非洲地区等与中国大陆经贸合作较为紧密的区域为重点，加强与其货币当局之间的战略合作，支持区域内市场主体在贸易、投资、经援合作等各环节中广泛使用人民币，以形成较稳定的、区域化的人民币市场。同时，通过货币互换、在各自外币交易市场增设对方货币作为交易币种等方式，搭建起人民币与上述区域货币之间的直接兑换平台，并积极回应境外央行将人民币纳入其外汇储备的需求。

三、鼓励支持港深共建人民币离岸中心。一国货币的国际化一般都经历过通过离岸中心对外辐射的过程，在港深建立人民币离岸中心是较现实的选择。截至今年1月末，跨境人民币结算总量中约75%是通过中国香港来完成的，香港地区的人民币存款余额已达到3706亿元，预计未来五年内将跃升至2万亿元。应鼓励深港两地金融机构合作推出以人民币计价或交割的各种创新性金融产品；支持境内机构在香港发行人民币债券，进一步发展香港人民币债券市场；积极参与并支持香港联交所在香港股票市场上实行港币与人民币的双币种报价，允许投资者自由选择币种进行交易和交割；支持更多符合条件的境内金融机构进入香港人民币银行间拆借市场，引导形成合理的香港人民币同业拆借利率曲线；鼓励境内金融机构参与香港的人民币与外币无本金远期交易市场，并进一步推动构建深港联动的离岸人民币远期汇率形成机制。

四、稳步推进人民币资本项目可兑换进程。货币可兑换是货币国际化的重要基础。当前应抓住有利时机，继续有序推进人民币资本项目可兑换，以扩大人民币跨境投资为重点，进一步放宽对人民币跨境资本交易的限制。

此外，中资银行"走出去"进程中的内外联动将对人民币国际化起到积极的促进作用，目前需要为此营造更加良好的制度环境，如进一步扩大银行融资性对外担保额度，大力支持鼓励银行境内外、离在岸联动产品创新等。

（此文发表在 2011 年 3 月 9 日《人民政协报》）

银行业国际化实践与策略

加入世界贸易组织十年，是中国银行业改革开放取得积极成效的十年，是中国银行业国际化发展深入推进的十年。展望未来，中国银行业在国际化舞台上将走得更好，走得更远。

中国银行业加快　国际化发展是大势所趋

中国银行业的国际化问题近年来受到广泛关注。究其原因，主要是在此次国际金融危机中，与欧美银行业遭受重创形成鲜明对比的是，中国银行业依然保持着良好的运行状态与经营绩效，国际地位相对提高。中国银行业之所以在此次金融危机中受到的直接冲击比较小，既得益于改革开放30多年来自身整体实力的不断增强以及我国金融监管体系的不断完善，还因为中国商业银行参与国际市场的广度与深度还很有限。正因为国际化程度还不高，中国商业银行幸运地躲过金融危机的劫难。这就像一个不会游泳的人，没有下到海里去，当然不会被海水淹死。但是，需要强调的是，中国商业银行没有下到海里游泳，绝非不要学会游泳，不必下海。恰恰相反，在经济金融全球化、信息化与市场化不断推进的时代背景下，中国商业银行越来越有必要加快国际化发展，以拓展生存和发展空间。

首先，中国企业和居民的跨境金融服务需求日益增长。伴随经济金融全球化的发展，近年来中国经济加速与世界经济融为一体，跨国贸易和跨国投资高速增长。截至2010年末，中国进出口贸易总值近3万亿美元，全国累计批准设立外商投资企业 71 万家，实际利用外资金额超过 1 万亿美元，其中世界 500 强企业绝大部分都已落户中国。与此同时，中国企业也加快了"走出去"的步伐，近 9 年来中国对外直接投资年均增速达 50% 左右，2010 年我国对外直接投资占全球当年流量的 5.2%，位居全球第五，首次超过了日本、英国等传统对外投资大国。企业跨国经营活动的蓬勃发展，迫切需要银行机构跟随其到境外提供全方位的金融服务。此外，近年来中国居民出境旅游探亲、留学经商等日趋频繁，对转账支付、消费信贷、信用卡刷卡等跨境金融服务的需求随之大幅增长。面对市场需求的变化，中国商业银行如果不能加快国际化发展，不能提供高效、优质、全面的跨境金融服务，不仅无法满足中国企业和居民纷纷"走出去"后的服务需求，国内服务也会受到影响，客户就会大量流失。

其次，中国银行业市场竞争的国际化特征日益凸显。随着中国经济金融对外开放的深入，国际上越来越多的银行纷纷登陆中国市场，已经成为中国境内银行业市场上一支重要的竞争力量。外资金融机构纷纷涌入中国，对中国金融市场的渗透力度明显加大，目前在中国境内注册的外资和合资法人银行达 40 家，外国银行分行和代表处接近 310 家，中资银行引进境外机构投资者超过 40 家，外资银行在华资产总额超过 1.74 万亿元人民币。中国金融市场已经成为国际金融市场的重要组成部分，中国商业银行即使不走出国门，实际上也已置身于一个国际化的市场。在国际化的竞争环境中，如果中国商业银行不能尽快提升自身的国际竞争力，就难以赢得生存发展空间。而中国商业银行推进国际化发展，无疑对提升自身的国际竞争力具有重要现实意义。中国商业银行只有"走出去"，才能更深地体会到国际化、全球化的影响力，更快地学习到先进的管理经验和技术，更多地培养出具有全球视野的经营管理人才。从分散经营风险来看，中国商业银行也有必要加快国际化步伐。

最后，国际金融危机提供了中国商业银行国际化发展难得的机遇。金融危机爆发以后，欧美银行业普遍通过剥离非核心资产、争取政府注资、退出部分业务市场等举措推进"去杠杆化"和"去国际化"进程，到目前为止仍在继续，如今年以来先后就有汇丰银行宣布退出北美零售市场，苏格兰皇家银行宣布退出12个国家的投行业务，以及瑞信、巴克莱、美国银行等宣布收缩全球投行或财富管理业务，等等。不久前召开的欧盟峰会上，欧洲银行业被要求在2012年6月30日前将核心资本充足率提高到9%，根据IMF和摩根斯坦利的评估，这将使欧洲银行业的资本缺口高达2000亿欧元左右。可以预见，欧美银行业的"去杠杆化""去国际化"过程还将持续较长一段时期，这就给中国商业银行国际化发展提供了难得的机遇：一是欧美银行业退出部分市场或主动收缩业务，为包括中国商业银行在内的亚洲银行业留下了相应的市场空间和客户资源。二是在欧美国家经济下行风险加大，不确定性不稳定性因素增多的背景下，欧美银行机构的经营管理趋于谨慎，加之在金融危机中遭受的重创仍未完全恢复，开展并购的意愿较低，而中国商业银行经营绩效稳定向好，在全球银行业估值水平有所下浮、人民币长期升值的情况下，开展海外并购面临较好机遇。三是此次金融危机也给金融领域的就业市场带来巨大冲击，欧美大银行继2008年和2009年大规模裁员风潮之后，目前又展开了新一轮裁员计划，彭博社数据显示，今年以来欧洲各大银行宣布的裁员总数已经超过7万人，美国各大银行同期宣布的裁员总数为4.2万人。这为中国商业银行以较低成本选聘高端金融人才提供了机会。

中国银行业国际化发展的实践

截至2010年末，已有5家中资银行对6家境外金融机构进行了投资，中资银行海外总资产超过2700亿美元，远高于外资银行在华的资产总额；中资银行在32个国家和地区设立分支机构和代表处1200余家，其中一级营业性机构95家，分布于亚洲、欧洲、美洲、非洲、大洋洲，业务范围涵盖商业银行、投资银行、保险等多种金融服务领域。即使在国际金融危机持续扩散和蔓延之际，中国商业银行也并未放缓海外发展的脚步，而是通过兼并收购、新设机构等方式继续推进国际化进程。据不完全统计，自2007年次贷危机爆发以来，中资银行在境外新设一级营业性机构和代表处近20家，跨境并购9起，并购金额超过160亿美元。

2008年，招商银行在国际化发展进程中也迈出了新的步伐，在中国国内和国际上都受到了高度关注。一是成功设立了纽约分行。招商银行纽约分行的设立曾列入中美战略经济对话的内容，历经了多年艰难曲折，成为美国自1991年实施《加强外国银行监管法》以来批准中资银行成立的第一家分行，开创了中资银行进入美国市场的先例。2008年10月8日，招商银行纽约分行正式对外开业。由于地处此次金融风暴中心纽约，因此如期开业备受各方关注。纽约市市长彭博先生认为，招商银行纽约分行开业对于华尔街来说就像是冬天里的春风。纽约州银行监理官纽曼先生表示，招商银行纽约分行能够在如此特殊的时间与地点顺利开业，充分说明了招商银行的实力与信心。三年来，纽约分行坚持稳健经营，扎实基础，国际结算、美元清算、贸易融资等各项业务平稳有序发展。截至2011年9月末，纽约分行总资产达13.2亿美元，较年初增加6.28亿美元；前9个月实现拨备前盈利890万美元，同比增长770万美元。二是成功并购了香港永隆银行。2008年10月，招商银行以360多亿港元并购具有75年历史、在香港本地银行中列第四位的永隆银行，是中国内地迄今最大、香港近10年来最大的银行控股权收购案例。此次并购，可以通过双方客户转介共享、产品交叉销售和业务联动，充分发挥"1 + 1 > 2"的协同效应，更好地满足客户的跨境金融需求，也有利于招商银行积累国际化的经验。招商银行选择在香港进行国际化试水，应该说是明智之举。香港是国际金融中心，拥有与发达国家一样成熟的金融体系，香港的银行都是在国际化的环境中、在充分的市场竞争中成长起来的，通过并购香港的银行，完全可以为并购国外银行探明道路。同时，因为招商银行总部在深圳，与香港一界之隔，双方具有相似的人文、地缘文化，彼此间的沟通十分顺畅，能够最大程度降低整合难度，减小并购失败的风险。正因如此，英国《金融时报》评述，"对大多数中国的国有银行而言，

（招商银行收购永隆）这个案例并不具备可复制性。"经过三年时间的整合，目前我们已出色完成了第二阶段的目标，永隆银行各项业务保持平稳发展态势，与母公司的业务联动初见成效，今年上半年联动总收益达 2.31 亿港元，同比增长 142%，实现净利润同比增长了 53%。

中国银行业国际化的策略

应当看到，中国银行业的国际化面临着诸多挑战，如国际环境错综复杂，各国监管法律制度差别甚大，国际经济金融形势存在很大不确定性，政治风险、合规风险、市场风险、信用风险、声誉风险等各类风险相互交织，而中资银行国际化人才匮乏、跨国经营的经验普遍不足、驾驭国际市场风险的能力也有待提高。基于上述情况，中国银行业的国际化应当采取以下策略：

第一，购建并举的策略。中国商业银行国际化经营网络发展的基本路径无非有两条：一是在海外逐一设立机构，二是并购目标市场已有的金融机构。这两条路径各有优劣势。新设分支机构的扩张方式具有周期较长、布局分散、壁垒较多以及对当地市场的适应和渗透速度不快等特点，但是不存在较大的文化整合问题，管理和控制会相对容易。相比较而言，通过并购进入国际目标市场则具有以下两方面的优势：一是可以利用并购目标的现有网络和客户基础迅速融入当地市场，进而节省构建分支网络和客户体系的时间；二是通过并购本地金融机构，可以在一定程度上减少和规避目标市场国针对外资银行经营设置的种种壁垒，有利于在当地开展多元化经营。在资本全球化不断推进的今天，通过并购实现快速增长，是现代金融机构扩张的重要方式与手段，也是国际金融业发展的一大趋势。中国商业银行的海外扩张方式，应由新建设立为主转变为新建设立与收购兼并并举。

当然，并购也是有巨大风险的。美国企业管理机构科尔尼公司多年的统计数据显示，只有 20% 的并购案例能够实现最初的设想，大部分的并购都以失败告终。为此，中国商业银行在考虑是否开展海外并购时，应主要关注以下三个因素：一是管理能力，即能否有效控制并购目标。对于中资银行来说，要跟文化背景、市场环境存在较大差异的机构进行整合，把后者真正融合到自身体系中来，始终保持对其有效控制和监督，是一件很不容易的事。中资银行要对自身的管理能力作出客观的评估，不要去做超越能力和发展阶段的事。假如缺乏有机整合管理的能力，反而可能丧失被并购对象原有的市场优势与业务优势，最终得不偿失。二是互补效应，即能否做到一加一大于二。要考虑并购目标与行为是否与自身的发展战略相契合。通常情况下应实现境内外机构一体化经营，取得良好的协同效应，对国内业务发展和海外业务拓展有明显的促进作用。招商银行之所以决定并购永隆银行，主要原因就在于我们考虑到双方存在较强的互补性，能够产生显著的协同效应。永隆银行历史悠久、经营稳健、质量较好，业务结构比较均衡，特别在综合化、国际化经营方面具有一定经验和优势，但也存在家族式管理特征比较明显、市场开拓能力不足、在中国内地的网点资源匮乏等不足之处；而招商银行具有公司治理结构比较规范、经营绩效持续向好、各种服务渠道比较完善、在内地拥有广泛的机构网络和广阔的客户基础，以及品牌形象不断提升等优势，不足主要在于欠缺综合化和国际化经营方面的经验，在香港的渠道资源十分有限，且主要从事批发业务，零售业务方面几乎一片空白。因此，招商银行收购永隆银行后，双方通过资源共享、优势互补、各显所长、有机整合与高效联动，能够达到较强的协同效应。三是并购时机，即价格与风险是否达到合理水平。在并购的过程中，定价在不同市场条件下变化很大，因此并购时机非常重要。一般来说，在市场不景气的时候是比较好的，但也因此存在较大的估值风险，这对并购技术提出了很高的要求。

第二，管理先行的策略。当前阶段，中国商业银行推进国际化进程，必须把提升管理的国际化水平放在优先位置。因为与国际先进银行相比，中国商业银行最大的差距就是管理上的差距。若不弥补管理的短板，中国商业银行就难以适应国际化的监管要求，在国际市场的竞争中就很难站住脚，甚至会遭遇败局。以下方面的差距迫切需要弥补：一是创新管理。国际先进银行拥有成熟的产品与服务创新管理体系，依托综合化经营平台，持续不断地创新产品与服务，满足客户的个性化、多样化需求。中国的商业银行要在国际竞争中拥有一席之地，首先是产品和服务要毫不逊色。而要做到这一点，必须建立和完善产品与服务创新管理体系。二是运营管理。中国商业银行长期处于高利差的经营环境，还没有经历利率市场化的洗礼。在低利差的国际市场中，要想实现盈利，还必须大大增强运营管理的能力，学会通过优化流程、数据挖掘、交叉销售等方式，降低成本。三是合规管理。世界各国对银行业都实行严格的监管，合规经营成为商业银行的底线。中国商业银行的合规意识近年来有了很大的增强，但合规管理能力还有待提高，因此国际化对合规管理构成了巨大压力。四是风险管理。国际先进银行在风险管理方面的理念、制度、工具、技术、系统，是中国商业银行需要学习的标杆。正是基于管理优先的考量，近年来招商银行十分注重内部管理水平的提升，针对自身存在的差距和薄弱环节，瞄准国际先进水平，从理念、体制、机制、队伍、技术等方面入手，在职业化、精细化、专业化和信息化上下功夫，不断提升自身的经营管理素质，进而为国际化发展奠定基础。

第三，本地化经营的策略。在中国国内，有一些外资银行收购中资银行后，其主要管理人员和管理模式来自母银行，效果不太理想。实践表明，海外经营要取得成功，深入了解与把握当地的监管环境、法律环境、经营环境和客户需求至关重要。为此，需要采取本地化经营的策略，主要聘用当地员工，以更好地了解当地的风俗人情、适应当地的客户需求，熟悉当地的法律，遵守当地的行业游戏规则，进而拓展当地的客户与市场。银行机构与一般工商企业的最大区别是，银行提供的是无形的金融服务，客户对银行好坏的评价主要取决于银行服务人员留给客户的印象；而一般工商企业提供的则是有形的产品，客户对其评价主要取决于产品本身的质量。因此，如果银行海外机构本地化程度不高，势必影响与当地客户的有效沟通与充分联系，进而影响当地的业务拓展。目前，招商银行纽约分行的员工绝大部分来自于当地金融业，其中不乏在华尔街工作多年的资深金融业从业人士。并购永隆银行后，除 CEO 由我们派出外，基本保留了原先的管理层团队与员工，进而有效保障了永隆银行各项业务的平稳发展。

第四，立足本土的策略。中国商业银行国际化发展的立足点，是首先要把本土业务做好。中国是世界上最大的发展中国家，是全球银行业普遍看好的最有潜力的市场之一。得益于中国农业工业化、农村城镇化、经济全球化以及消费革命正在悄然掀起等因素的作用，在今后相当长一段时期内，中国经济仍将保持高速增长态势。中国经济未来的良好前景决定了中国银行业广阔的发展空间。招商银行和贝恩管理顾问公司联合发布的《2011 中国私人财富报告》显示，2010 年中国境内个人可投资资产总额达到 62 万亿元人民币，其中个人可投资资产在 1000 万元人民币以上的高净值人群达到约 50 万人的规模，高净值人群持有的个人可投资资产规模达到 15 万亿元人民币，中国目前已是全球仅次于美国和日本的第三大财富来源地。因此，中国商业银行首先要立足于做好本土的业务，在此基础上，再酌情考虑海外经营的扩张速度与规模。

（此文发表在 2011 年第 23 期《中国金融》）

新常态下商业银行的经营管理

新常态带来的挑战和机遇

中国经济的新常态，是指经济增长速度从高速增长转向中高速增长。要理解这样的新常态，应该从整体上来理解，也就是说中国经济不仅是增长速度放缓了，同时也有经济结构的优化、产业的升级、发展动力的切换以及制度的变革等。我们也应该把中国经济的新常态放在全球经济的大环境中来认识。

目前，全球经济有四个特点。

特点一：经济增长正在下台阶，后劲不足，一个最重要的标志就是能源和大宗商品的价格不断下跌。这里有美元汇率的问题，也有东西方之间一些摩擦的原因，但最主要的因素是经济增长的动力不足，全球经济很难恢复到 2008 年世界金融危机以前的水平。

特点二：世界经济出现分化，各国经济发展各不相同。首先是美国经济已经走出谷底，复苏强劲，美元持续走强。但是日本、欧洲、新兴市场并非如此。欧洲出现了五年以来严重的通货紧缩。因政府负债率全世界最高，日本安倍政府欲通过财政改革来解决政府的债务问题，把消费税从 5％涨到 8％，然后再涨到 10％。目前，这个计划遇到很多阻力，日本经济持续下行。新兴市场由于受到美国的影响，南非、俄罗斯、巴西这些大量输出资源的国家都遭到价格下跌的冲击，随之这些国家的经济波动必然会很大。新兴市场中只有印度的经济增长在 7% 左右。

特点三：全球经济结构的调整步履艰难。WTO 的多哈谈判、国际货币基金组织的内部改革都很艰难，而且现在出现了很大的区域经济差异。全球区域经济有一定的发展，亚太地区发展良好。

特点四：科技创新给世界经济带来发展动力。科技创新带来的贡献要高于劳动力和资本所带来的贡献，这是一个很重要的发展特点，所以包括大数据、新能源、生物医药这些领域都孕育着科技的重大突破。历史上，全球经济每一次发生金融危机并要真正走出阴影，必然会出现重大的技术革命。所以说，全球正在酝酿一些比较大的技术革命。

世界之变和中国之变有相同之处。中国经济的转型变化是在世界经济现状的大背景下进行的，所以，我们要预知未来、知道世界、知道宏观。因为不知道未来者无以评判当下，不知道未来就走不好眼前的路，因为眼前的路通向未来；不知世界者无以理解中华，因为中国经济是世界经济的重要组成部分；不知宏观者无以处理微观，因为银行的每一项业务、每一步发展都和宏观政策有密切的联系。因此，我们要"读未来、读世界、读宏观"。

在过去的百余年间，全球经济一般都有这样一个规律，那就是包括美、英、德、日在内的发达国家基本上都是经历了三个 10 年的快速增长后开始下滑的，第四个 10 年经济增速基本上都降到 4% 以下，过 30 年以后还会再次高速增长。所以，中国经济在高速发展了 35 年之后开始下滑，也属正常。另外，中国经济现在也没有条件继续维持高速增长了，因为支持高速增长的人口红利、全球化红利、储蓄红利都在减弱或者消失，中国的资源、土地、能源、环境也不堪经济发展高速增长的重负。"十二五"时期，中央已经看到了这个过程，提出了中国经济要从重规模、重速度向重质量、重效益、重结构、重民生转变。如今，我们已经看到，很多代工工厂基本上已从沿海转移到内地，再从内地转移到缅甸、越南等国，我们的人口红利已经没有了。所以，中国经济的转型是必然的，也是必须的。从这一点来看，现在党中央、国务院决定实施经济转型，决定在新常态下实现产业升级和结构调整，是非常正确的。

金融业新常态的微观表现

经济的新常态肯定会带来银行的新常态。银行的新常态主要体现在以下方面。

第一，银行的增长速度将回归正常。

在过去 30 多年里，中国 GDP 年均增长 9.8%，而信贷规模年均增长 22%，信贷规模的增速远远高于 GDP 的增速。所以，如果 GDP 下降到 7% 而信贷规模增长仍然过高，银行的钱可能就是脱实就虚，在银行的圈子里打转。所以，现在银行信贷规模的增速放缓是很正常的事。去年银行业的贷款增速为 13%，比前五年平均下降了 7 个百分点。在银行利润方面，增速比信贷规模的增速可能还要小一点，因为利率市场化以及金融脱媒，会使利息收入进一步减少。所以，银行的利润回归到社会平均水平这也是正常现象。现在银行最大生产要素——资金的价格还没有完全放开，等到完全放开以后，银行的利润率也会逐渐接近社会的平均利润率。所以，银行的信贷增速、资产增速都会回归正常，利润的增速还会更低一点。

第二，银行的资产业务增速放缓，负债业务竞争激烈，资产和负债业务都会受到挑战。

从负债端来看，各家银行要增加融资规模，就得提高吸收存款的价格，所以未来的价格竞争尤为突出，成本上升非常明显，融资成本提高显而易见。从资产端来看，信贷的增速趋于放缓，企业融资途径的可选择性很大，除了可以选择银行贷款，还可以选择发债、上市，或选择其他方式，如大集团可向国际融资、大企业可向市场融资、小企业可向民间融资、新兴企业可向私募融资等。所以，在信贷资金趋于减少的同时，债券投资、票据周转、同业存放以及投资银行与债权认购等新业务所占的资金也在增长。出现这些新情况，其背后的原因就是金融脱媒。金融脱媒包括资本性脱媒和技术性脱媒两个方面。资本性脱媒就是企业通过以银行间接融资占主导地位的现象正在改变，逐渐向企业在市场直接融资发展；技术性脱媒就是 IT 业将会介入银行的支付领域，这也就是互联网金融。互联网金融兴起的主要原因，就是过去传统银行忽略了零星、小众、碎片式的金融需求，而互联网金融的特点恰好解决了这些问题。所以，互联网金融应运而生，中国互联网的普及和发展又给它提供了非常肥沃的土壤。互联网的本质是个平台，它的精髓在于通过打造一个完善、开放、包容的生态圈，让更多利益相关者能够在这个平台上把流量变现。所以，互联网不在乎盈利不盈利，而在乎这个平台上有多少客户的流量，流量变现就是它的价值。我们必须认识这一点。互联网金融不断进取，会在各个方面争夺银行的市场份额，给银行带来挑战。到目前为止，互联网金融尽管支付业务规模增长很快，但和银行庞大的支付量相比还是非常小的。可是，它对银行的挑战主要表现为商业模式和思维方式，这一点对传统银行有非常大的压力。

第三，风险收益平衡更加棘手。

一方面是风险防范的压力不断加大。经济下滑体现在银行业就是不良资产的上升趋势。2014 年四季度有四个新政策出台，利率市场化离我们越来越近，而利率市场化对银行来说是一个躲不过去的生死考验。利率市场化不光是利率改革，它往往要和汇率的形成机制、资本项下可兑换、多层次的资本市场建设同时推进。所以，在这项改革推进过程中，利率、汇率流动性的风险会相互作用，会冲击银行的资产负债，我们对此决不可掉以轻心。另一方面，风险收益的匹配日益紧密，过去低风险、高收益的经营状况已难以为继。所以，如何做到用定价覆盖风险和成本，是一个风险定价水平的问题，以牺牲效益为代价、追求低风险的做法可能不适应将来金融市场的变化。邮储银行现在有两个潜力可挖，一是有很多可以运用的资金；二是不良率还很低，可以在风险收益方面追求更好的平台。

第四，成本管理意义重大。

台湾的银行现在利差只有 1.2%，而内地还是 2.68%。内地的银行如果现在也执行台湾这样的利差，可能盈利的没有几个。在低利差的情况下，台湾的银行之所以还能盈利，最主要的原因是他们的成本管理做得好。将来银行业的竞争，体现在市场上就是差异化和个性化，体现在管理上就是低成本，把管理成本降下来是银行将来最重要的出路。我们的成本收入比比美国银行业平均高 2 个百分点，商业银行的营业费用年增长率高于美国平均水平 3 个百分点，我们的人均创利水平远低于美国银行业的人均创利水平，我们在成本管理方面还有很大的差距。我们银行成本管理的意识、能力、方法和工具都很薄弱，在很多方面都有差距。

第五，内外部的约束将日趋严格。

由于各种约束的存在，银行业的运营越发困难。

第一个约束就是监管变得更严格。最主要的监管就是对资本的监管、对资本充足力的约束。不仅是信贷资本消耗资本，信贷风险、市场风险、操作风险都会消耗资本。所以，资本就显得特别宝贵。因为，到市场上融资是非常困难的。市场对银行的融资较为恐慌，一听银行要融资，股票就会大跌。所以，我们在市场融资要特别慎重。

第二个约束就是客户要求越来越高。新的历史条件下，客户越来越挑剔。中国的银行客户忠诚度是全球最低的，仅有 30%，低于全球平均水平 27 个百分点。所以，客户对银行服务水平和价值创造能力的要求越来越高，特别是一些大客户越来越不好"伺候"。

第三个约束是媒体紧盯银行的负面消息。去年，全国财经媒体关于对银行负面热点的报道量占全部新闻报道的 11%，特别是一些新媒体，如微博、博客、贴吧等，有时即使是误解性报道，银行也是百口难辩，媒体对银行的报道甚至会导致这个银行风险的爆发。所以，银行做好媒体公关工作很重要。

第四个约束是股东要求有更大回报。股东现在也很苛刻，几乎所有的股东都要求银行不掏资本就多挣钱。将来银行上市以后，这个投资者关系管理就特别重要。要做好投资者关系管理的准备，做好艰苦工作的思想准备。

第五个约束是员工管理的难度加大。现在银行的员工越来越不好管理。

我们不能挑剔年轻员工，因为年轻人不完全追求金钱，有相当一部分是追求自我价值和兴趣空间。所以，要做好与"80后""90后"的沟通工作，了解年轻人，学习网络语言，学会用年轻人的语言和他们对话。

第六，新常态下创新主导的竞争越发激烈。

在这方面，挑战与机会同在。

普惠金融。在服务"三农"和小微企业方面，没有哪家银行比邮储银行更有优势。中国有40万个村、4万个乡镇和7.5亿农村人口，金融需求规模可以以百万亿元计；如果以全国有小微企业400万户、缺乏资金占比为70%、其中80%有融资要求、户均100万元计，全国小微企业的信贷容量将高达22万亿元。这个市场很大，我们可以有充分的想象空间。

财富管理。在看到资本性脱媒和技术性脱媒的同时，我们也要看到财富管理的巨大市场。因为，目前中国个人可支配的投资年均增长都超过15%。全国现在投资额在600万元以上的高净值客户已有200万户，增长超过15%。

消费信贷。目前，中国正处于小康型的消费水平，民众会在消费方面有更多的关注，特别是年轻一代。所以，消费的新常态会带来消费信贷的新动力，这一点值得关注。

养老金融。2015年，中国老龄人口将突破2亿，占总人口的14.8%，中国将步入未富先老社会。但老龄社会也不一定都是坏事。对银行来说，养老金融过去是没有的，而现在面对老龄社会，最高兴的就是人寿保险公司。养老金融意义重大。过去人们挣钱是挣小孩的钱、挣妇女的钱，将来还要挣老年人的钱。未来的养老金融将有很大的市场，除了建设养老机构外，个人资产和债务的管理、为未来生活提供保险、合法避税、财富积累，这些都是银行业务未来突破的方向。

跨境金融。中国企业"走出去"的最大困难就是缺少资金，银行要提供更多的服务，帮助中国企业大规模"走出去"。如何用中国信贷配合中国资本"走出去"，这个很关键。另外，现在中国国民的跨境旅游、出国读书和就业活动日益增多，各国争先放宽对中国人的签证限制，欧洲国家也在签证方面开始松动。所以，出国旅游、海外留学消费等对人民币跨境金融服务的需求越来越大。

移动金融。移动金融发展非常快。未来的手机不仅有通信的功能，还将成为一个电子支付工具，并且将有望取代信用卡。中国是推动这一创新的最理想市场。

金融新常态里的互联网思维

互联网思维归纳起来有三点：

第一，客户体验至上。互联网思维根植于尊重客户体验。在互联网时代，如果银行的产品和服务做得超出客户预想，客户就会成为粉丝。这时，即使银行一分钱广告没有投放，这些粉丝也愿意在网上与他人分享、给银行做义务宣传。有了牵动客户的"粉丝思维"，粉丝们有时候就会不管银行怎么样，都盲目地跟从银行。所以，我们要想怎么样才能让客户体验更好，让客户的体验甚至超出他们的预想，客户就会对银行很"铁杆儿"。现在的互联网企业无不如此。

第二，开放和包容。我们在设计产品时，基本上都是关注风险、市场和在内部封闭设计，而互联网设计的产品是放在一个开放平台上，让大家甚至包括客户都来参加设计，这叫作共筹、共创、共建，而且特别尊重客户的体验。微信推出一年后，在使用者的参与中不断更新，没完没了；小米科技创始人雷军每周都要研究客户的意见，并对产品进行改进。毫无疑问，以开放的思维设计出来的产品，就会得到更多客户的欢迎。

第三，平等普惠。互联网金融更民主、更普惠。它提供的是去精英化的服务，会研究一块钱的理财产品，特别重视"团购"。作为传统银行，我们要对此予以足够的重视。

客户体验开放包容、平等普惠。面对金融新常态，我们要对互联网金融重视起来，尤其要重视这些思维方式。

邮储银行应对新常态之策

在金融新常态下，银行业遇到了诸多挑战。要适应金融新常态，银行就要摆脱过去比较传统的"五个依赖"。第一，过度依赖信贷增长。第二，过度依赖外援融资。中国银行业靠对外融资是比较多的，这和美国不一样，美国很少用外援融资。第三，过度依赖利差收入。现在除了少数中国的银行非利差收入能占其总收入的30%以外，大部分银行的非利差收入都在20%左右，而国际先进银行的这一指标基本上都在40%，有些高达70%以上，甚至有些银行根本就没有信贷业务。第四，过度依赖成本投入。中国银行业的成本收入比都比较高。第五，过度依赖大客户、大项目。目前，中国主要商业银行大客户的贷款余额占对公贷款的比重都超过60%，也就是说，对零售贷款业务而言，效益好的才能达到40%，大部分都在30%以下，而国际上零售贷款占全部贷款的比重都是在50%以上。这说明我们银行的资本消耗很高，而非利差收入则不消耗资本。

为适应金融新常态，中国的银行业必须转型。对邮储银行来说，要适应金融新常态，就要变同质竞争为差异竞争、变融资中介为服务中介、变高资本消耗为低资本消耗、变粗放经营为集约经营、变传统管理为精细管理、变部门银行为联储银行、变封闭思维为开放思维。这是我们转型的方向。除此之外，还要重视以下几点：

服务小微企业。邮储银行最大的优势是拥有大量的中小客户。表面上看，中小企业的经营风险较大，但是巴塞尔委员会不这么看。巴塞尔委员会认为，小企业的经营风险要低于大企业，因为大企业和经济周期的关联度非常高，经济好的时候一荣俱荣、经济下行的时候一损俱损。为什么说小企业经营风险低呢？道理很简单，按照大数原理，"好人"总比"坏人"多。所以，我们一定要把服务中小企业当作业务发展的重点。但做小微企业业务不能像传统银行那么做，一定要专业化、批量化、工厂化审批。因为，放贷给中小企业利率可以上浮 20% 以上。我们若把成本控制住，盈利肯定会比服务大企业高，资本消耗也肯定比大企业低，而且风险可控。

创新发展零售业务。除了抓住小微企业金融外，邮储银行要想在新常态形势下发展，制定战略很重要，而邮储银行的战略就是差异化。战略就是研究市场需求，而市场需求一定会随着社会经济技术的发展而改变。比如，假如没有互联网，个性化的需求就不可能奢望得到个性化的服务，就不可能有"金融超市"，更不可能有"实时到账"，是互联网带动了这些业务的发展。互联网改变了人们的生活方式、生产方式，也同时改变了人们对金融服务的需求。如果看到了这一点，如果针对这种市场需求有比较早的预测，我们就能推出新产品和新服务。所以，我们要懂未来、懂世界、懂宏观，要懂新常态下的经济发展走势。如果我们能够比较早地判断市场需求，我们就能比别人更早地推出新产品。

1995 年，人们对互联网的认识才刚开始，中国的网民也仅有 2000 万，但招商银行抓住这一点，推出了"一卡通"，成为中国第一个把存折变成借记卡的银行。"一卡通"因具有 23 种其他银行不具备的功能，因而在推出以后持卡量就以几何级数开始增长。当时，除四大国有银行以外，招商银行是储蓄存款占比最高的银行。招商银行的储蓄存款占比高，就意味着运营的低成本和稳定（这和现在的邮储银行一样），这在当时是很大的优势。

1999 年 9 月，招商银行推出了第一家网上银行，网上对公业务、网上公司业务、网上零售业务、网上商城、网上支付等系统纷纷推出，并且发展速度非常快。现在，招商银行的网上零售替代率已经达到 90% 以上。网上银行较好地解决了招商银行网点不足的问题。现在，招商银行的网点只有 1000 多个，但销售的理财产品却和网点众多的大银行一样，原因就是招商银行的网上银行发达、高端客户多、低端客户少。

2003 年，招商银行提出了第一次转型，就是把工作重点从没有优势的批发业务转向零售业务、从大客户转向小客户、从利息收入转向非利息收入，并将发展零售业务当作战略中的重中之重。招商银行的主要客户有三种：一是有知识的年轻人，二是城市白领，三是有钱人。这三部分人都会用网上银行，所以久而久之，银行的客户群就会越来越大。然后，招商银行把客户进行细分，分别提供个性化服务。这样，零售业务就发展起来了，并且在不断创新和完善中，而且发展得很快。

一家银行的产品一定要和同业有所不同，如果相同就没有意义了。在同样的市场，如果产品相同，大家会杀得你死我活；如果在这个市场上，你和别人不一样，客户就会奔着你来。招商银行的"一卡通"、信用卡都比其他银行推出得早，当时的战略就叫作"早一点、快一点、好一点"。如果你比其他银行早那么三五年研究市场需求，然后根据这个需求研究产品、研究服务并且能果断地推出来，一下子就能把它做起来。等到其他银行开始想到这个事儿的时候，你已经有了一定的市场规模和品牌影响力了，你就比其他银行掌握主动权。当然，做出正确决策的前提是对市场有准确的判断，有准确的判断就要懂未来、懂世界、懂宏观。

处理好风险和收益的关系。一家好的银行，一定会在风险和收益之间取得最佳平衡。银行不要追求不良率越来越低，不良率越低表明银行牺牲了资本效益。将来银行上市后客户的要求、股东的要求会非常苛刻，他们会要求银行的资本回报率。所以，银行一定要在风险和收益之间达到最好的平衡，一定要在风险容忍度下实现收益最大化，一定要让资本、宝贵的资本发挥更好的效应。

关注信贷以外的市场。服务中小企业、零售业务，这是储蓄银行发展的方向。对于信贷以外的市场，我们一定要关注企业的非信贷金融需求，如债券、股票、投资、财富管理等，这些都是需要关注的领域。

总之，应对经济新常态下的金融新常态，可以精简为两条：第一，走差异化、个性化的道路，通过创新来使我们的产品和服务与别人有差异、不一样。第二，通过加强管理，降低运营成本，使我们的银行更有竞争力。只有做到这两点，我们才能应对利率市场化、新常态。

（此文发表在 2015 年第 3 期《中国邮政》）

完善政府引导基金体制机制　加快推进大众创业万众创新

一、问题及背景

政府引导基金是有效增加创业投资资本供给，引导社会资本投向创新创业企业的重要政策工具。促进政府引导基金良性发展，对于加快实施创新驱动发展战略，加强供给侧结构性改革，推进大众创业、万众创新具有重要意义。2015 年，国务院陆续出台《关于大力推进大众创业万众创新若干政策措施的意见》《关于加快构建大众创业万众创新支撑平台的指导意见》等文件，提出要建立和完善创业投资引导机制，鼓励地方政府建立和完善创业投资引导基金，引导社会资源支持"众创、众包、众扶、众筹"加快发展。

在政策引导和支持下，各级政府引导基金实现了井喷式增长。在中央层面，2015 年，国务院审议同意设立国家新兴产业创业投资引导基金和国家中小企业发展基金，科技部、财政部设立的国家科技成果转化引导基金进入实施阶段；在地方层面，各地政府设立的各类引导基金也如雨后春笋般涌现，基金设立主体逐渐从省级向地市、区级延伸，分布地域逐渐从经济发达地区向中西部地区蔓延。

随着数量的不断增加，规模的不断扩大，一些制约政府引导基金发展的问题日益凸显。具体体现在：

一是规模偏小，资金来源缺少持续性。 目前，我国政府引导基金的资金主要来自各级政府的财政资金，资金规模普遍偏小。据投中研究院统计，截至 2014 年底，国内共成立 209 只政府引导基金，目标设立规模达 1293.39 亿元，平均单只基金规模为 6.19 亿元。同时，有些地方政府引导基金的发展历史较短，没有对基金的未来资金来源作出明确的规划，未能形成吸纳民间资本的长效机制，对民间资本的让利政策还不够完善，募资渠道狭窄，以致政府引导基金的资金来源缺少持续性，未来亟须扩充。

二是管理分散，缺少统筹和协同。 现在政府引导基金，缺乏系统性全面性的顶层制度设计。各个政府部门竞相设立引导基金，而且有些部门不止一只基金，有一哄而上之势。不同政府引导基金政策目标交叉重叠，造成基金重复设立，数量过多，资金使用分散，无法形成"拳头"效应。

三是存在决策审批程序烦琐、行政干预等非市场化行为。 政府引导基金的投资决策具有一定的专业性和复杂性，应采取委托专业机构进行管理、聘请专业人员组成评审委员会等政策措施，确保基金运行管理的专业化、市场化。但是在实践中，有些政府引导基金的主管部门，出于保证资金安全的考量，设置了烦琐的决策审批程序，并将最终的决策权赋予部门的领导层。这在一定程度上影响了基金的运行效率以及决策的科学性和准确性，又会使决策带有较强的行政干预色彩，难以与子基金层面的市场化运作相衔接。

四是投资限制条件较多，政策导向与商业目标冲突。 国内大多数政府引导基金在实践中过度偏向实现自身的政策目标，从而对创业投资子基金的投资活动提出了很多限制条件，包括管理公司的设立和基金注册地、投资领域、投资地域等方面，在一定程度上制约了子基金的投资行为，影响了子基金的商业目标。长此以往，引导基金的引导作用会受到制约，也会影响政策目标的实现。

五是缺乏切实可行的考核激励机制。 政府创业投资引导基金的资金来源于政府，形成的相关资产属于国有资产，理应纳入国有资产管理体系。但同时，政府引导基金又承担着撬动社会资本支持创业企业、扶持产业发展的使命，国有资产增值保值和引导基金的政策性目标之间存在冲突。同时，从事政府引导基金管理的专业化人才短缺。而目前政府引导基金的管理机构多为国有企业或事业单位，对管理团队的激励措施十分有限，难以吸引和留住人才，影响引导基金管理水平的提升。

二、建议

1. 加强政府引导基金的顶层设计。

中央和各级地方政府相关管理部门、财政部门要围绕充分发挥引导基金的重要作用，加强顶层设计和统筹规划，支持探索多种引导基金运作模式，结合国家、地方产业布局中重点领域和薄弱环节，适时调整和明确不同政府引导基金的作用领域，不得在同一行业或领域重复设立基金，并且要合理扩大政府引导基金规模，制定政府引导基金发展的长期规划，确保财政资金支持的持续性。

2. 完善促进政府引导基金发展的协同机制。

加强与有关部门和单位的合作，推动建立政府投资基金支持产业发展的多部门工作协调机制，克服当前政府引导基金多而散，支持对象重叠，未能形成政策合力的局面。尤其是要发挥中央层面政府引导基金的作用，加强中央级政府引导基金间的协同互动，以及中央级政府引导基金与地方政府引导基金的上下联动，以资本为纽带，整合各级政府引导基金和各类社会资本的力量，持续推进大众创业、万众创新，支持经济转型升级。

3. 建立健全政府引导基金的市场化运行机制。

政府引导基金主管部门，应按照相关政策及合作协议，确保子基金的市场化运作。在子基金的审批决策过程中，简化审批流程，提高审批效率，着重发挥市场化专业机构以及同行专家作用，减少对子基金的干预；对子基金设立后的日常管理，不做过多干预，为子基金创造良好的发展环境。

4.实现政府引导基金考核激励机制的市场化。

政府管理部门出台相关政策，将政府引导基金纳入公共财政考核评价体系，而不作为经营性国有资产进行管理；对于参股设立的子基金所投资企业上市的，政府引导基金按比例所持股权可豁免国有股转持义务。同时，适当提高政府引导基金从业人员的薪酬待遇，给予必要的奖励或补贴等，吸引、培养、留住高水平的专业人才。

（此文发表在 2016 年第 4 期《中国科技产业》）

以金融创新支持制造业技术创新

中国是世界公认的经济大国，却难言是经济强国，其软肋在于同科技发达国家相比还有很大差距，被习近平总书记称为"阿喀琉斯之踵"。在代表一国科技实力和经济竞争力的制造业领域，我们的核心关键技术对外依存度为 50%—60%，新产品开发 70% 靠外来技术，一些拿得出手的高端产品，重要零部件与关键材料 80% 以上靠进口。如果从科技创新的角度将全球制造业分为四级梯队，我们只能屈居第三梯队。

历史上三次科技革命的爆发，从根本上重塑了国际竞争的版图和格局。当前，世界新一轮科技革命的浪潮正扑面而来。发达国家都在摩拳擦掌，如美国提出"重振制造业"、德国提出"工业 4.0"等。中国要真正成为经济强国，必须跟上大势、直面风口，在最体现科技实力的先进制造业领域先行一步，重点突破。

技术创新能力与金融支持程度密切相关。近年来，我国不断加强对科技创新的金融支持，但还不能完全适应需求。主要问题在"四个不匹配"，即银行业主导的金融风险偏好与科技创新的高不确定性不匹配；以国有金融机构为主的金融体系与以民营企业为主的科技创新主体不匹配；资本市场体系与制造业科技创新的融资需求不匹配；科技金融的配套服务体系与制造业技术创新所需的配套服务不匹配。为此，建议：

提高对金融创新的监管包容性。按照国务院《关于促进创业投资持续健康发展的若干意见》精神，鼓励 PE、VC、天使投资等创业风险投资发展，加大相关机构和业务的准入扶持；探索修改《商业银行法》等相关法律法规，为"投贷联动"等金融创新的进一步发展留足改革空间，并进一步扩大试点范围；还可借鉴美国的《平等信贷机会法》，以立法形式明确禁止信贷歧视的具体类型，强化对公平信贷的检查，以纠正金融机构重国有、轻民营的金融支持倾向。

加快完善多层次资本市场。探索建立创业板的分层管理机制，推动建立区域性股权交易市场、全国中小企业股份转让系统和创业板、主板之间的转板机制和退市机制，让各级市场之间建立起有机的联系。加强非上市公司股权动态转让的制度建设，完善创业风险投资政策环境和退出机制，支持证券公司直投子公司、信托公司直投子公司、基金管理公司专业子公司等投资非上市科技企业股权、债权资产，为不同类型、不同发展阶段的科技企业提供资金支持。

给予创新投入和科技金融服务机构更大力度的税收优惠。鼓励企业主体加大创新投入，完善企业研发费用计核方法，调整目录管理方式，扩大研发费用加计扣除优惠政策适用范围，并对创业苗圃、孵化器、加速器等科技创业服务机构、科创类投资机构给予一定的税收优惠。在此基础上，可放宽注册门槛，对有限合伙制科创类股权投资企业的有限合伙人、持股团队及个人提供相应税收优惠。

支持各级政府建立技术创新引导母基金。实践证明，在政府引导资金的支持下建立市场化投融资平台，是引入民间资本的重要保障。通过政府引导、市场主导、改革创新财政科技资金的投入方式，将科技企业的补贴资金作为引导资金，吸引社会资本成立科技产业基金进行股权投资，以全面激发各类创新主体的创新动力和创造活力。

优化金融支持技术创新的生态环境。大力推进信用体系建设，完善企业征信体系。可由政府牵头整合各方资源，建立健全全国性的信息共享平台，以解决信息不对称问题。同时完善知识产权价值评估体系，加强知识产权交易市场建设，建立知识产权质押、交易、处置全流程流转机制。

（此文发表在 2017 年 3 月 23 日《社会科学报》）

对话马蔚华：强化金融创新　加快银行发展

延红梅

随着我国银行业的全面开放，外资银行将很快携带新的金融工具、新的金融品种、新的营销理念和新的服务手段进入中国市场，与国内金融机构展开竞争。我国商业银行要在竞争中求生存、求发展，就必须加快金融创新的步伐。为此，本刊记者就我国商业银行金融创新的有关问题采访了招商银行行长马蔚华。

记者：请您谈谈商业银行的金融创新包括哪些方面的内容？

马蔚华：金融创新虽由来已久，但对于其含义的界定仍存在较大争议，目前国内外尚无统一的解释，大多数定义是由熊彼特创新观点派生出来的。如果从金融功能观的角度看，所谓金融创新，是指金融机构或政府金融管理部门基于对微观或宏观利益发展的需要，以新需求为导向，以新技术为基础，创造出新的金融要素或对金融要素进行重新配置和组合，进而提供新的金融功能的过程。金融创新的本质是创造出新的金融要素，或对金融要素进行重新配置和组合。金融机构、金融市场和金融工具等是主要的金融要素，金融创新通过对这些要素的改造或重新组合，提供新的金融功能，使金融资产的流动性、盈利性和安全性达到高度统一，从而提高金融效率。

具体到商业银行的金融创新，从实践上看，其内容可以概括为三个层次：一是产品与服务创新，这是商业银行金融创新的主体部分和主要表现形式，商业银行其他方面的创新大都是围绕着这方面的创新进行的。但是，面对技术革命浪潮的冲击，银行产品与服务的创新很容易被模仿，因此，必须重视第二层次的创新，即管理与技术创新，这是产品与服务创新的前提与保障。没有来自这方面的创新，银行的产品与服务创新就不会有新突破，也难以持续。第三层次的创新是理念与文化的创新，这不仅是前面两个层次创新的源泉，也是商业银行金融创新的关键推动力。任何一家具有持续成长力的银行，其成功的关键就是把成熟的理念和先进的文化作为所有政策和行动的前提，并且一以贯之、忠实地遵循。

当然，如果从广泛的意义上理解，我们所讲的商业银行金融创新还应该包括更高层面上的体制与制度创新。比如，银行产权制度的改革和公司治理结构的完善，作为一种重要的制度创新活动，可以有效提升银行的经营活力；再如，金融控股公司的建立，作为一种重要的组织制度创新活动，可以有效促进银行综合化经营的发展。

记者：我国商业银行在金融创新方面取得了哪些进展？还存在哪些主要问题？

马蔚华：改革开放以前，我国金融业处于"大一统"的管制状态，中国人民银行作为唯一的国有银行处于绝对的垄断地位，因此那时既无金融创新的主体，也无金融创新的条件和环境，更谈不上商业银行的金融创新。改革开放以来，我国银行业进行了一系列重大而深刻的改革，并取得了突飞猛进的发展，金融创新也日趋活跃。进入20世纪90年代后，特别是加入世贸组织以来，我国商业银行金融创新取得了显著成绩。

首先，产品与服务创新持续推进。在银行产品方面，负债业务领域创新推出了本外币定（活）期一本通、通知存款、协定存款、可转让定期存单（CDs）、自动转账存款、委托存款、回购协议等诸多品种；资产业务领域创新推出了个人住房按揭贷款、个人消费贷款、票据贴现、个人创业贷款、银团贷款、出口信贷、股票质押贷款、存单质押贷款等品种；中间业务领域相继推出了银行保险、代理外汇买卖、代理证券买卖、保管箱业务、金融租赁、基金销售与托管、投资咨询、理财业务等。这些新兴的金融产品不仅在一定程度上满足了人们多样化的金融需求，而且拓展了银行的经营空间，拓宽了银行的盈利渠道。在银行服务方面，我国商业银行不断改进服务方式，倡导人性化亲情服务，构建了物理渠道与电子化渠道有机结合的、多元化的服务网络体系，改善了银行与客户之间的关系，传统的"银行至上"的服务形象发生了重大转变，服务质量有了很大的提升。

其次，管理与技术创新不断推进。近年来，我国商业银行努力借鉴国外先进银行的管理经验，管理素质和水平有了很大的改进。如许多银行已经意识到金字塔式的组织结构不能适应变化了的新形势，开始重塑总、分、支行之间的责、权、利关系，并逐步向扁平化组织架构转变；许多银行已经在传统的"三性"原则基础上，引入全面风险管理、资本充足率管理等方法，并参照国际通行做法，对贷款实行"五级"分类。在技术创新方面，我国商业银行加大了科技投入力度，金融电子化建设进程加快，目前已基本上实现了系统内联网，跨行联网也逐步铺开，同时推出了以银行卡为手段的支付清算系统、电子汇划系统以及资金调拨系统等，银行的服务功能日益增强。另外，很多银行引进或开发了资产负债管理系统、内部信用评级体系、债项评级体系、资金转移定价、财务核算系统、客户关系管理系统等先进管理信息系统，银行决策的科学性和管理效率不断增强。

最后，理念与文化创新纵深推进。加入世贸组织以来，我国商业银行十分重视对国外先进银行经营管理理念的学习和借鉴。目前，资本必须覆盖风险，银行承担的风险必须作为成本来衡量，银行要以长期稳定增长的市值作为经营目标等理念，已经被国内银行所接受并应用于经营管理实践之中。与此同时，商业银行也都在积极培育和建设适合自身发展的文化体系。股份制银行从最初的拼搏文化、奉献文化、服务文化逐步扩展到信用文化、风险文化、管理文化，企业文化的内容逐步丰富和发展，并且在提高资产质量、增进服务效率、防范经营风险等方面发挥了积极作用。

当然，由于历史和实践的局限性，与国际先进银行相比，我国商业银行金融创新仍然存在很大的差距。就产品创新而言，目前还存在以下几个方面的问题。

一是层次不高。我国商业银行的产品创新主要表现为外延式的数量扩张而非内涵式的质量提升，吸纳性的创新多，原创性的创新少，同质化现象比较突出。产品创新的范围虽广，但大多数属于易于掌握、便于操作、科技含量少的低层次金融产品，科技含量多、智能化程度高、不易模仿的创新还比较少。各家银行推出的创新产品大多是在传统存款、贷款、票据、投资、结算、担保等业务基础上的创新，缺乏期权、期货、票据发行便利等复杂的衍生金融产品创新，以及各类金融产品组合创新，这就使得我国商业银行金融服务的广度和深度还很不够。

二是结构失衡。在已有的金融产品创新中，负债类产品创新明显多于资产类产品创新。而且在资产类创新产品中，真正能够兼顾保证收益、便于流动、转嫁风险的低成本营销型产品更是匮乏。金融产品创新结构的失衡破坏了银行金融产品创新本应具有的整体协调性，降低了金融产品创新的功能和作用。

三是效益欠佳。从总体上看，我国商业银行的产品创新与市场营销之间尚未形成有机高效联动。由于在一些新业务的设计和开发上，尚未形成系统性、前瞻性的产品需求方案，对新产品宣传营销的针对性也不强，加之相应的服务、科技手段不配套，进而导致一些新业务推出后市场反应平淡、收效不大，对银行效益增长的贡献度不高。

四是隐患较多。实践表明，商业银行的金融创新在转移和分散金融风险的同时，又会产生新的风险。因此，如果没有一套行之有效的风险约束机制，金融创新不仅不会带来效益，反而可能因违规经营而增大风险。当前，我国商业银行的产品创新和制度规范之间存在时间间隔较长、空间差异较大等问题。在时间上，往往是产品创新在前，而制度规范在后，且间隔时间较长；在空间上，各地区和各分行之间进度不一、方法各异。这种管理不规范的状况，使得产品创新具有较大的随机性，带有较多的风险隐患。

记者：进一步强化我国商业银行金融创新应采取哪些对策？

马蔚华：花旗集团前董事会主席桑迪·韦尔曾经说过："在金融服务领

域，我们必须永不停止地学习。每年都面临新的挑战，而这些挑战又要求我们必须不断创新。"当前我国金融业已经全面开放，全面融入全球金融市场的国内银行将面临着更加严峻的挑战。在新的形势下，国内商业银行只有不断强化金融创新，才能在日趋激烈的国际化竞争环境中赢得自身的生存发展空间。那么，如何进一步推进我国商业银行金融创新活动呢？

一是积极营造创新文化。现代管理学中有一句名言——"理念决定意志，意志决定行为，行为决定命运"。对于国内银行业来说，只有具备了坚定的创新理念和良好的创新文化，我们才会变被动创新为主动创新，变盲目创新为有序创新。我们不仅要培育员工敢于挑战、敢于超越的创新精神，还要为员工提供更大的创新空间；不仅是把少数的几个产品或业务部门视为创新的关口，而且应该将每个岗位、每个环节都视为创新的阵地；不仅要把创新看成一种任务，更要让创新成为一种习惯、一项事业。

二是努力培育创新机制。金融创新要有成效且可持续，关键是要构建一套科学的、能够激发经济主体内在积极性的创新机制。如果没有高效的激励制度体系作为支撑，创新行为就成了无源之水、无本之木。处于转轨时期的我国商业银行，首先的问题是要不断完善公司治理结构，加快转换经营机制。另外，还要在银行内部建立健全相应的业务创新组织管理体系，按照新颖性、适用性、完备性和效益性原则加大激励力度，同时进一步优化业务创新流程，建立从客户发现、客户需求到业务创新和反馈的一整套操作规范，形成从了解客户到满足客户的完整循环。

三是不断加大资源投入。创新能力的培育与提升，是建立在坚实的研发基础之上的。约翰·坎特威尔在其《技术创新与跨国公司》一书中对20世纪50年代以来美、欧、日公司之间的竞争进行了系统分析，认为创新优势越来越依赖于长期的技术积累。而夯实研发基础，离不开人、财、物等各种资源的大力投入。我国商业银行在创新上要舍得投入，尤其是要舍得对创新型人才队伍建设的投入。我们要有计划、有步骤地培养和造就一批具有较强创新意识、创新精神和创新能力的综合型、复合型金融创新人才，为商业银行持续的金融创新活动提供坚实的人才资源。

四是有效防范金融风险。稳健开展产品创新活动，必须建立健全一套完整、有效、合理的风险管理体系与内控机制。我们要对创新过程中可能发生风险的各个环节逐一加以改进，从制度建设、工作方法直至整个经营过程予以强化，作出防范和化解金融风险的应对措施；总行的决策机构和风险管理部门要建立一套全过程的、动态的跟踪管理体系，最大限度地减轻产品创新可能带来的负面影响；对一些目前还不具备发展条件、投机性和虚拟性强的金融产品创新，应认真研究，严格控制，审慎发展。

另外，需要强调指出的是，商业银行强化金融创新，仅仅依靠自身的努力是不够的，还需要社会各个方面的大力扶持，积极创造良好的创新环境。一是加快推进商业银行综合化经营进程。适度放松金融管制，鼓励银行开展交叉性、复合型金融产品创新，鼓励在资本市场上多增加商业银行的品种；加快启动金融控股公司试点工作，允许商业银行以金融控股公司的形式进行跨领域持股或控股；完善金融监管协调机制，为有效促进商业银行综合化经营发展构建科学的监管组织体系。二是努力提升商业银行创新的监管效率。建议监管当局简化创新性业务的审批程序，并按照商业原则自主定价；按经营能力、管理水平来确定创新试点资格，而不是以所有制和规模大小作为试点的标准；在商业银行年度评比中，可适当加大业务创新指标的权重，并对业务创新成绩突出的机构在网点建设和业务审批方面给予更多的支持；健全有关法律法规，加强金融业务创新的知识产权保护工作。三是尽快取消外资银行超国民待遇的税收优惠。统一内外资商业银行所得税税率，逐渐下调国内银行营业税率，免征国内银行接受、保有、处置抵债资产全过程的各种税费。四是改善金融消费环境。依靠社会媒体的宣传和银行同业的自律公约等形式，努力营造有偿服务的金融消费文化；建议政府部门主导推动、改善银行卡用卡环境，积极鼓励营业额达到一定标准的企事业单位安装 POS，并通过税收优惠、费用减免等措施鼓励商户受理银行卡；等等。

记者：招商银行的金融创新为业界所称道，并在市场上树立了新锐创新

型银行的良好形象。您能否谈谈这方面的情况?

马蔚华: 近年来, 招商银行发展得比较好、比较快, 市场影响力不断扩大, 这是与我们始终高度重视金融创新分不开的。可以说, 金融创新是招商银行保持快速、健康发展的根本动力所在。2006 年 9 月, 招商银行 H 股发行上市, 受到了国际投资者的热烈追捧, 获得了圆满成功, 这也是我们长期以来强化金融创新的必然结果。关于招商银行的金融创新, 我的体会, 可以概括为三性, 即成长性、市场性和稳定性。

一是成长性, 这是招商银行创新的方向和目标。一家银行在激烈的市场竞争中开展创新, 需要有前瞻性, 有战略思维, 要能够比竞争对手早一步看到银行发展的方向, 要能够寻找到那些开始可能很弱小但却有巨大生命力的新东西, 一旦发现就能够马上付诸实施。也就是说, 银行产品创新的着眼点应该是那些具有强大生命力和良好成长性的领域。近年来, 招商银行瞄准国内外经济金融发展态势, 在零售业务、信用卡业务和中间业务等我国银行业未来最具增长潜力的领域进行了积极探索、大胆创新, 取得了积极成效, 进而显示出了我们金融创新的成长性。比如, 早在 10 年前我们就在国内率先推出了一卡通, 这奠定了招商银行零售业务发展的基础。目前招商银行储蓄存款余额、个人贷款余额的占比分别在 40% 和 18% 左右, 在国内股份制商业银行中居于领先地位。再如, 招商银行 5 年前抱定创建自己品牌的信念, 婉拒了国际上某家大银行希望与我们合作搞联名卡的要求, 坚持自主创新, 用 13 个月时间推出了大陆地区首张一卡双币全球通用的信用卡。目前累计发卡量突破 800 万张, 占领了大陆信用卡市场 30% 多的份额, 不良率保持在 1% 以下, 并已提前实现了盈利。又如, 我们近年来大力拓展中间业务, 目前非利差收入的占比已接近 10%, 在国内同业中同样居于领先地位。今后, 我们将在上述领域进一步加大创新力度, 实现更快更好的发展。

二是市场性, 这是招商银行创新的基因和动力。只有置身于激烈竞争且没有外在力量给予强有力扶持的市场环境中, 一个企业才能保持旺盛的创新活力。作为我国第一家完全由企业法人持股的股份制商业银行, 招商银行自诞生之日起就没有政府的资金支持，以及其他特殊优惠政策。非政府背景的出身体现了招商银行的市场性，而市场性造就了招商银行创新的基因和动力。这是因为，面对巨大的生存压力，非政府背景出身的招商银行只有通过创新去努力适应市场，才能存活下来并得以快速发展。这就是招商银行创新的市场性基因的要义所在。比如说，市场性赋予招商银行强烈的服务创新意识。我们视服务为生命，坚持"因您而变"，在国内同业中率先实行面对面服务、上门服务、站立服务等亲情服务，开创了国内银行服务的新形象。再比如说，市场性赋予招商银行强烈的产品创新意识。产品是银行服务的载体，只有进行不断的创新，不断地满足客户的金融需求，才能赢得客户和市场。我们坚持"因势而变"，先后打造了一卡通、一网通、金葵花理财、点金理财、财富账户、"伙伴一生"金融计划等一系列知名金融品牌。今后，我们将紧跟市场需求变化，创新推出更多、更好的金融产品。

三是稳定性，这是招商银行创新的条件和保障。作为以货币为经营对象的高风险行业，稳定是银行发展的前提，也是银行创新活动得以持续进行的基本保障。如果一家银行经营的稳定性差，收益的波动性大，发展的持续性差，就会失去金融创新应有的氛围、平台和动力。在市场中成长起来的招商银行不仅具有较强的灵活性，而且具有较强的稳定性，这得益于我们有一个良好的企业文化和专业化的管理团队。企业文化作为最高层次的管理手段，具备相对独立性；制度可以不断修订，但文化相对稳定，不因银行制度的变化而变化。招商银行在致力于制度建设的同时，始终高度重视企业文化建设。经过近20年的发展，我们已经形成具有鲜明特色的文化，诸如创新文化、风险文化等已日臻成熟。而且，招商银行有一个长期稳定的、专业化的管理团队，团队成员大多具有十几年的银行从业经验，具有较强的甘做职业经理人的事业心。良好的企业文化和稳定的管理团队，构成了招商银行持续金融创新的稳定预期和坚实支点。

（原文刊载于 2007 年第 1 期《中国金融》）

刘永好

    刘永好，男，1951 年 9 月生，四川成都人。现任新希望集团有限公司董事长、中国民生银行副董事长、全球川商总会会长、中国企业家俱乐部副理事长。是"中国光彩事业"的发起人之一。

    现任第十三届全国政协委员。历任第九、第十届全国政协常委，第十、第十一届全国政协经济委员会副主任，第八至十一届全国政协委员、第十二届全国人大代表。第七、第八届全国工商联副主席。

民营企业的发展之路

一

中国的民营经济与改革开放同步，与中国市场经济改革一同成长。

改革开放极大地提高了中国的综合国力，显著地改善了人民的生活，伴随着改革开放的进程，中国民营经济从无到有，逐步发展，已形成一定规模。改革开放造就了当代中国最早的一批民营企业家，民营经济的发展也由此大致经历了三个阶段。

第一阶段，双轨制，机会与限制并存。对包括私营经济在内的民营经济，从限制、取缔到允许发展，是很大的进步。

在这个特殊的阶段，一方面是开始复苏的城乡经济以及人们物质生活的改善形成了对各种产品的巨大需求，大量的机会随之出现。当时，只要有勇气投入到新的生存方式中去，就可以显著地改善自己的收入状况。另一方面，计划体制的色彩依然浓厚，观念的束缚也才刚刚松动，因而政策上对民营经济的限制仍然很多。比如当时曾有规定，个体经营户所雇用的工人不能超过八个。民营经济在信贷、市场准入等方面也是困难重重。从这时起至90年代初，相当长的一段时间内都是计划与市场并存的双轨制。有些人抓住了双轨制下出现的短期机会，得到了迅速发展。但总体规模偏小，更多的是几万到几十万的小型企业。民营经济仍然处于初步发展和积累的阶段。

第二阶段，随着改革的深入，民营经济成为公有经济的有益补充，成为繁荣市场的一支充满活力的生力军。

以邓小平在 1992 年的南方谈话为标志，中国进一步加大了改革开放的力度，经济建设进入了一个加速发展的新时期。新一轮经济生长出现，产生了更多的商业机会。在此背景下，相当一部分富有才干的人士，加入民营经济的行列，民营经济得到迅速发展。一批资产上千万，甚至上亿元的企业成长起来。集团化的民营企业开始形成，民营经济的多样性和丰富性呈现出来，其在社会经济中的积极作用得到各界认可。虽然它在土地、融资、税负等方面仍有一些制约，但总的来说已开始享有趋好的政策环境。

第三阶段，党的十五大以后，非公有经济已成为社会主义市场经济的重要组成部分。

经过十多年来的改革开放，中国经济持续快速发展，社会主义市场经济建设取得巨大成就。党的十五大前所未有地肯定了包括私营经济在内的非公有经济是我国市场经济的重要组成部分。政府制定了强化社会主义市场经济的决策，提出了对经济结构的调整构想及对所有制的再认识，从中央到地方都出台了不少鼓励、推动民营经济发展的政策和措施。民营经济在良好和宽松的政策环境里开始了更新一轮的生长。这一时期，一批颇具实力的民营经济集团涌现出来。但由于买方市场的普遍形成，加上国企改革产生大量下岗员工、更多外资企业进入中国，都对正处于新一轮发展的民营企业形成巨大挑战。

二

也许，希望集团的成长历程可以作为中国民营企业发展道路的一个佐证。从 1982 年创业开始，经过近 17 年的发展，终于建立起现在这个叫"希望"的私营企业集团。集团现在有 126 家企业，1997 年饲料的销售额是 60 亿元，贸易额 10 亿元左右。希望集团能有今天的成绩，我想，除了改革开放造就的政策环境以及我们下海早，肯吃苦之外，还有一些值得总结的经验。

其一，是我们选准了主导产业，培育核心的竞争能力。吃是与大家联系最紧密的生存需要，随着生活水平的提高，人们对吃的要求也会随之提高，我们看准这一点，因此选择了与之息息相关的养殖业作为我们的主导产业。有一段时间，我们都是搞"独生子女政策"，别的行业根本不去涉猎。在有的人多种投机经营迅速赚钱又迅速亏空的时候，我们只选准饲料业，扎扎实实地做，基础好了，功底厚了，于是我们的市场份额也稳步发展起来。我们组建了全国第一家经国家批准的民营企业集团，在全国各地都建立了工厂（青海和西藏除外）。由于我们市场较早，成本较低，占据了有利的位置，所以其他竞争对手要进入就很难。我想，这就是产业上的"独生子女政策"给我们带来的成功。

其二，刻意培育信誉体系，建立自己的无形资产，树立自己的品牌。"希望"品牌在饲料业的占有率很高，1994年，我们成为中国饲料业百强的第一位，在1993年，国家颁布了"八七扶贫"攻坚计划，当月，我就在北京联合了十多个民营企业家，倡导、发起了民营的"光彩事业"。这件事对全国的民营企业家影响很大。四年多来，全国已有5000多位民营企业家投入到这一活动中来，投资额超过80亿元，对贫困地区的经济发展产生了积极作用，并得到了全国广大地区政府和人民的肯定和认同。我们到什么地方去投资，当地政府都予以支持保护，农民朋友也愿买我们的产品，因为他们觉得，一个致力于扶贫事业的企业，至少不会生产假劣产品去骗人。信誉好了，就成为企业的无形资产，使品牌形象得以树立，有了这些，别人都愿意与我们合作，银行都主动给我们贷款。就拿1997年我们的国际贸易来说，以往，粮食的进出口都是被五大粮商垄断的，去年，五大粮商主动找我们合作，他们做国外，我们做国内。由于我们有现成的分销管道，所有的销售渠道都有工厂、仓库，有完善的计算体系、财务体系，因此合作非常成功。而这也正是信誉给我们带来的回报。

其三，走独资和兼并收购的扩张之路。90年代初，我们提出了在全国各地建工厂，建中国式的麦当劳企业的口号。但由于资金有限，于是我们想出了两条腿走路的办法，即独资与兼并收购并举，国有加民营互补的共同发展的思路。许多国有企业年年亏损，但它们有地盘、设备优势，因此我们购买过来，利用我们的观念、市场机制、品牌信用，实现优势互补。实践证明这条路是完全可行的。我们一共收购兼并了40多家企业，它们都从亏损实现了盈利，1/3还变成了当地的最佳企业、样板企业。但兼并收购并非最好的办法，兼并有好处，也有坏处，特别是在处理原有人员方面，由于他们的国有身份及原有的惯性，往往成为企业发展的一大障碍。因此，我们主张两条腿走路。四川绵阳制胶厂是我们兼并收购的一个成功范例。当时的绵阳制胶厂是一个完全停产的企业，30多亩地的厂区什么也没有了，连围墙都残缺不全。但被我们兼并后，当年就盈利几百万元，第二年更是盈利上千万元，以它为主的四个公司，现有净资产4亿多元，已成为我们新希望集团的一个主要上市公司。

其四，注意对人才的培养。目前我们发现人才的模式有三种，一是面向社会招聘；二是允许、提倡推荐；三是自己培训，在企业基层或兼并收购企业的中层管理人员中发现优秀人员加以培养，使之成为企业的骨干。应该说，这三种模式都效果不错。我们还提出百万富翁计划，准备用10年时间，在我们企业内部产生100个左右的百万富翁。如今，这一计划已经部分实现了。我们一系列的人才优惠政策，加上企业的发展前景，使人才基本能稳定下来。这些人才的加盟，无疑使希望集团更快地由纯粹的家族式管理转变到现代企业的管理模式上来，使企业发展后劲更加充足。

其五，实现企业运作中的制度化管理。中国的民营企业，很多是家族式的。家族式企业容易出现家长制的管理，创业之初，往往团结拼搏，各展所长，同心协力，但当企业发展到相当规模后，集团化发展的趋势使家族式管理不再适用。希望集团之所以能在激烈的竞争中稳步壮大，跟我们能及时接受现代企业管理模式放开手脚有很大关系。如今，我们已经形成一整套管理体系来维持集团的正常运作。在成都，我们设立了新希望集团总部。在我之下设置几个副总裁，每一个副总裁都是某个方面的管理专家，有其特定的管辖权限。整个总部由大约150名左右的管理干部组成，负责整个集团的协调运作。总部之下，是遍及各地分部的管理体系，主要有三个部分。首先是总经理体系，所有的生产企业都由各地的总经理全面负责，他们作为我的授权代理人在各地开展业务。其次是财务体系，由财务经理负责企业的工资、奖励及政策检查，并直接对总部负责。再次是技术体系，由其保证企业的产品质量，并直接对总部负责。此外，我们还形成定期检查制度。一般是由总部派人与各个工厂抽调人员组成，对全国各地的生产企业分区分项检查、评分、定级，对检查不过关者及时予以批评整顿，对表现出色者予以奖励。这些体系和措施，都保证了我们在各地分部的规范化运作。

其六，建立科学的投资决策体系。实行家族式管理的民营企业在投资决策中往往依赖于企业家个人的"灵机一动、计上心来"，缺少科学论证和集思广益的保证。如果说这种决策方式在企业发展之初还显示不出弊端所在的话，那么到了企业规模越来越大的时候，其致命的危害就变得日益明显了。因此，我们还着力于建立科学的投资决策体系。由专门的一班人员研究市场，展开项目的可行性调查，并建立针对具体项目的批判制度，从而有效地把投资失误降到最少。国有企业为什么有那么多投资失败的例子？根本的一点是体制问题。有些不负责任的官员立项目根本不做可行性调查，也不广泛征求专家意见，只是想当然地投入资金。几个亿甚至十几亿投了下去，却没有收益。项目失败了，资金浪费了，主管的官员却用不着承担任何责任，似乎投资的那个项目与他们并无关系。我们搞民营企业，绝不能走这条路。

市场经济是竞争的经济，民营企业如何在全球市场一体化的情况下与国际竞争对手竞争？大家知道希望集团是以做饲料为主的，也知道饲料业的龙头老大是中外合资的正大集团。在中国饲料业市场上，"希望"和"正大"是主要的竞争对手，我们是怎样对待这种竞争的？

应该说，"正大"是我们的老师，我们向它学了不少新东西。它首次在中国引进了国际先进的高科技质量的饲料配方、管理体系、加工体系、营销体系，对推动中国养殖业提高档次、扩大规模起了积极的作用。但是，我们与"正大"又是直接的竞争对手。有"希望"的地方就有"正大"，有"正大"的地方也有"希望"，几乎在每个地方都是如此，因此，市场竞争差不多是白炽化了。"正大"总是试图以价格战来打败我们，价格一降再降，但没想到最后居然是我们赢了"正大"，从中我们得到了不少启发。

首先，与"正大"相比，我们的优势在于成本更低。不论是在管理成本上，还是在设备及建设成本上，都比"正大"低了许多。再加上我们规模化的经营，原料的供应成本也相对低廉。所有这些，都使"希望"在价格战中不输于"正大"。

其次，避开"正大"的技术优势，着力培育中高档饲料市场。"正大"看准的是中国最高档的饲料市场，我们虽然也能生产最高档的饲料，但我们有意培育中高档市场，因为中高档市场潜力最大。我们的技术部、开发部都有从美国回来的专家，在技术含量并不低的情况下，看准中高档市场使我们在竞争中占据了优势。

再次，在再生产资金充足的情况下，趁国家银根紧缩的时候大胆发展，抢占市场份额。也许是由于我们是从计划体制下走过来的缘故，当时的私营企业难以贷款，使我们养成了不依赖贷款的习惯。这可能会影响企业的发展速度，但在经济出现波动的时候，我们的优势就体现出来了。由于我们几乎没有贷款，因此在国家客观调控、收缩银根时，企业受的影响并不大，相反，我们还趁这样的机会扩大生产规模，增加投入，大胆发展。亚洲金融风暴中，"正大"由于国际借贷相当多而发展受挫，整个养殖业也受到影响，几乎百分之七八十的饲料厂都出现亏损。在这种情况下，我们的销售量不降反升，增加了20%以上。我想，这正体现了我们的竞争力。

三

希望集团曾经是一个纯粹的家族企业。家族企业的管理方式在企业创业之初发挥了很大作用，但当企业发展到相当规模，其弊端也日渐显露。在新的形势下，为了抓住机遇，迎接更大的挑战，希望集团在 1992 年和 1995 年分别对集团内部的结构进行了调整。通过产权明晰，规范管理，为集团逐步转向现代企业制度，吸纳更多的人才精英创造了条件。新希望集团正是在这样的背景下应运而生的。1997 年，新希望集团以 60 余家企业、32 亿元的产销值、2 亿元的利税被评为四川省最大规模民营企业十强第一名，同时被省政府列为重点扶持的 37 户扩张型企业之一。在做好产业经营的同时，新希望集团还积极实施资本营运战略，1998 年 2 月，新希望集团剥离在西南地区的四家农业产业化企业，以整体改制的方式，组建了新希望农业股份有限公司，在深圳证券交易所上市，这标志着一个传统的民营企业将由此步入现代企业规范运作的轨道。这既是企业高速发展的需要，也是纯家族式管理的民营企业迈向现代企业制度的新起点。

新希望农业股份有限公司总股本 14002 万股，其中社会公众股 4000 万股，"新希望"上市以来，各项工作运转正常，股价走势良好，说明公司受到股民的信任。通过召开股东大会和董事会，并接受有关机构及股民的检查监督，我们深感民企上市后，不仅在资本营运和企业扩张发展方面产生了新的推动力，同时，在经营的规范化和创造良好业绩以回报投资人方面，也面临着更高的要求。现在，我们必须更多地考虑股民的利益，虽然新希望集团持有新希望农业股份有限公司 57.15% 的股份，但我们的心态却必须同仅持有 100 股公司股票的股民一样，用同样的心情去关注股价的涨跌和企业的兴衰。因此，在投资决策上，我们必须做到更为科学和缜密。在公司上市之前，我们基本上是采取听取多数人意见，与少数人商量，最后一个人拍板的方式来决策，而现在除了公司投资发展部要大量的前期论证考察之外，还必须在董事会上充分听取并征求其他董事的意见，重大问题还必须得到股东大会的认可，这都是我们不能不遵循的规范，也是股份制公司投资人对经营者的约束。正是认识到并自觉地遵循这些规则，将使我们的企业避免或减少失误，使企业更加扎实、稳健地发展。

　　允许包括私营经济在内的民营企业上市，从一个侧面印证了中国市场经济的不断成熟，也使中国的证券、股票市场更有竞争性，更加富有活力。面对更加市场化的现状和大量境外产业资本的涌入，面对买方市场所带来的经营性活力，民营企业只有依靠加大投入推动技术进步，依靠规模经营提高效益，依靠制度创新吸引人才来应对。允许民营企业参与改制上市，无疑为拓宽民营企业融资渠道，加快其扩张发展提供了一条新路，同时也为推动民营企业实现规范化管理，增强企业生存及竞争能力创造了条件。

　　对新希望集团，对中国民营企业来说，股份制的探索才刚刚起步。如何在规范化运作方式下实现投资人收益最大化，如何尽快完善民营企业的股份制运作，依然是我们任重而道远的工作。

（此文发表在 2000 年第 4 期《粤海风》）

转型期的中国民营企业

一

今天，我们讨论的话题是"转型期的中国民营企业"。我将结合我们"希望"的发展和结合我自己对企业发展的一些观点来谈。在谈这个问题之前，我先简略地谈一谈中国私营企业发展的轨迹。

中国的私营企业是改革开放以后逐渐发展起来的。50 年代，我们有一批老一辈的工商业者、私营企业家把他们的资产交给了国家，公私合营，在此基础上组建了全国工商业联合会以及各地的分支机构。"文化大革命"中，这些工商业者被作为资产阶级的代言人，受到不公正的待遇，工商联这个组织也几乎瓦解。改革开放以后，涌现了一批个体私营企业家，政府就把工商联这个组织又恢复发展起来。一段时间以来，有人讲工商联这个组织已经后继无人，现在看起来，不是这么回事。改革开放后出现了一批私营企业家，这里面的优秀人士很快都结合到工商联里面去了。大家知道，荣毅仁先生是我们工商联前一届的主席，这一届的主席经叔平先生是全国政协的副主席。很荣幸，我能作为全国工商业联合会的一员，跟全国的私营企业家一道，正在为国家经济的振兴作我们应有的贡献。

改革开放之后，中国私营企业的发展大致经过了三个阶段：

第一阶段是起步阶段。在 70 年代末、80 年代初，国家对个体私营经济的限制没那么厉害了，叫做"允许发展"。这个时期出现了一批先行者，叫个体户。当时的情况是：一方面是卖方市场，做什么都卖得掉，市场非常好；另一方面是限制非常多——首先是行业的准入限制多，二是用人的规模限制多（聘用员工不能超过8人），三是资金的贷款非常难，等等。但是，主流是什么？第一是允许搞了，第二是市场非常好，是卖方市场。就凭这两点，勇气加胆量，造就了社会上的第一批"万元户"。这是第一个阶段。

第二阶段是1992年小平同志南方谈话以后，中国经济加速发展，随后的十四大又提出了市场经济的概念，机会来了。这时候，有不少有识之士投身到个体私营企业的行列，他们有的找准了一个产品，不断努力，做大了自己的产业，成为个体私营经济中的佼佼者；有的凭借聪明的才智、不懈的努力，找到了双轨制下的一些机会，迅速发展起来了。但此时，或许他们还没有自己的主导产业，还没有自己的企业理念。他们是迅速致富的一批人士。这个时候涌现了百万级、千万级的老板，甚至也有上亿的。这个时候的市场是卖方市场与买方市场相交接，机会与限制共存。这个时候，私营企业作为社会主义市场经济的有益补充，受到了一定的重视，但在行业准入、贷款、规模等方面还有诸多的限制。

第三阶段是十五大前后。十五大确认了私营企业作为社会主义市场经济的重要组成部分，今年修改宪法又对个体私营经济的合法权益给予了肯定和保护。应该说这是一个转折点，是一个里程碑。今年的修改宪法已经载入史册，再过20年回过头来看它的作用，将会是巨大的，或许应该叫非常巨大，我认为它的作用不下于联产承包责任制。它给全国人民以信心，给世界以信心，它给世界一个信号——中国确实要走市场经济的路了。当然，对于我们私营企业来讲这是一个新的机会，是我们的第二个春天。大家知道，1998年的市场比较难，东南亚危机、国内消费的疲软造成了生意难做，下岗员工较多。按照通常的规则，1998年我们私营企业的增长应该会比较慢，或者是停滞。事实却不是这个样子。十五大以前，我们私营企业的个数不到100万，现在呢？126万还要多，增长了25%以上。在市场那么疲软的情况下有这么大的增长，为什么？大家更放心了，这是最根本的。现在，私营企业的户数已经超过了 126 万户，个体私营企业的从业人员已经超过了 7800 万人，这还不包括一些"戴红帽子"的企业。在世界经济论坛高峰会上也讨论了这个问题。有一位外国经济专家问我："中国的私营企业究竟占中国市场份额的多少，或者说占中国总产值的多少？"我说："非常抱歉，我一时答不出来，因为不同的统计口径结论是不一样的，要看你把什么算到里面。但是，我们可以这样认为，在 20%—30% 之间是一个比较确切的数字。随着经济改革的深入，我相信这个比例还会上升。"

二

下面，我想具体地谈一下我们创业的历程。话题要从 20 世纪 80 年代初期展开。

因为我们比较关注社会动向，所以在 1982 年我们认为机会来了。当时我是一个中等专业学校的教师，那时我订的报纸、杂志的总量跟学校订的一样多。为此，我们学校管收发报纸的门卫要我给他发工资，当然这是开玩笑的。可见我们比较关注国家的发展、政治的走势、经济的格局，我们对农村发展的格局比较敏感，对《光明日报》关于真理标准的大讨论比较敏感，我们意识到机会来了。在 1980 年的时候，我们就曾经谋划下海创业的念头，结果没有被批准，因为谁都不接纳我们。1982 年，农村开始实行联产承包责任制，专业户有了，我们又提出申请。好了，农村接纳我们！在我们插过队下过乡，在我当过 4 年零 9 个月知青的那个地方接纳了我们。县委书记讲："好，欢迎你们，但是有一个条件——每年带动 10 个农户。科技兴农嘛！"我们就抱着这样的目的下去了。

1000 元能干什么？这就是我们卖掉手表、自行车后所能凑到的所有的钱？我们从种植业开始，在养殖业上取得了发展。我们自己卖废铁，建孵化场，养鸡养猪养鹌鹑，最终在 6 年的时间里赚了 1000 万元，难度是非常大的。有三次我们在考虑，究竟是跳岷江还是跑新疆。结果我们新疆没跑，岷江也没跳，我们坚持干下来了。一个企业要发展，第一位重要的是在最开始的时候要克服困难，要有思想准备——吃苦。中国的私营企业，特别是从事产业经营的私营企业，开初都得要有这样的准备。

我们1982年开始创业，1986年转产饲料，我们养鹌鹑跟搞饲料是结合在一块儿的。当时，以"正大"为代表的外资企业占领了中国高档饲料的市场及整个全国的市场。我们13个省市的有关院校和科研机构联合攻关——为什么他们能弄得那么好，而我们办不到？为此，我们进行了研究。发挥民营企业的优势，我们用三年时间研究出来了我们有自有知识产权的能够跟外资企业媲美的成果，我们以此为基础，向全国推广。当然，我们也因此荣获国家科技的大奖，成为国家级星火示范企业，宋健同志几次到我们那儿视察……在与外资企业的竞争中，我们逐渐成长、发展、壮大起来了。这是一个转折点。

1992年小平同志南方谈话，提出"发展才是硬道理"。机会来了。机会是给有准备的人，我们准备十年了。我们有十年市场经济的经验，有一定的基础，当然我们发展得快。我们组建了集团，有同志告诉我这是全国第一个经国家工商局批准的私营企业集团——希望集团。没有这个先例，我们硬是把它做下来了。然后我们向全国拓展，建连锁店，像麦当劳、像可口可乐那样，当然，是在我们考察了美国、澳大利亚和日本等地以后。我们觉得，我们又先行了一步。

1992年我们还进行了一项大事——我们兄弟四个进行了调整。我们中有的是学电脑的，他的志向是在电子、高科技方向发展；有的兄弟愿意做房地产、做酒店。于是我们商定，现在的基地是大家共有的，其他的则按照自己的思路自由发展。愿意搞电脑高科技的去搞电脑高科技；愿意做房地产做酒店的去做房地产做酒店。当时，我提出了坚持我们的主业不动摇的观点，把它规模化、规范化，然后向全国发展，复印到全国，贴在全国地图上。我的二兄他非常赞成，于是我俩继续联手向全国发展。这是第一次调整。

第二次调整是在1995年。那时我们在全国已经办了36家饲料厂，我们觉得应该进行适当的调整。一个家族企业，当发展到一定规模的时候，应当进行适当的调整，这样才有利于发展。一个企业，特别是一个家族式的企业，一定要明白这样的道理——发展到一定规模的时候，像经常讲的：分银饷、论荣辱、排座次，这三关一定得过。过不了这三关，企业长不大。很幸运，我们 1992 年过了一关，1995 年又过了一关，以后我们进入了良性发展的轨道，这个问题困扰我们少一点。或许有的朋友在 1997、1998 年的时候，看到有些新闻媒介在炒作，但那已经是过了几年的事了，我们内部的调整总的说是成功的。1996 年，我们再次进行调整之后，我组建了新希望集团。

到现在为止，新希望集团有 60 多家工厂、企业，分成四个部分。第一，饲料，我们在中国的南部跟西南部有 46 家工厂。第二，我们新希望农业股份公司作为上市公司（我们用大约 10% 的资产组建了一个公司，叫新希望农业股份），今年刚好一周年，年报前几天已经公布了：自有净资产 49600 万元，每股收益 4 毛多，业绩应该说还是可以的。第三，我们做金融的投资跟股权的投资，我们投资一些上市公司，包括北京双鹤药业（我们是第二大发起股东），还有其他一些上市公司。当然，我们还投资中国民生银行，我们是民生银行的倡导者、发起人和主要股东，我作为股东代表担任了副董事长，董事长是我们的经叔平主席。另外，我们还围绕农业、饲料主业做了一些发展，包括国内贸易跟国际贸易，包括我们的编织袋、鱼粉、添加剂等等，都是围绕我们的主业在做的。当然，作为下一步发展的考虑，我们进行了房地产的投入，这是经过两年的论证以后刚刚进入不久的。我们投资在成都进行 38 万平方米（占地 400 亩）的住宅小区建设，可以说是目前成都市最大的一个房地产项目。但是有一点，我们 70% 的精力与资金都是用在我们的主业——饲料业上的。

三

以上谈了我们事业的大体轮廓。接下来，我通过一些事例来谈一谈我们发展的特点和体会。

第一，我们下海比较早，1982 年就下海了，抓住了卖方市场带来的机会，这是非常大的机会。我们非常庆幸，改革开放时我们还年轻，还能做一点事，多少又有点文化，抓住了先机。

第二，我们很快找准了主业——饲料业。因为饲料跟广大人民群众生活水准有关，12 亿人吃得越好需求越大，我相信它是一个万岁产业。尽管现在大家吃猪肉少了，但是吃鸡鸭鱼多了，今后吃乌龟甚至吃蚂蚁，总得要饲料来转换，所以说我认为它是一个万岁产业。

第三，我们制定了一个适度超前的快半步的策略，就是说我们不要跟着人家走，一定要有超前的意识。当别人没有下海的时候我们下海了，当别人没有在农业领域里投资的时候我们在农业领域里投资了，当别人没有组建集团的时候我们组建集团了，当别人没有兼并收购的时候我们已经兼并收购了很多企业，当别人没有在金融领域里投资的时候我们已经成为金融机构的主要投资者等等。适度超前、快半步，非常有效。快一步的话，就有可能掉下去起不来了；而快半步则进退都会有一定的把握，退时退得回来，前进时占优势。也就是说要有一定的胆量，不是盲目的胆量，是对政策、政治经济的格局、行业发展前景等有个基本了解的前提下的拍板。这不是那么容易的。

同时，我们提出了一句话作为我们企业发展的理念——"顺潮流事半功倍"。什么叫"顺潮流"呢？就是我们始终把我们的产业定位在社会需求、政府倡导，或者说政府的制约较少，或者说会少犯错误的领域。把社会需求、政府倡导作为我们企业发展的方向、目标，这样去做就会事半功倍，少冒风险。我们是经不起风险的。我们没有什么背景，我们是四川成都郊县的一个普普通通的市民，没有任何政府背景、经济背景。靠什么？靠党的好政策，靠我们自己的努力，靠艰苦创业。

另外，我们较早地提出了集团化经营的思路。1990 年，我们就尝试着成立了希望集团，当时尚未经过批准，直到 1993 年下半年，国家工商局才正式批准了全国第一个私营企业集团。同时，我们制定了面向全国发展的战略。从成都走向全川、走向全国，现在我们希望集团在全国有 100 多家工厂，占领了市场。这是向国外一些跨国公司学习的走连锁发展的路子。

第四，我们比较早就提出了企业并购的理念。1990 年我们并购的第一个国有企业的尝试失败了。这是一家内江的亏损国营饲料厂，我们收购其 70% 的股权，就在所有手续都办好了的时候被上级有关领导否决了，其理由只有一个——你是私有企业。可是，后来他们又找了一个香港的私有企业跟他们合作。为此，我们是不平的，我们的新闻媒体也不平。新华社内参写了一篇报道，"为何宁予外商不予国人？难道改革开放以后培养的民营企业家是黑的，而香港的私营企业家、资本主义制度下的私营企业是红色的吗？"这件事在全国影响非常大，有几十家报刊转载。当时，国家工商局派人来调查，国务院研究室也派人来调查，甚至袁木同志也亲自过问。这样的事今后不会再有了。但我们没有气馁，我们继续做。第二个在绵阳成功了，这是 1992 年的事。我们用 100 万兼并收购了一个企业，一个公有制的企业，现在已成为我们上市公司的骨干企业。现在以这家企业为龙头的上市公司，其自有净资产达到了 49600 万元。而这个"龙头"企业当初却是用 100 万元兼并的。我们正式进入饲料业是 1988 年，当时我们的主要竞争对手"正大"在全国已经有几十家工厂，资产规模已经达到几十个亿了，而我们是多少？1988 年我们才 1000 多万元。这是个巨大的差距，但是我们还是进去了，抓住了先机。我们采用独资兴建与兼并收购两条腿走路的方式，前期主要以兼并收购为主，实现了低成本的扩张，到现在为止我们希望兼并收购的国有企业或其他性质的企业有 40 多家，这些原来亏损的企业，现在几乎都成为盈利的企业，很多还成为当地的最佳企业、明星企业、样板企业，成为当地改革的排头兵。当然，我们也尝到了企业并购所带来的喜悦。而现在我们以独资新建为主，为什么？兼并收购有优势有好处，但是也有不足——主要是要理顺原有的关系难度很大，很费周折，特别是原有人员思维的转变很难，所以我们现在主要是独资新建。当别人在兼并的时候，我们已转为独资新建了。或许我们又先前进了半步。

　　与此同时，我们还有一个理念："艰苦创业，努力拼搏。"我们能够发展的最重要的一点是我们始终强调并保持艰苦创业的作风和传统。"正大"建立一个同样规模的企业要750万美元，而我们是多少？2000万元人民币，这还是现在的数字，当初就更少了。"正大"用的总经理、财务经理和技术经理都是外籍人士，而我们的总经理、财务经理和技术经理都是我们自己培养的，除了总部少量的技术顾问是美国的中国台湾的，其他都是我们自己培养的，当然还包括海外学成归来的博士硕士，也还是我们中国自己的人才。我们有自己的知识产权，我们艰苦创业，我们自己建厂房，自己造设备，所以我们成本低，这就是我们的相对竞争优势。相对竞争优势在顺利的时候感觉不到，在逆境的时候效果出来了。最近这两年，特别是去年，我们更加感受到相对竞争优势给我们企业所带来的活力。

　　我们是"农"字号的企业，要在效益较低的饲料行业，要在激烈的市场竞争中生存和发展，靠什么？靠艰苦创业，我们具有相对竞争优势，这使我们的成本比较低。当初我们没钱，要花钱，银行不给贷款；现在我们有钱了，银行要贷款给我们，我们却不贷了。现在，我一到春节的时候就躲，躲什么呢？躲工行、躲农行、躲建行、躲所有的银行，他们的老总都要请我吃饭。前年戴相龙行长到成都去，召开了一个座谈会，会议主办者告诉我会后有一个工作餐。我说："戴行长请吃饭我一定吃。"结果我去了。"你负债率太低了也不是好事呀！"戴行长这么跟我讲。在钓鱼台国宾馆参加中国企业高峰会议的时候，戴行长发表了一个演讲。下来以后，我碰见他，他又对我说："你干得不错呀！好，看来你是对的。"大概是在东南亚金融风暴前两年，他对我说的"负债率太低了不好"，而这一次他说：你负债率低看来是好事。看来我得到了我们金融界最高首长的肯定，就说这一点吧，不要过大的负债，非常重要，这在平时感觉不到，关键时刻在困难的时候效果出来了。前年我去瑞士达沃斯参加世界经济论坛，世界500强的企业几乎都去了，还有39位国家元首、总理级的政要人物。在那儿我跟这些企业家讨论，特别是一些大的私营企业、有百年历史的私营企业，他们给我一个忠告：一定要注意，银行的钱不好用；银行就是那个在你顺的时候不断给你钱，而在你没钱的时候、最缺钱的时候却把你往崖下推的那个人。确实是这样，银行是嫌贫爱富的，一旦发现你有问题，他抽身得最快。最近我们的主要竞争对手出现了一些问题，有人说他要"淡出中国"，这个我不太清楚，但是报纸上登了：有不少债权人要限期他们怎样怎样、要收回什么什么、要提前收回贷款……我想他们的处境大概的确有困难。就是说，减少依赖银行、稳健地发展是非常重要的。作为一个立志长远发展的企业，这是一个基本点。

第五，我们企业发展的同时，树立了一个正确的观念——作为一个总经理、一个总裁、一个老总，要身正、要学习、要有较高的眼界、要对社会有责任感。一个对社会没有责任感的企业领导，你的员工也不会对你有责任感，你的事是做不大的（或许短期能够做到一定规模），这是一定的。在这方面，我们四川有一句话说："不抽烟不喝酒，不打麻将不跳舞，必定是个'二百五'。"我想了半天怎么都想不通，因为这几样我都不行呀！或许我已经是个"二百五"了。但是，我觉得我这个"二百五"还可以。我身体蛮好，心态也比较好，能吃能睡能做，社会也认可，我的自我感觉是不错的，更重要的是我有社会责任感。1994 年国家颁布了"八七扶贫攻坚计划"，提出了要用 7 年的时间解决 8000 万人的温饱问题，我作为中国民营企业家的一员，作为先富起来的一员，理应做贡献。我在北京联合 10 位民营企业家倡导发起了扶贫的光彩事业，这件事得到了社会各方面和各级政府的认同，从江总书记到政治局常委的其他领导同志，都给予了肯定和支持，江总书记还亲笔题词。到目前为止，受到我们光彩扶贫事业影响和受益的贫困地区的农民朋友已经超过了 20 万人；已经有几千位民营企业家参与了这项活动，总投资已经超过了 40 亿元；我们新希望也投资了 2 亿多，建立了 14 个光彩事业扶贫工厂。收获是巨大的。农民朋友讲：刘永好拿了 2 亿多搞光彩事业，不会生产假饲料来害我们。结果使得我们的形象非常好，到处都欢迎我们。有人讲"滴水之恩，涌泉相报"，我们得到了巨大的回报。当然，当初我们并没有想到要这样的回报。我们在各地的工厂也受到了当地政府的保护、支持和肯定，受到了农民朋友的信任。农民朋友要买我们的产品，实际上是使我们的无形资产得到了极大的体现，我觉得这是对我们非常有利的。有一句话叫"善有善报"，过去我们做的好事，现在得到了好报。

第六，作为一个中国的私营企业，我们已经取得了一点进步、有了一些发展，但是更重要的是我们有很多不足。不出家门不知道，总以为天就那么大。为此，我研究过很多失败，跟很多朋友交流。作为工商业联合会、中国民间商会的副主席，我有这样的机会跟国际的企业接触、跟国内优秀的企业接触、跟失败的企业接触。所以说我们提出了一条——学习失败。学习失败是最重要的，特别是在市场经济还不规范的情况下，我们没有更多成功的经验可学，那么学习失败总可以吧！从失败里面汲取营养，争取不要失败或少失败。为什么我们有不少的民营企业发展一段时间就倒下去了？有一位民营企业家讲过：中国民营企业的历史周期是 2.9 年。我不知道他这个 2.9 年是怎么得来的，但确实有些民营企业各领风骚三五年。为什么？当然，除了种种原因之外，很重要的一条是——怎样正确对待自己？这需要有一个开阔的视野。没钱的时候，能够艰苦创业，能够顶得住站得直，不被困难压垮；有钱以后，有了荣誉、金钱、掌声等各种各样的光环的时候，这时候更要小心。小心什么？小心要保持一个良好的心态，就是你要看到世界上比你强的还很多，稍不注意，就有可能会垮下去。所以，我就采取多看一看、多走一走、多听一听，向失败学习、向成功学习、向竞争对手学习。我把"正大"叫做我们的老师。今天有位记者采访我，他问"有正大的地方就有希望"这句话是不是你们的广告语？我说："你错了，我们没有打过这样的广告，但是你这样认为，我是很高兴的，因为他确实是我们的老师。他先行于我们，而且做得是不错的。"为了能更多地向失败学习、向先进学习、向优秀的企业学习、向竞争对手学习、向国际企业学习，这些年我就尽量争取多出国门，争取今后有 1/3 的时间能够在国外。尽管我出去的机会比较多，但是现在还没有达到这样的时间要求。可能是下个月吧，我会到香港参加第 32 届泛太平洋地区经济理事会，我们中央的高层领导也准备要去，还有好多政要、大企业家要去。有这么多大企业在那里，去了一定能够学很多东西，所以说我当然应该去。他们把我作为特邀嘉宾，希望我做一次讲话，因为他们对我在达沃斯的发言比较认同；我还参加过在西雅图召开的亚太经济高峰会，并且有一个发言。我感觉到那里既可以向人家学习，又可以向世界宣告——我们中国人并不低人一等，我们不卑不亢。尽管我的英语不行，但我说的话大多数人还是听懂了，因为通过了翻译。说到学习，通过参加这些国际会议，我发觉我们跟国际企业比，有很多不足。首先是国际化的水平我们不足，知识面我们不足，语言能力我们也不足。在瑞士的那个会议上，有人用英文讲、法文讲、德文讲、西班牙文讲……用了五国的文字，就是没有中文。为此我向大会组委会提出意见："中国那么多人，经济正在发展，为什么没有中文？"他告诉我是因为中国人来得太少了。我说："你没有中文，当然来得少。"他说改正，今后将会有中文的同步翻译。我觉得这才比较好。但是不管怎么样，我们的国际运作能力、科技创新能力、人才层次、知识面等都有很多的不足，这是我们应该向国际大企业学习的。我曾经做了一个调查，世界500强企业的老板，他们成天都在干什么？究竟是像我们四川的这些人一样成天打麻将呢？还是跳舞，还是别的什么？答案是这样的——舞是要跳的，麻将是不打的。1/3的时间是在国际国内走动，参加各种各样的聚会，跟政治、经济等方方面面的人士交流、探讨一些战略性的问题，也就是说在寻求对社会、对世界的清醒认识；还有1/3的时间在研究跟自己企业相关的发展战略问题，当然是跟有关专家教授在一起；另外1/3的时间跟自己企业的下属一起研究企业的管理问题。1/3在外、1/3在研究、1/3打理内部，那么我说：你跳舞的时间呢？他说都已融到那几个1/3里面了，还包括打高尔夫球的时间。听了之后我感到很惭愧，我舞也不会跳，高尔夫球也不会打，或许这是我的差距。所以我想：当我能够有充足的时间去打高尔夫球的时候，可能我们的企业就上了一个档次。这是我奋斗的目标。

第七，在企业管理上，作为一个集团企业，我们新希望集团的60多家企业分布在全国各地，有些我去了，有些我还没有去过；我们的员工我认识一部分，大多数我不认识；我们的公司每天都有好消息报上来，当然也有坏消息。有的事情明明是件坏事，我本可以去制止他，但我没有，为什么？因为我认为应该如此，这叫大事精明、小事糊涂。要留有空间，你什么事都管完了，留什么给你的下属做？你的总经理做什么？这是一个现代企业应该考虑到的。有时候装装糊涂是有好处的，能够培养一批人。当然，装糊涂并不等于你真的就糊涂了，要是真的糊涂了，真的变成"二百五"，那就麻烦了。

还有，我们坚持在我们的企业里不用亲属。我们是私营企业，本来就有嫌疑，人家正在说你私营企业不用外人，这个时候使用亲属不正好对上口吗？所以我们就来个"矫枉过正"，干脆不用亲属。我有一个侄儿，他到我们的工厂许多年了，现在还在开车。有一次他对我抱怨说："刘总（他也一直叫我刘总），你不公平、不公正。"我说："为什么不公正？"他说："因为我是你的亲戚，所以我现在还在开车，那些比我后来很多的人，现在许多都当上总经理了。"我说："谁叫你是我的亲属，那可是你的悲哀了！"我觉得这样做好，我们因此而吸引了一些优秀的人才。他们来的时候告诉我："来以前我就做了一些调查，发现你这儿就是没有用亲属，给了我们生存、发展的空间。就凭这一点，我要来。"我觉得这就是我矫枉过正的结果。

第八，市场总是不断变化的。1995年、1996年我们的市场好得不得了，利润也很好。当时饲料可以免税，支农产业什么都免完了，"正大"赚了不少钱，我们也赚了，那个时候大家都好过。但最近这两年，特别是今年，难了！大家可能没太注意，街上10块钱买3斤猪肉，什么时候有过？就是现在。市场上卖3块钱一斤的猪肉，那么毛猪收购的价格不会超过2元，那么小猪仔呢？8毛钱一斤，5毛钱一斤。确实难啊！我建议大家多吃一些烤乳猪，帮助我们农民朋友脱贫致富。《经济日报》刊登了今年农业部的统计资料：现在养猪养得好的亏100元，差的亏300元。所有农民朋友都亏，养猪亏、养鸡亏、养鱼亏，做什么都亏。为什么？有人把它归罪于东南亚金融风暴，说："就是它害的。"又有人说："不见得吧，是由于国内市场疲软。""为什么疲软呢？"中央机关的机构改革和人员分流力度很大，省级机关也要坚决改革，国有企业下岗分流上千万，这个格局使大家清醒了，今后不能完全躺在政府怀里端铁饭碗，只有靠自己。今后住房问题、子女就学问题、治病养老等问题都得靠钱，所以大家把有限的钱都存起来了。于是银行里的存款越来越多，什么东西都在降价。最实际的是什么呢？原来我们每个家庭是两三天吃两顿肉，现在是三天吃一顿半肉。这样就麻烦了，虽然说起来只少了半顿肉，但加起来是多少呢？大家的数学比我好，你们可以算一算，肯定是相当大的一个比例。也就是说有20%—30%的消费没有了。一方面，养殖的积极性很高；另一方面，肉的消耗少了，还不仅是肉的问题，还有其他的消费品，造成了市场疲软，造成了东西越来越贱。在这种情况下，我们的农民朋友自然会变得很困难，他一困难就麻烦了，他就少买饲料。这样一来，我们饲料行业就会面临很大的问题。有的朋友以外资企业为例跟我讲：中国的饲料行业面临了灭顶之灾，所以使我们有些竞争对手不行了，有的说要"淡出"了什么的。但是我们冷静地分析一下，我们觉得这是一个压力，是一个挑战，但更是机会。为什么？因为我们有比较竞争优势，我们的投资比较小，我们的开支比较少，我们的机会比别人多，我们对市场适应能力比别人强。在顺利的时候你要扩大市场份额难，当最困难的时候，市场份额就很容易得到，所以我们趁势前进。1998年我们决定：新希望集团要再建10家饲料厂，结果到年末建了14家。在整个行业疲软、销量萎缩的情况下，我们销量增加了14%，利润增加了11%，取得了较好的效果。今年我们应该乘胜前进，再加上我们又上市了，有了资本市场的资金支持。我相信——"机会是给有准备的人"。我们准备十多年了，我们有一个坚实的基础。我们觉得这是一件好事。

四

春节前，我们开了一个总经理工作会议，100多位老总在一块儿学习五天。当时我给大家出了一个题目——美国2亿多人口，年产1亿吨饲料，有

300 家饲料厂；中国 12 亿人，年产 5800 万吨饲料（也就是说比人家少了将近一半），有 13000 家饲料厂。我说："这个情况说明了什么问题，请大家讨论一下。"总经理们讨论的结果是什么呢？ 10—20 年以内，中国的饲料企业将会减少到 1000 家，也就是说将淘汰 90%，这是第一个结论；第二个结论，我们中国的饲料工业还会发展，年产要超过 1 亿吨，甚至 1.5 亿吨。好了，我们就顺着这个思路去讨论，"我们怎么办？"大家异口同声地说：我们要做 1000 家，不要做 12000 家。讨论继续深入下去："怎样才能不做这12000 家？怎样才能存续下来，不被淘汰？"这个时候，我们就提出来要分析自己——

我们希望的总经理、我们的员工都有一点自豪感，我觉得又好又不好，最大的不好就是骄傲，自豪太多了就是骄傲。因为我们兼并了那么多企业，原来都亏损，在我们手里都赚钱，他们觉得好像很了不得，我却认为这可能就是我们的不足。我们的优势在于抓住了机会，快速地扩张发展了自己，我们适应中国特色，我们有一个坚实的基础等，但是这是外延式的增长，而我们在内涵式的增长方面不足。我们应当清醒地看到我们在科学决策，在人才层次，在科技创新能力，在精细管理、规范管理等方面，我们不足。跟国际企业比，我们还有相当的差距。一个人有两条腿，我们一条腿长，一条腿短，外延式的增长好，内涵式的增长差，走路不平衡，这是我们的不足。我们要正视我们的不足，克服我们的短处，在规范化、精细化、科学化、规模化、国际化、现代化等管理方面下功夫。我们这五天就讨论这个问题。最终，大家提出了一句口号："要争做百年老店"。我很高兴呀！我们的老总能够意识到这一点——克服短期行为。

我们的有关方面经常评选优秀企业，但是评了这么多优秀企业之后，现在回过头来看看，这些优秀企业现在多数都不优秀了，有的甚至垮掉了，为什么？我认为，要评优秀企业，没有 20 年的工夫不能评，要做百年老店，20 年是最基本的考验。现在很多时候是各领风骚三五年，这两年你好，过两年就不行了，这是我们好多中国企业的现状，这是我们的悲哀。怎么办？

我们立足从基础做起，一步一步从技术创新、从产品开发、从市场占有、从……要做的事太多太多了。我们只能这样去做才能取得成就，所以我们制定了一个新的发展战略——在继续保持我们艰苦创业的传统，发挥我们的优势的同时，在内涵的增长方面做文章。为此我们买了160多亩土地建设一个研究中心；我们要建一个四川农业国际交流中心；我们要花一些钱来引进优秀的人才，包括海外的博士、硕士；我们要有培养我们新希望人的干部学校，要构建我们的企业文化；我们还要扎扎实实地从硬件（我们的企业原来硬件不是太好，要改进），更重要的是从软件上，适应现代企业对我们的要求等很多方面扎扎实实、继续努力地做好工作。我们已经有16年的历史，相信再过16年，我们可以说：我们是一个优秀的企业。这就是我们的目标，我们争取做饲料行业的龙头老大。这是我们的主导产业，我们将把我们的主要精力、时间放在我们的主导产业以及相关产业的开拓上，包括国际贸易。今年1月，我们取得了进出口权，是国家授予私营企业进出口权的第一批20家企业之一；去年我们的部分企业改制后在深圳上市，这给我们增加了企业发展的机会和胜算；此外，市场的疲软，或者说调整期，给我们带来了这样一个重新认识自己、定位自己的机会，我相信我们会稳健地发展下去。

另外，中国私营企业发展的时间还不长，我们的企业还相对年轻，我们还比较稚嫩，但是我们有信心。有这样一种现象，那就是有很多企业都抱怨：这儿不行，那儿不行；这儿政策不好，那儿限制又多。我觉得有些事是我们不能左右的，对这些我们不能左右的事，你不要去管它，只需按照自己的路去走，顺潮流而动，没有时间也没有必要去埋怨、去抱怨，那样只会一事无成。我们就是这样过来的。虽然，现在我们取得了初步的成功，取得了一定的成就，但是跟优秀的企业比、跟国营企业的老大哥比、跟外资企业比、跟世界500强的企业比，我们差距还巨大，很巨大。我们任重道远，还要继续努力。像我们这样的私营企业在中国已经涌现了一批，虽然数量不多，但我相信是能为中国的经济建设做实实在在的贡献的，我们中国的私营企业将会跟国营企业一道为国家的振兴贡献我们的力量。

五

我们国家马上就要加入 WTO 了。国家也提出了西部大开发的战略。进入 WTO，面临着国际的竞争，面临着世界市场的一体化。在这个格局下，现在国家提出东部要帮助西部，使东、西部共同发展，这有机会也有挑战。我们应该怎么办？谁都知道，我们国家的基本的农产品价格现在逐步高于国际市场了，原来远远低于国际市场。由于国家连续几年缩小剪刀差，为了保护农民的积极性，连续几年强制性地抬高农产品的收购价格，保护价的收购。这样一来，使农民的收入有所提高，但是另一方面，我们农产品的价格明显高于了国际价格市场，而且今后还会继续高于国际市场。道理很简单，我们人均土地资源占有量太少，只有一亩多一点点，而国际的平均水准是很高的，特别是美国，这些国家的人均土地占有量是我国的上千倍。这是个不得了的数据，这就意味着人家是规模经济，咱们是小农经济，不好竞争。我们农产品价格始终比别人高，在这种格局下，我们要加入 WTO 就意味着我们的农产品市场要逐步向外商开放，向外国开放。这带来压力，这带来竞争。伴随着这样一个机会，外国的饲料厂也不断地进来了，实际现在世界上主要的饲料企业都已经进来或正准备进来。而且，泰国的正大做得非常不错，在全中国办了上百家的饲料企业，像嘉吉、普瑞那等这些国际性的大企业，他们凭借雄厚的经济实力、凭借国际市场运作的经验、凭借把饲料业和粮食贸易的有机结合、凭借着在饲料领域的多年研究和国际市场的管理经验。强势地进入中国。在这种格局下，国内的民族饲料工业怎么办？民营的饲料企业怎么办？应该说面临着挑战。特别是国际市场相对开放以后，当然这是逐步的，不会一下全部开放。但是，国际交往的经验，我们国内的企业相对弱一些，我们国内的民营饲料企业显得更弱一些，面临这种挑战，早在三年前我们就研究这个课题，在探讨这个课题，怎么办？我们有一个对策，这个对策就是我们要逐步学会国际化。用国际的水准、国际的视野、视点来看待我们的事业。我们建立了个贸易公司，专门做进出口贸易，取得了进出口权。1998年时我们进出口额达到10个亿左右，去年少一些，这是由于我们国家在玉米、豆粕这些政策、税收或其他方面的调整所造成的一些减少。但是，我相信在这方面是非常有前景的。要做国际化的贸易，要做国际化的流通，必须一条就是你的规模要大，必须你有相当的信誉，必须你有相当的结算能力及国内分销的网络。我想，我们新希望具备一定的优势，可以在这方面做一些探索。我们国内不少的饲料企业也有一些优势，也可以进行这方面的探索，这是第一。第二，我们开始关注世界的市场。三年之前，我们就不断地派调查团到世界各地去考察。现我们已在越南建了两家工厂，第一家工厂投资500万美元，在胡志明市建的胡志明新希望公司，已经投产了，现在销售形势还不错。我们投资400万美元，在河内建了第二个工厂，现在正在建设。接下来我们可能在东南亚的其他国家，包括菲律宾、泰国、马来西亚，建我们的工厂。当然我们在那些国家建的工厂起点可能会高一些，投资相对就大一些。我们用一个比较国际化的水准来进行投资和管理。我相信人家进来，我们站稳脚跟的同时也走出去，我想这可能是我们应对WTO的一个重要环节。另外，伴随着WTO进入，我们农产品的国际化流通将加剧。我们在这方面多做些研究，多做些准备，来迎接这样的挑战，我觉得是积极的，这是一方面。

第二方面更重要的是我们在家门口打这样的国际市场的竞争，这场战争怎么打法呢？怎么竞争呢？我想就是要提升我们的核心竞争力。怎么提升我们的核心竞争力？大概在三年前，我们就在研讨这个问题，两年前提出要组建百年新希望的理念。就是说我们要克服短期行为，要有比较长远的视野来看待我们今天所从事的一切，这样，有可能我们能够做得好一点。具体讲，我们要克服短期化行为，要做到规模化、规范化、精细化、科学化的管理，这叫四化的管理。我们连续地进行了研究，也开了相关的会议，贯彻执行我们"四化"的决定，取得了积极的进展。1998年我们的饲料销售上了个台阶，1999年在饲料非常不景气的情况下，全国估计有2000家或可能更多的饲料企业关门的前提下，我们却有了较大的发展，饲料的销售增长了可能十几将近 20 个百分点，我们的利润虽然在饲料业没有增长甚至还下降了一点点，但为今后的可持续发展奠定了良好的基础。我觉得这就是在家门口要站稳脚跟，要提升我们的核心竞争力。这核心竞争力体现在哪几个方面呢？除了管理，刚才说的用"四化"的观点进行管理，第二我们加强营销的研究，加强饲料科技的研究，提升产品的质量。另外开发新的品种来迎接市场的需求。现阶段大家都知道，饲料业的竞争是比较大的，是全国竞争较严重的产业之一，我们要学会在微利时代的运作。要减少一些开支。在微利的情况下学会长期的存在、生存和发展，这是个学问。相应地我们也做了很多的准备，也布置了很多措施，现在看来我们做法是积极的，是稳妥的。

（此文发表在 2005 年第 5 期《饲料广角》）

中国农业进入转型临界点

经历猪肉价格大幅上涨之后，人们反思深层次的原因是传统庭院生产方式已经出现变化，农村散养户正快速退出养殖业，导致养殖总量急剧下降，最终造成生猪的供求关系失调，猪肉价格走高。基于这种结构性的变化，预计在将来较长一段时间内，猪肉（以及禽蛋奶）价格仍将在一定的高位运行。这种变化预示着我国农村经济发展已进入转型期的临界点，农业生产方式正从庭院生产方式向现代适度规模的专业化生产方式转型，带来了一个建设现代农牧业的大好时机。

我国农村富余劳动力已到供求关系转折的临界点

随着经济的强劲增长和政府的积极推动，城市化进程加快，农村剩余劳动力持续向城市转移。如今，9亿农村人口中小于35岁的男劳力60%—80%都已进城务工或自行经商、创业，农村劳动力经历了从严重过剩到基本平衡阶段，现已在部分地区出现青壮年劳动力不足的情况。

由于农民工工资大幅度提高，已超过从事农业的收入，因此，明显增长的务工收入刺激农民开始放弃传统农业生产方式。我国中西部农村至今保留着延续了上千年的"几亩地、一头牛、几头猪、十几只鸡"式的庭院生产模式。这种生产单位几年前大约有2亿户，是我国农牧业的基础和主流。现在，这种传统模式正在经受严重挑战。我们的调研结果显示，在河北省宽城县和江西省吉安县，70%以上的农户基本放弃了传统养殖业，主要原因是盈利差、风险大、麻烦和缺乏劳动力。

因此，现阶段的农村社会经济结构和劳动力市场的变化导致了相当部分地区传统庭院养殖生产模式逐步淡出，初步形成了市场经济条件下农民自愿选择脱离农业、脱离传统农牧业生产方式的趋势。

在新的格局下农牧业生产方式出现了根本性的变化

传统庭院养殖模式下，农民没有把场地、人工及部分原料计入养殖成本，致使现代化规模养殖在成本上无法与其竞争，落后的传统生产方式抑制了先进的规模化、专业化生产方式的发展。

如今，在市场力量作用下，我国农牧业生产格局发生了根本性变化，现代农牧业生产方式呼之欲出。例如，2008年北京奥运会冷鲜猪肉独家供应商——新希望千禧鹤集团近年来一直致力于生猪产业链建设，目前仅在北京市平谷区就已和养殖户合作建立了66户挂牌养殖基地，年出栏规模400—6000头不等。平谷区贾各庄村村民崔宝材，2006年出栏生猪6000头，获利50万元。远远高于外出务工的收入。这种比较优势必将促使规模化、专业化养殖模式的兴起。

为此，要彻底解决食品安全问题，必须走现代农牧业产业链建设道路。近年来瘦肉精、孔雀石绿、苏丹红、红心蛋、药残等食品安全问题频出，中国农副产品特别是肉制品出口越来越困难，尤其是曾爆发的高致病性猪蓝耳病，已对农牧业生产和食品安全构成严重威胁。传统农牧业生产模式下有两亿个生产单位，规模小且分散，农民往往是靠经验而不是科学，很难保障食品安全。这种现状造成违规成本低但监管成本高，甚至无法跟踪和监控。

我国工业和农业在国际竞争中的地位差距拉大

加入WTO后，"中国制造"逐步占领了世界中、低端工业品市场，有力带动了我国工业和城市经济发展。然而，由于我国农业单位生产规模小、生产方式落后，形成了农副产品生产成本高、质量不稳定、产品的安全性缺乏保障等劣势，主要农副产品缺乏国际竞争力。要提高我国农牧业的国际竞争力，走现代农牧业道路是必然选择。

如今，由于农民自愿放弃传统生产模式，而非政府强制干预，使得现代化规模生产成为可能。发展现代化、规模化、市场化、专业化农牧业需要政府、企业和社会的支持，而涉农企业必将扮演重要角色。时代赋予了我们机遇和责任，应该努力抓住并勇于承担。

当然，发展现代农牧产业必然受资金、技术、市场和风险控制等因素的制约。农民的资金链本身就脆弱，又要面对生产、疫病、技术和市场等方面的风险，所以需要政府、社会和涉农企业等各方面的支持。因此，建议政府在税收、金融、土地和制度建设等方面开展政策创新，鼓励企业带动进行试点建设，大力支持农业产业链建设，让更多的农户和企业投资现代农业。

面临中国农村社会经济结构最深刻变化的转折点，只要充分调动社会各方面的资源，相信中国"三农"的春天又将到来。

（此文发表在 2007 年 9 月 18 日《东方城乡报》）

我们所历经的 33 年

33 年前财政主导的经济：买辆车都要省长批条子

我创业 33 年，33 年前跟今天大不一样。

我们是最早创业、最早下海的，那个时候从金融的角度来讲是财政主导的阶段，因为金融是经济的最高形式。所谓财政主导的经济，意思是，国家那个时候还是计划经济，一切都是财政说了算。而那个时候还没有民营企业，也没有私营企业，刚刚开始的时候不允许搞民营企业。

那个时候我和几个兄弟觉得我们正年轻，能够做一点事儿。我们看到很多国外的情况，那个时候只能看《参考消息》，我们也听到很多国外的广播，觉得国外的世界很精彩，同时我们也觉得中国开始变了，我们为什么不开始创业呢？于是我们几个兄弟开始了自己的长征，自己的创业。在财政主导的经济下政府不可能给你钱，银行也根本不可能给你钱。几个兄弟卖了手表、自行车凑了 1000 块钱开始了我们的长征。

城里不准干，我们到农村去。其实我们是学电子、机械的，我们生产了一台非常漂亮的音响，声音又好、价格又便宜、市场又欢迎，我们学校的好些人都愿意花钱来买。最后我们希望把这个产品作为我们的创业产品送到生产队，生产队很高兴，表示愿意跟我们合作，最后报到了公社，公社书记说这是走资本主义道路，坚决不行，无论你的音响多好。最后我们的音响变成学校校办工厂的产品，还获得了四川省科技进步的大奖。所以要是按照那条路走下去，到今天我可能做的是柳总（柳传志）在做的事。

工业不能搞，电子不能搞，可以搞什么呢？我们停了两年，这两年我们发现国家开始允许农村搞专业户了，于是我们准备搞农业。我们发现一个小鸟叫鹌鹑，鹌鹑能够产金蛋，有人说一个鹌鹑蛋的营养价值相当于三个鸡蛋。那个时候的鸡蛋5分钱一个，鹌鹑蛋两毛钱一个，于是我们开始养鹌鹑，从北京引种回来，从4只到200只、2000只，到最后1000万只，养成了全球第一。

从鹌鹑养殖上确实赚了很多钱，因为那个时候没有竞争，只要勤奋、努力，你一定能够发展。非常感谢邓小平同志，他允许试一试，我们前进了，试出名堂来了，我们成为了中国当时最大的民营企业。我们买了中国第一辆属于私营企业的车，我记得是2.18万元。那时候中国没有私人买车，买这个车是很难的。我有一个同学是西南物资公司的人，他说四川省进了20辆车，我说我买一辆行吗？他说绝不可能，这是要分配的，除非省长批条子。恰好当时蒋省长（编者注：时任四川省省长蒋民宽）到我们公司考察，觉得我们做得非常好，我就顺势跟他讲，我想要买一辆车，因为我们鹌鹑要销售到全国各地去，没有车太不方便了。他很惊讶地说，"你能买车啊？"最后他给了我一个批条。

由于我们的鹌鹑要卖到全国，我要坐飞机，那时坐飞机是要开证明的，并且是县团级单位开的证明盖章才行，我想找县委书记说我要卖鹌鹑到北京、深圳去，但绝不可能。想了半天，我们有一个农场做良种研究，就把它那个红章一扣。卖机票的同志看不出来这个章是属于县团级还是地市级，他就问我是什么级别，我说这个就是县团级的。那时候整个飞机上就几个乘客，因为太贵，一般人坐不起，还要县团级的证明，一般人也坐不了。这是第一阶段——财政主导的经济，一切都是跑步前进。

20年前银行主导的经济：为解决民企贷款难而成立民生银行

第二个阶段我认为是银行主导的经济（过去20年），中国的钱80%是通过银行出来的。那个时候民营企业想贷款也比较难。1993 年，我荣幸地当上了全国工商联副主席，这是改革开放以后第一个由民营企业家出任的工商联副主席，当时新华社记者写了一篇报道——《田野上走出来的工商联副主席》。那个时候我根本搞不清楚工商联是干什么的，统战部领导跟我讲，工商联是联系民营企业的桥梁和纽带，把民营企业的想法、呼声带到上面去，把上面的政策传递到民营企业中去。

那么我就找了好多民营企业去了解大家的想法，大家异口同声地说最大的困难是从银行贷不到款，而且当时银行也很难，不良率已经达到了百分之十几、百分之二十几，到了破产的边缘。于是，在工商联主席会上我就讲，经过调研发现，民营企业最强的呼声是要贷款，因为那个时候贷不了款就没办法发展。我提出一个建议，能不能由我们民营企业来组建一个银行，专门为民营企业贷款服务，同时也是对金融体制改革的探索。

因为那个时候全都是国有银行，没有一家银行是民营的、外资的，也没有一家上市的，而且资产质量都非常糟糕。办成功了它是中国金融业改革的一个试验田，办失败了也没有问题，因为亏的都是民营企业，我想这对国家非常有好处。当时时任工商联主席是经叔平先生，他认为我讲得好，他让我去找一些工商联的政协委员和人大代表共同认真研究，希望我们形成一个建议。最后我们 40 多个政协委员、人大代表发出提议，要组建一家民营银行，工商联非常支持。

经叔平先生就把我们的提案、建议，以及工商联讨论的决定呈给了时任国务院副总理兼央行行长的朱镕基同志。朱镕基同志说可以考虑，我们马上成立筹备办公室，经叔平当组长，我做副组长。经过半年的努力，1995 年底的时候，朱镕基同志正式发出了批示，我们经过差不多一年的筹办，民生银行成立了。那个时候大家都愿意参与，当时报名的人特别多，结果报了 100 多亿元，工商联很高兴，大家都支持，钱越多越好，没有什么上限，但真正到要收钱的时候，要开证明的时候，绝大多数拿不出钱来，最后只收到了 13.8 亿元，民生银行就是 13.8 亿元的注册资金开始干起来的。

　　当时不允许外资参与，因为这是中国的民营银行，是工商联牵头的银行。我很高兴能作为中国第一家民营银行——民生银行的倡导者、发起人和第一个副董事长，董事长是经叔平先生。朱镕基提到，工商联要有一个金股，经老没有股份，但是他有30%的投票权，要保证工商联的领导作用。在经叔平先生的领导下，民生银行从无到有一步步走过来了，到今天应该说民生银行取得极大的成就，4万多亿元的资产规模，一年四五百亿元的税后纯利，对国家作出贡献，对中国的民营企业提供了一定的帮助。因为民生银行的宗旨是为小微企业服务，为民营企业服务。到今天，民生银行对小微企业的贷款占比在商业银行中是最多的。

　　能够参与中国第一家民营银行的设立，并且在其中作出自己的贡献，我感到骄傲。我记得第一次向当时的统战部长王兆国同志报告的时候，我就讲，民生银行的组建我是主要的倡导者、发起人，我绝不在民生银行做一丁点关联交易，以及对我自己特别有利、对银行不利的事，我始终牢记这一点。我向李瑞环主席（编者注：时任全国政协主席）报告的时候也这样讲，到今天为止我可以告诉他，在民生银行我没有做任何的关联交易，甚至一分钱都没有贷过。长期以来我作为民生银行最大的股东之一，为民生银行的发展做了我们应该做的事，民生银行见证了中国最大的民营企业的进步、成长，为中国的民营企业发展作出了应有的贡献。当然在历史上，我们有不少的同志也为民生银行发展作出了相当的贡献。

　　今天，民生银行发展进步了，有更多的有实力的企业参与到民生银行的股份里面来，他们成了比我更大的股东，我觉得这是大家看好民生银行。更重要的是民生银行开创了一个格局，即民营企业能办好银行。民企不但能够办好银行，而且还为多层次的金融体系的发展、变革作出贡献。民生银行的利益格局证明了我们民营企业办银行，从事最高端的金融领域是值得信赖的。今天国家鼓励办民营银行，已经有五家民营银行开业了，还有一些互联网银行开业了，未来还会有更多的民营银行出现，这是我们市场经济发展的成就，是我们民营企业发展的成就，是党和国家的政策好。

这是第二个阶段，叫做以银行主导经济的时代，那个时候谁有银行的关系谁就发展，谁能够得到贷款谁就发展，谁能够办银行谁就发展。当然对民生银行，我是出于公心的，并不是考虑只为我自己，但是客观地讲，民生银行的发展，也给我自身带来了巨大的价值。因为我现在在民生银行的收益也是非常大的。今天，资本市场的兴起取代了银行的主导地位，新兴资本市场推动中国经济发展的格局到来了。

当下资本市场主导的经济：雷军的小米科技，五年估值 450 亿美元

第三个阶段是资本市场推动。更多的互联网企业、创新型组织，在动员更多的国人、年轻人参与到创业、变革、创新的事业中，国家响亮地提出大众创业、万众创新，给了太多的政策来进行鼓励、帮助和支持。包括在金融方面，民营银行不断地发展，多层次的金融、资本市场正在形成，而且国务院已经通过了将 IPO 的审批制改为注册制（的政策），并且新三板、创业板逐步地更加落地、更加活跃、更加靠信用、市场，而不是靠政府，这是新的巨大变化。

国家鼓励在新格局下，靠市场力量来发展，这给我们创业的企业，给我们年轻人，给我们中国企业家的群体极大的鼓励，这就是未来。今天中国资本市场的力量已经大过银行的力量，某种角度上大过财政的力量，因为资本市场跟市场结合得更紧密，原来通过银行贷款的间接融资，更多地向市场直接融资倾斜。今天的股市很好、价格很高，但这是波动的，从某种角度上也推动了我们大众创业、万众创新。

雷军先生创立的小米科技，五年的时间估值 450 亿美元，这就是榜样、英雄、时势，这就是社会主义市场经济在新格局下的新表现。在这种以资本市场为主导的经济推动格局下，在大众创业、万众创新的格局下，中国的民

营企业将迎来新一轮发展的春天。柳传志先生讲，过去两千年都是比较平，最近这 30 年来增长比较快，特别是最近到了一个拐点，增长得更快，我非常认同这样的观点。在这样的格局下，我们正年轻、正努力，我相信我们中国企业家的群体，中国民营企业家们，一定会在未来迎来新的格局，把握这个拐点，乘胜上天！

（此文系作者 2015 年 6 月在"2015 正和岛岛邻大会"上的演讲）

农业转型升级给农企带来的挑战与机遇

我结合养猪业的发展和我们走出去的想法谈谈供给侧的改革。

首先，最近这几年，全国养猪出现了变化，传统的家家养猪的方式已经基本结束了。过去这几年搞的叫适度规模。什么叫适度规模呢？就是说，养50头、100头，或者500头。今天我们再看一看，养100头猪，假如每头赚150元，那么100头猪就是1.5万元。其实很多时候还赚不到100元，很多时候是亏的。一个劳动力出去打工，一年赚三四万元是常态，你在这里养猪，又辛苦又麻烦，才赚1.5万元，所以纷纷不干了。要养多少呢？要养1000头猪。每头猪赚150元，1000头就是15万元，一个家庭可能有三四口人，这就超过了外出务工的收益，能够搞。必须这样。而美国是多少呢？不是1000头，是几千头，4000头、5000头，同时还要种几千亩的地，把种地和养猪结合起来。我们没有那么多地，至少一个农户养1000头猪是可行的，这是我们的现状。

其次，以前讲"公司＋农户"，公司很强，农民很弱，往往公司在一定程度上抢了农民的价值和资源，农民收益并不多。怎么办呢？经过研究，我们新希望集团有一个决定，从现在开始，用三年多一点的时间，我们自养1000万头，带动2000万头、3000万头。首先只养1000万头怎么养呢？第一，我们公司有优势，饲料没问题，我们饲料转化率、配方、技术毫无问题。第二，种猪。大概几年前我们培育了全球最好的几个种猪厂，山东建了一个，四川江油建了一个，现在已经投产了好几年，是国家级的育种厂，世界前三的。最近，把PAC全球第一的原种猪机构并购了，在山西。西方超过 60% 的猪是它提供的，每年能达到每头母猪多产出一头仔猪，是英国的上市公司，在亚洲最大的基地我们合作了。第三，技术人员，经过 30 年的发展，我们大概有几千个技术人员，博士工作站、硕士分布在全国，以前为养猪场服务和农民服务，因为我们卖饲料必须提供服务。现在变过来了，不简单是卖饲料，我们要形成新的格局，帮助农民养猪。

我们上周在四川，首先挑选了两个地方，帮助 1 万个农民脱贫，同时帮助 1000 个家庭养猪。怎么养呢？建立家庭农场。每个家庭猪场养多少头猪呢？至少 1000 头，由我和农民担保签协议，保证一头猪赚 150 元，好的时候更多，低的时候、再差的时候，我给农民保底，意味着农民至少收入 15 万元。这样农民脱贫致富发展有保证，更重要的是我们走上一条发展现代农业的康庄大道。而养 1000 头猪和养 10 头猪不一样，它需要种源、饲料、技术、服务、资金等，谁来保证？在政府的大力支持下，我们来做这个事情。我们协议签得非常明确。建立 1000 头猪的家庭农场多少钱呢？30万元，农民自己筹 10 万—15 万元，公司帮助解决一些机械设备，能够提供10% 左右，剩下的一些通过银行来贷款，国家的一些支持资金给一些支持。

现代农业的格局有了，农民虽然只养了 1000 头猪，但是背后是一个大的体系的支撑——政府的支持，中央的支持，企业的支持，技术的保证，种源的保证，饲料的保证，市场的保证，这个格局就是现代农业。西方早年都是这样的。你看他们种了几千亩地和养了几千头猪，靠什么？靠大市场的支持。有人提供种源，有人提供收购，有人提供加工，而这些都是体系。我想中国这样做，就是帮助中国的养猪业走上现代化道路。现在是 1000 头，今后可以到 2000 头、3000 头，并且把养殖和种植结合，我们不要太集中，适度地分散。

为了提升竞争能力，法国最大的养猪企业，和我签了一个战略协议，这个战略协议，克强总理见证签约。为了推动现代农业的发展，我们在澳大利亚，上次 G20 峰会的时候，习总书记到澳大利亚，带企业家去，我是其中一个，在这次会议上，其中有一个民营企业的项目，中国澳大利亚农业及其食品安全百年合作计划，是我代表中国和澳大利亚签署的。这说明什么呢？我们党和政府坚决支持我们走现代农业的道路，走国际化的道路。

就在昨天，由新希望集团牵头，浙江省政府拿一些钱，我找到嘉实基金，三家联合，省政府拿 10 个亿，我们拿 10 个亿，嘉实基金拿 10 个亿作为基础，募集 100 个亿资金，做成浙江农业现代化的发展和国际并购。经过过去 30 年的发展，在中央、国家的支持下，新希望集团已经在全球的 30 个国家建了 50 个企业，以前自己建，现在是兼并收购，我们在澳大利亚收购的澳大利亚第四大牛肉加工企业，经过不到两年的发展，达到 50 万头牛，现在进口中国的牛肉多数是我们的，可能是最大的。

刚才讲到，我们自己用三年时间养 1000 万头猪，今年差不多 300 万头。我们在养猪整个环节，饲料、技术、人才、种猪，是中国最强和最好的。这时候帮助农民搞养猪，现在托管很多的猪场，很多猪场没有技术、人员和种猪，我托管技术服务，自己养和农民养结合起来，形成公司、家庭联产和专业合作经济组织这种格局，国家支持我们，时代支持我们。这种供给侧的改革，冲锋号已经吹响了，我们怎么办？我们在好几个省布局，四川算一个，山东算一个，江西有十几个企业，新希望在全国各地有 400 多家企业，这就是我们的优势。供给侧改革，玉米适度的进口与放开以后，我们的优势太大了。我们还收购了最有竞争力的美国的一个叫作"农业"的大宗产品贸易公司，占了 20% 的股份，去年在饲料领域在中国的进口是最大的。我们在新的变革的时候，一定要高标准、高起点。什么高标准？猪一定是全球最好的，资源一定是全球最好的，国际哪里有优势，我们就到哪里去整合，拿来为我所用，为我们现代农业的发展奠定基础，这就是我们正在想的和正在做的。

我们每个农户养 1000 头猪，每年出两槽，在此基础上还要逐步扩大，这样的话只需要一亩多地就行了，在他自己的地上，按照我们的标准建猪场，按照防疫的要求，地方政府给一些支持，企业给一些帮助，保险给一些支持，信贷给一些支持，我们保证一名农民一年赚 15 万元。在这种格局下推动现代农业化，我要承担责任，什么责任呢？保底。大家知道养猪是赚一年亏两年，再亏都要给，为什么？我有底气，有竞争力。大家都知道，中国的猪场平均仔猪产量是多少呢？每头母猪，平均是 16 头。而我们是多少呢？26 头。我的高端牧场达到多少？29 头、30 头。这是我做到的，在中国是最好的。把国际的技术，最好的技术，最好的服务和各种要素进行整合以后，我们有可能在中国做到现代养猪业最好，极大推动现代养猪业的发展，解决农民增收的问题和食品安全的问题，解决国际化的问题，推动现代农业更上一层楼。在这个问题上，成都市有很多支持，四川省有很多支持，山东也给了我们很多支持，江西还要做，在辽宁，我们也建了大型的肉食品加工企业，千禧和美好食品等，我们全国有 500 家企业，差不多有 10 万员工做这个事，做了 32 年，这就是我们的优势。

发展现代农业，无疑是能够带动农民增收的，无疑对脱贫也有帮助。中国还有好多的优势企业，它们还在不断发展，也摸索出很多措施、办法、经验，我们新希望就是这样做的。

（此文发表在 2016 年第 3 期《中国乡间发现》）

向前看，坚守实业

做了 35 年实业，我有三点体会想要与大家分享：第一，低下头；第二，讲诚信；第三，要创新。

低下头，坚守农业

很多人认为养猪、养鸡有上千年历史，是最传统、最笨的创业方向，没有出路，但我们坚持下来了，一做就做了 35 年。现在，我们仍然认为农业和食品领域大有作为，我们相信不论是现在，还是一百年甚至一万年以后，高端动物蛋白还是人类所必须摄取的能量来源，是人类的生命所求。我们在这个领域脚踏实地，认真去做，不小心就做成了——鹌鹑每年养上千万只，有人说我是鹌鹑大王；饲料每年做一两千万吨，有人说我是饲料大王；现在我们养猪、养鸡、养牛，一年产出超过 300 万吨的肉蛋奶产品，也居中国前列。

有人问我，为什么早年不转型做金融、做地产？如果那时候做可能早发财了。我认真地研究了一下，发现那些过去跟风或者随意转型的人，其实很多都倒下去了。我坚信，坚守农业、坚守实业是对的。目前我们拥有超过 1000 亿的资产规模，拥有几万名员工，已经是中国最大的肉蛋奶生产商，在全世界也是排名前列的。实践证明：低下头，坚持做自己应该做的事，就一定会有成就！

讲诚信，诚信换来认同

我们专业生产肉蛋奶，而肉蛋奶关乎13亿老百姓的生命健康。我们在这个领域坚持了30多年，每年生产那么多产品，但这些年来负面报道并不多，食品安全事故也少，怎么做到这一点呢？我认为这与讲诚信有关——诚实地面对消费者，诚实地面对政府、监管部门、社会和员工，诚实地面对税务体系，坚持只做一本账，并且始终如一。

今天我们得到了市场的认同、社会的认同，能够有这样的规模是我们守诚信换来的。守诚信不单单能换来可持续的成长进步，还会换来品牌的提升、认同感的提升。无论做实体经济还是虚拟经济，诚信都至关重要，也是企业最基本的底线。

要创新，超前快半步

随着用工成本的增长、环保压力的增加、出口竞争力的降低，传统产业面临着巨大压力，这种情况下，我们更要向前看。向前看就是随潮流而动，略有超前，快半步。这半步非常重要，很多时候走一步可能会踏虚了，但如果走半步，不行还可以退回来，一旦前进就比别人超前了。

这两年，我们在创新变革方面花了很大力气。人才方面，有一批年轻的、有激情的、有闯劲的、懂互联网的人，走到我们的最高管理平台。经过三年的努力，已经有所成效。

市场升级换代也要往前看。当前老百姓的需求发生了变化，高端动物蛋白供给不足。而在澳大利亚、新西兰、美国、欧洲等地，高端牛肉、羊肉、牛奶和海洋产品比较有优势，于是我们大踏步地走出国门，在这些国家投资、收购、兼并，在全球布局高端动物蛋白的供应链体系，这使得我们的高端动物蛋白供给规模得到提升，也使我们在全球有了一定的影响力。

　　只有坚持往前看，企业才能够进步，才能够保持活力和健康。我坚信，实体经济大有可为，我们在这个领域还可以再走十年、二十年、一百年。

（此文发表在 2017 年第 12 期《经理人》）

刘永好：我为何要搞"10万新农民"培训计划

侯隽

自 1993 年当选为全国政协委员，新希望集团董事长刘永好已连续 26 年参与全国两会，提交的建议、提案超过 160 份。

2018 年全国两会期间，刘永好接受《中国经济周刊》采访表示，他今年带来了包括《关于建议国家高度重视新型职业农民培养，为乡村振兴战略输送人才的提案》《关于构建产业扶贫新生态的提案》等 6 份提案，围绕三个重点：现代农业的发展、脱贫攻坚战以及民营企业的进步和成长。

"希望通过我们的努力，能够在凉山乃至整个四川，帮助一万个建卡贫困户脱贫。"刘永好对《中国经济周刊》表示。

给补贴不如给事业

刘永好认为，除了政策和投资，对现代农业来说更重要的是人，现代农业必须有懂现代农业的新型农民，新型农民必须懂现代农业的基础知识，比如农业机具的操作、通过互联网进行销售和运营管理、新型防病治病知识等。

当前，"农村劳动力空心化"问题严重，已成为制约现代农业发展以及乡村振兴的主要问题。大量农村青壮年选择进城务工，大批农业相关专业的大中专毕业生由于农业收入较低而转行，不少地区的农业生产由留守中老年人完成。

刘永好建议国家研究、制定并出台一系列政策，鼓励农业类大中专毕业生重返"三农"领域，他还建议，国家应出台系列政策，制定适应现代农业需求的新农民、农技员的培养计划，并发动一批涉农企业共同参与新农民、农技员的培养、培训。

刘永好称，为解决上述问题，新希望集团制定了"10万新农民"职业培训计划，计划用5年时间，联合一批优势涉农企业，为社会培养10万新型农民、农业技术人员，助力乡村振兴。该计划为公益性质，农民将免费参与，培训对象包括家庭农场主等生产经营型职业农民、农机手等社会服务型职业农民和新兴农村电商从业者等。

"乡村振兴关键靠人才，留不住人不行啊！给补贴不如给他们事业，建议国家高度重视新型职业农民的培养，将之定为百年大计。"刘永好说。

农业是立身之本

"记得我1980年的时候想过创业，搞过音响，结果被指责为走资本主义道路，坚决不被允许，后来从养猪开始一直走到今天。"刘永好回忆说。

众所周知，刘永好是依靠实体经济白手起家的代表人物，他创立的新希望集团涉及农林牧渔等多个领域。刘永好认为，自己的成功之道是以农牧业起家，打造了集金融、房地产等业态于一体的多元化航母，但他坚持农牧业为立身之本。

在刘永好看来，我国很多经济领域依然还有很长的路要走，比如中国是农业大国，也是农业产品生产大国，但我国农业在国际上的地位还远不能跟工业制造领域的地位相比，也缺少世界一流的农业企业。如今国家推行农业供给侧结构性改革，一些政策机遇向农产品倾斜，新希望作为民营企业要做农业和食品领域的世界第一。

"今天民营企业家绝大多数还在从事传统行业，而传统产业面临转型升级的压力。我们有信心和努力克服不足，一步步把转型升级做好，为国家发展做出贡献。"刘永好说。

企业家的年关好过了

"我是改革开放后第一个在人民大会堂发言的民营企业家，当时我发言的主题是'私营企业有希望'。第一年参会时，开着私人汽车去，其他政协委员很羡慕，期望自己也能有一辆。如今几乎家家都有车。"刘永好回忆说。

从 1993 年至今，刘永好担任了 5 届全国政协委员和一届全国人大代表，他有超过三分之一的提案、建议都是围绕"民营企业健康成长"这一主题。

"自从中央提出新型政商关系后，总体讲各地方的政商关系比以前好处一些。前几年不少企业家一到春节时压力就很大，请不请地方政府主管部门官员吃饭？送不送礼？去中等餐厅还是高级餐厅？喝什么酒？这些问题难倒企业家了，很多企业家感叹'年关难过'。不过这几年好多了，特别是今年，很多官员都不出来吃饭喝酒，也不收礼了，对企业家来说反而轻松很多。"刘永好说。

党的十九大报告提出，激发和保护企业家精神，鼓励更多社会主体投身创新创业。李克强总理在作政府工作报告时再次提到，激发和保护企业家精神，增强企业家信心，让民营企业在市场经济浪潮中尽显身手。这让刘永好感到，当初的呼吁已经变成国家今天的政策，"正在推动我们一代民营企业家的进步和成长"。

但刘永好也表示，有些朋友告诉他，在一些偏远的地方，地方官员是可以见了，脸也好看了，但办事效率还不够高，一件事总说"研究研究"，拖的时间很长。

（此文原载于 2018 年第 10 期《中国经济周刊》）

许家印

许家印，男，1958 年生，河南周口人，中共党员。恒大集团董事局主席、党委书记，武汉科技大学管理学教授、博士生导师，第十一届全国政协委员，第十二届、第十三届全国政协常委。

近年来，许家印获得"全国脱贫攻坚奖""全国劳动模范""优秀中国特色社会主义事业建设者"等多项国家荣誉，并连续七届荣膺"中华慈善奖"。兼任 B20 中国工商理事会副主席、APEC 中国工商理事会副会长、丝绸之路商务理事会中国委员会副主席、中国国际商会副会长、中国企业联合会副会长、中国企业家协会副会长、广东省工商联名誉会长、广东省光彩事业促进会副会长、广东省扶贫基金会副理事长等。

打好成绩　建好梯队　实现全华班　为中国足球作贡献

今天，我们不仅谈广州恒大淘宝足球俱乐部的发展，还要谈足球学校的培训和建设。我主要说三个方面。

第一，2017年要实现"四冠王"的目标。

去年，俱乐部全体运动员在主教练及教练组的带领下，在广大球迷和新闻媒体的支持下，在大家的共同努力下，取得了"三冠王"的可喜成绩，实现了中超六连冠。今年，我们要再接再厉、同心同德、努力拼搏、全力以赴，实现2017年"四冠王"的目标，夺得中超联赛、亚冠、足协杯、超级杯的冠军。希望我们的球员不忘初衷，生活方面严谨自律，训练场上刻苦努力，比赛场上齐心协力、狼性十足、血拼对手，打出我们的士气，打出我们的水平，为广大球迷献上一场又一场的精彩比赛。

第二，2020年要实现"全华班"的目标。

2013年我就曾经提过，用5到8年的时间实现恒大足球"全华班"的目标。这次会议，我们要明确提出，到2020年要实现恒大足球"全华班"。

我们的"全华班"，是"世界顶级名帅＋全华班"。教练团队特别是主教练，一定是世界一流水平。而且，我们的"全华班"是高水平的、每年要拿很多冠军的"全华班"，这是我们的目标。

恒大进入足球的宗旨是为中国足球发展作贡献，我们始终围绕这个宗旨展开所有工作。

2010年3月1日恒大进入足球，再过半个月，就是7周年，前七年是第一阶段。从今年开始到2020年应该是恒大足球的第二个阶段。

第一个阶段围绕着为中国足球发展作贡献的宗旨，我们的目标是：打出成绩，树立品牌，做出贡献，奠定基础。

在打出成绩方面，我们7年的时间，拿了13个冠军，包括年年都是联赛冠军，而且拿了两个亚冠冠军；在树立品牌方面，恒大足球的品牌形象非常好，提升了恒大集团的知名度和恒大品牌的美誉度；在做出贡献方面，恒大进入中国足球，为拉动中国整体的球市作出了贡献，为中超联赛水平的大幅度提高作出了贡献。恒大创立了董事长领导下的主教练负责制以及重奖重罚、从严管理的俱乐部管理特点和模式，也为提升中超俱乐部管理和建设水平作出了贡献。

同时，围绕为中国足球发展作贡献的宗旨，我们在青少年足球培训方面奠定了坚实的基础。2010年恒大进入足球，2011年开始筹建恒大足球学校，2012年9月1日恒大足球学校正式开学。恒大足球学校是足球培训与基础教育培训相结合的特色学校，是世界上规模最大、硬件设施一流、具有中国特色的足球学校。恒大足校面向全国招收8—12岁的少年儿童，经过7大技术指标测试，把有潜能、有天赋的小孩招到足球学校，现在学生规模已达2800人。另外，我们从皇马聘请了二十几位西班牙教练，打造了一流的教练团队。同时，我们坚持高标准的教学质量，基础课和足球训练两不误，这是我们的特色。16岁以下的在恒大足球学校培训，16岁的孩子输送到西班牙特训。2014年，恒大足校在西班牙设立了西班牙分校，选拔最优秀的25名小孩送到西班牙，现在总数已达到75人。我们同样将基础教育的老师配备到西班牙分校，实现了足球、学习两不误。

俱乐部这几年也花了很大的力气进行梯队建设。一队按照足协的规定标配是32人，预备队按照足协规定标配是20人；二队定编标配是50人，现在实际人数是41人；三队定编是50人，现在是80人。不仅仅一线队，我们二队、三队的教练团队也都很强，二队的主教练是德国国家青训队主教练，三队的主教练是德甲俱乐部预备队的主教练。总之，从8岁开始到20岁，我们的梯队建设非常坚实，青训基础非常坚实。

恒大足球前7年，第一阶段"打出成绩、树立品牌、作出贡献、奠定基础"的四大目标，我们都非常圆满地实现了。

从现在开始到2020年是我们的第二个阶段，我们的目标是"打好成绩、建好梯队、实现2020年全华班"。

在"建好梯队"方面，前7年我们奠定了非常好的基础，下一步还要在青少年培训上采取很多具体的措施，最主要的是恒大青少年足球培训"一条龙"模式。

所谓恒大"一条龙"模式是指，8岁到15岁（含15岁）小孩是在恒大足球学校培训，16岁以上的全部在俱乐部培训。那么在俱乐部培训，总的原则是末位淘汰，就是"交流倒位置，选拔补位置"，具体来说，每年梯队要有一部分人与其他俱乐部进行人才交流，同时每个梯队每年要有所补充。每年每个梯队交流多少球员，补充多少球员，我们都有硬性规定。

（一）各梯队每年要用交流的方式实施减员。一队要交流倒出位置和减员10%以上，现在一队有32人，我们要通过交流倒出至少3个位置；预备队、二队和三队，也要交流倒出位置30%以上，分别是6人、15人和15人，这都是梯队建设的硬性规定。

（二）减员后要补充新的球员，要从足球学校和下一个梯队往上提拔最优秀的球员。也就是说，我们要实施优秀球员的晋升制。我们规定：

1. 一队名额：通过交流倒出3人，每年必须从足球学校破格提拔2名优秀球员，每人半年时间，也就是说占1个名额，再从预备队晋升2名球员。

2. 预备队名额：一队提拔2人，通过交流倒出6人，共8个名额。每年从足球学校破格提拔2名球员，每人半年时间，也是占1个名额，从二队晋升7名球员。

3. 二队名额：预备队提拔7人，通过交流倒出15人，共22个名额。从足球学校破格提拔 5 名球员，从三队选拔 17 名球员。

4.三队名额：二队提拔 17 人，通过交流倒出 15 人，共 32 个名额。从足球学校选拔 32 人。

（三）足球学校每年输出的 50 名 16 岁的孩子，经足球俱乐部选拔后，还剩 10—20 名小孩进入足球学校成立的丙级业余俱乐部。也就是说，16 岁以后，要么进入恒大足球俱乐部，要么在恒大足球学校丙级俱乐部继续进行培训。

（四）二队、三队、预备队以及足校丙级俱乐部 18 岁以下的孩子，由恒大足球学校继续负责文化课的学习，确保至少要到高中毕业。

实施恒大青训体系的"一条龙"模式，是集团在青少年足球发展方面的战略性决策。恒大要实现 2020 年"全华班"目标，无论是一队、二队、三队，还是教练组、俱乐部和足球学校，都要坚定不移地实施。

为了实施"交流倒位置，选拔补位置"的恒大"一条龙"模式，需要配套成立恒大足球人才交流中心。我们需要与其他队交流的足球人才，就放到恒大人才交流中心的人才库。本周三，恒大足球人才交流中心要开始运作，大概有 30 多名二队和三队的球员要放到人才库中。

今年开始，要继续"打好成绩"。我们在这一阶段的联赛目标是年年拿冠军，包括到 2020 年实现"全华班"后继续年年拿冠军，今年的目标是"四冠"：亚冠冠军、中超联赛冠军、足协杯冠军、超级杯冠军。

今年如果拿到联赛冠军，我们将达到世界级纪录。我看了有关的资料，世界上、历史上，只有法国的里昂队拿过 7 连冠，如果今年恒大能够拿到 7 连冠，恒大足球俱乐部也达到了世界上、历史上 7 连冠的纪录。如果明年再拿，就超过和创造世界上、历史上所有足球俱乐部的纪录。

第三，我们要做好恒大足球的三个转变。

从现在开始，恒大足球要有三个转变，需要我们做好三个方面的工作。

（一）做好恒大足球发展理念的转变。

恒大刚刚进入足球的时候，因为球市非常弱，大量地引入外援，7 年过去了，我们取得了非常好的业绩，年年都是冠军。下一步，在内援方面要加大培养力度。从明年开始，外援只减不增，过渡到 2020 年实现"全华班"。

（二）做好恒大足球投资重心的转变。

过去 7 年，由于球市情况不一样，球员资源不一样，俱乐部的投资，尤其是内外援引进方面，引进外援的投资额比较大。从明年开始，投资重心要从俱乐部转移到青少年各梯队，进一步加大青少年培训。

（三）恒大足球经营方式的转变。

恒大足球前 7 年的目标是打好联赛、树立品牌、奠定基础、作出贡献。经营方面主要靠门票收入，是比较少的。换句话说，第一阶段，每年俱乐部亏损比较严重。

第二阶段开始，我们要将足球作为一个产业去经营，可能投资会减少，但球队水平不能降低、比赛目标不变，在此基础上，通过球员的交流增加收入。也就是说将恒大足球作为一个产业进行经营，这就是经营方式的转变。

最后，我们相信，2020 年恒大一定能够实现高水平的全华班目标。

（此文系作者 2017 年 2 月 13 日在广州恒大淘宝足球俱乐部 2017 年新赛季第一次全体会议上的讲话）

脱贫攻坚　重在精准　贵在落实

习近平总书记指出，"全党全社会要继续关心和帮助贫困人口和有困难的群众，让改革发展成果惠及更多群众，让人民生活更加幸福美满"。

作为改革开放政策的受益者，民营企业从无到有、从小到大、由弱变强，离不开全社会的帮助与支持。饮水思源，投身脱贫攻坚，让贫困老百姓早日过上小康生活，是我们应尽的社会责任。

在全国政协鼓励支持下，恒大集团从 2015 年 12 月开始结对帮扶贵州省毕节市大方县，三年无偿投入 30 亿元，通过一揽子综合措施，力争到 2018 年底实现 18 万贫困人口全部稳定脱贫。一年零三个月来，4600 多人的扶贫队伍常驻大方，与当地干部群众展开脱贫会战，103 个重点援建项目已全部开工，8.05 万人初步脱贫。在帮扶过程中，我们进行了以下探索与实践：

一、因地制宜的产业扶贫，是实现永久脱贫的基础。针对能够就地进行产业扶持的贫困群体，我们计划三年建设 1000 个以合作社形式运营的农牧业产业基地。目前已建设蔬菜、肉牛、中药材和经果林基地 284 个，引进 27 家农牧业上下游龙头企业，已为 211 个专业合作社提供 3.1 亿元产业扶贫贷款担保。

蔬菜产业：已援建 22 个育苗中心、6 万亩大田基地和 7800 栋蔬菜大棚，扶持 95 个互助合作社带动贫困户发展生产。引进 16 家上下游龙头企业建设若干个集散中心，借助互联网手段，根据市场需求指导育苗中心生产。蔬菜成熟后，由集散中心到田间地头收购并供给到全国各地。这种供产销一体化的扶贫模式，解决了农户"种什么、种多少、怎么种、卖给谁"的根本性问题。帮扶的贫困户户均种植 2.5 亩，年人均纯收入超过 4100 元。

肉牛产业：已从内蒙古、吉林等牧区调入优质基础母牛 5609 头，由贫困户全额贷款购买，我们提供全额担保、全额贴息、全额保险，每繁殖成活一头牛犊奖励 1000 元。这种"买牛不愁钱，养牛没风险，产牛有奖励，卖牛有保障"的一条龙扶贫模式，深受贫困户欢迎。此外，我们从澳大利亚引进 3000 头种母牛建立大型种牛繁育基地，从加拿大引进 9 万支优质种牛冻精改良当地土种牛。帮扶的贫困户，户均饲养 3 头肉牛，年人均纯收入超过 4000 元。

中药材和经果林产业：已建成 3.2 万亩丹参、天麻等中药材基地，2 万亩油用牡丹、皂角等经果林基地。帮扶的贫困户年人均纯收入超 5500 元。这种用特色产业带动贫困户入股分红、务工增收的扶贫模式，帮助贫困户持续增收、稳定脱贫。

二、易地搬迁扶贫必须有产业依托，才能搬得出、稳得住、能脱贫、能致富。结合新型城镇化和新农村建设，建设 50 个新农村和 1 个民族风情小镇，新农村给每个贫困户配建两栋蔬菜大棚，同时辅以肉牛养殖、乡村旅游等作为"第二产业"。民族风情小镇配建商业街，同时就近配建农牧基地。首批 10 个新农村已全部入住，第二批 40 个新农村和 1 个民族风情小镇将于今年 6 月 30 日交付。

三、发展教育扶贫，是拔除穷根的关键。我们全方位补足当地教育资源短板，11 所小学、13 所幼儿园、1 所完全中学和 1 所职业技术学院将于今年 6 月 30 日交付，同时设立教育奖励基金奖励优秀教师和贫困家庭优秀学生。

四、实施吸纳就业扶贫、创业扶贫和特困群体生活保障扶贫。已吸纳 11687 人到恒大集团及其战略合作企业就业，年人均收入 4.2 万元，实现"一人就业、全家脱贫"。设立贫困家庭创业基金，已扶持贫困户 10976 户。援建的慈善医院、养老院、儿童福利院将于今年 6 月 30 日交付，并设立慈善基金资助孤寡老人、困境儿童和贫困家庭。

通过实践，我们感到，扶贫工作重在精准，贵在落实。必须瞄准短板，坚持因地制宜、因户施策、因人施策，既要"见效快"，更要"利长远"；必须真抓实干，坚持"输血"与"造血"并举，不仅出资金，更重要的是出人才、出技术、出管理、出思路，工作到村、调查到户，措施到位、扎实推进，这样才能不断夺取脱贫攻坚战新胜利。

（此文发表在 2017 年 3 月 10 日《人民政协报》）

专心专注做好企业　积极承担社会责任

十八大以来，党中央高度重视企业家队伍建设，对激发和保护企业家精神作出了一系列决策部署。一大批优秀企业为积累社会财富、创造就业岗位、促进经济社会发展、增强综合国力做出了重要贡献。

十九大前夕，中央又发布了 25 号文件。这是新中国成立 60 多年来，中央第一次围绕企业家出台这么重要的文件，再次体现了党和国家对我们企业家的高度重视、亲切关怀和殷切期盼，标志着对企业家精神的保护和弘扬进入新的阶段。这是前所未有的发展机遇，我们深受鼓舞，信心倍增。

中央 25 号文件弘扬企业家精神、营造企业家健康成长环境、更好发挥企业家作用，对我国持续深化改革、建设经济强国、实现民族复兴伟业具有极高的时代特征和现实意义。

第一点体会是企业家要专注做好自己的企业。我们要一心一意搞好自己企业的经营、求真务实做好管理、脚踏实地做好产品，依法依规走正道，在公平公正的市场竞争中拼搏进取、不断创新、追求卓越。这就要求我们必须把所有的精力和时间都用在队伍建设、制度建设、文化建设等企业最基础的管理工作上，以诚信取胜、以管理取胜、以质量取胜、以品牌取胜、以文化取胜。

恒大就是这样一步一步走过来的：1996 年成立时，就确立了"质量树品牌、诚信立伟业"的恒大企业宗旨，"艰苦创业、努力拼搏、无私奉献、开拓进取"的恒大企业精神，"精心策划、狠抓落实、办事高效"的恒大工作作风。恒大的宗旨、精神、作风从成立到现在 21 年一个字都没改，一直传承到现在。

现在看来，21 年前恒大成立之初提出和倡导的企业的文化、企业的理念、企业的价值观、企业的精神，和现在所提倡的企业家精神不谋而合。这是恒大快速健康发展的原因。

第二点体会是企业家要积极承担社会责任。民营企业从无到有、从小到大、由弱变强，无不得益于国家的改革开放政策和全社会的支持、帮助。饮水思源，回报社会，是民营企业应尽的社会责任。

那么，我们怎样去承担社会责任呢？首先，我认为，企业做好自身的经营、管理和发展，解决更多的就业、上缴更多的税收、为社会创造更多的财富，就是更好地承担了社会责任。另外，企业要积极投身光彩事业、公益慈善事业，积极投身脱贫攻坚，先富带后富，实现共同富裕。

当前，脱贫攻坚是我们国家的头等大事。习近平总书记多次强调，确保到 2020 年农村贫困人口如期脱贫，是全面建成小康社会的底线任务，是我们党对社会的庄严承诺。投身脱贫攻坚，就是我们企业家承担社会责任的最好方式和最好平台。

目前，全国还有 12.8 万个贫困村、4335 万贫困人口。我呼吁：我们所有民营企业要积极参与脱贫攻坚，踊跃加入到"万企帮万村"精准扶贫行动中来，在党中央的坚强领导下，和全国人民一道，坚决打赢脱贫攻坚战，让贫困老百姓早日过上好日子。这是一个很真诚的呼吁。

在全国政协鼓励支持下，恒大从 2015 年 12 月开始结对帮扶贵州省毕节市大方县，三年无偿投入 30 亿元，通过一揽子综合措施，确保到 2018 年底实现大方县 18 万贫困人口全部稳定脱贫。今年 5 月开始，恒大又帮扶了毕节市六县三区，再无偿投入 80 亿元，共计无偿投入 110 亿元，现在已经捐赠到位 40 亿元，并派出 2108 人的扶贫团队常驻县、乡、村，确保到 2020 年帮扶全市现有 92.43 万贫困人口全部稳定脱贫。

（此文发表在 2017 年 9 月 28 日《新华网》）

誓言帮扶毕节打赢脱贫战

今天，我们在这里隆重召开"恒大集团帮扶乌蒙山区扶贫干部出征壮行大会"。在座的 321 名扶贫干部，是我们从集团系统 6000 多名干部中选拔出来的最优秀的各级领导。再过两个小时，你们将奔赴贵州毕节市恒大乌蒙山区扶贫前线。

乌蒙山区是我们国家最大的、最穷的、贫困人口最多的集中连片特困山区，毕节市是乌蒙山区的贫中之贫、困中之困。

2015 年 12 月，我们在全国政协的鼓励支持下，开始结对帮扶毕节市大方县。当时，我们立即成立了由集团公司副总裁任主任的扶贫办，选派了 287 人的专职扶贫团队常驻大方，展开脱贫会战。三年无偿投入 30 亿元，通过产业扶贫、搬迁扶贫、就业扶贫、教育扶贫等一揽子措施，已经实现 8 万多贫困人口初步脱贫。确保到 2018 年底实现 18 万贫困人口全部稳定脱贫。

在产业扶贫方面，我们已经为大方捐建了 190 多个肉牛养殖基地、20 多个蔬菜育苗中心、8300 多栋蔬菜大棚、9 万多亩蔬菜大田基地、8 万多亩中药材及经果林基地。同时，我们为大方引进了 43 家上下游龙头企业。为大方捐建的 50 个新农村、11 所小学、13 所幼儿园、1 个奢香古镇，还有完全中学、职业技术学院、慈善医院、敬老院、儿童福利院等 103 个重点扶贫项目，大部分已竣工交付，到下个月底就全部交付使用了。

现在，除帮扶大方县外，我们又承担了毕节市其他 6 县 3 区的帮扶工作，也就是说恒大从现在开始帮扶整个毕节市。毕节市总共有 7 县 3 区、1000 多万总人口，还有 92.47 万贫困人口，脱贫攻坚的任务非常繁重。

我们初步预算需要再无偿投入 80 亿元，加上大方的 30 亿元，总共需要无偿投入 110 亿元的扶贫资金。

五年无偿投入 110 亿元对恒大来说不是一件难事，最难的是要派一支能吃苦耐劳、能奉献、能打硬仗，能出思路、能出管理、能出办法、能出技术、能激发当地干部群众内生动力的优秀扶贫团队。所以，集团董事局决定，选派 321 名常驻县、乡的各级扶贫领导干部，选派 1500 名驻村的扶贫队员，和大方 287 人的扶贫团队会师，形成了 2100 多人的扶贫大军。我们 2100 多人的扶贫大军，要决战乌蒙山区扶贫前线，确保到 2020 年帮扶毕节 100 多万贫困人口全部稳定脱贫。

对于贫困，我是有非常深刻体会的。我出生在河南豫东一个最穷的地方。

我 1 岁 3 个月的时候，母亲得了病，没有钱看病，也没地方看病，就这样走了，我就成了半个孤儿。

我是从小吃地瓜、地瓜面长大的，穿的、盖的都是补丁摞补丁。

读小学时，村里的学校就只有几间破草房，课桌是用泥巴做的长条台子。雨天，外面下大雨，里面下小雨，地上都是烂泥巴。

上中学的时候，离家比较远，每星期背着筐去学校，筐里面装的是地瓜和地瓜面做的黑窝头，还有一个小瓶子，瓶子里面装着一点盐、几滴芝麻油和一点葱花。这就是我一周的口粮。一日三餐，每餐吃一个地瓜、一个窝头，喝一碗盐水。到了夏天，天很热，黑窝头半天就长毛了，洗一洗继续吃。

1976 年我高中毕业，想去砖瓦厂找份搬砖头的临时工做，都找不到。当时我的最大目标和最大愿望是什么？就是走出农村，找份工作，能够吃上白面。

就在这个时候，国家恢复高考，我考上了大学。没有钱读书，没有钱吃饭，是靠国家每个月 14 块的助学金读完了大学。

1982 年大学毕业后，在国企工作了 10 年。1992 年到深圳找工作，在民企打了 5 年工。趁着改革开放的好机会，1996 年我成立了恒大，从零开始、从小到大、从七八个人发展成今天 9 万员工、总资产 1.35 万亿元、年销售规模 5000 亿元、年税后净利润 300 亿—400 亿元的世界 500 强企业。

没有国家的恢复高考政策，我还在农村；没有国家 14 块的助学金，我也读不完大学；没有国家的改革开放政策，恒大也没有今天。恒大的一切，都是党给的，国家给的，社会给的，我们应该去承担社会责任，我们应该回报社会，我们必须回报社会。这不是空话，也不是虚话，这是我的心里话。

我们帮扶毕节市，这是我们回报社会最好的平台，也是我们回报社会最好的机会。乌蒙山区几乎是山连山、山环山。住在深山老林里面的老百姓，没有路、没有水、没有电，几公里的山沟里，零零散散住着几户人家，家家户户都是破烂不堪的草房，就靠着房前屋后一点点山坡地养家糊口，靠天吃饭，青黄不接，经常吃了上顿没下顿。

有些深山里面的村民，出来一趟要五六个小时，很多老人一辈子没出过大山。得了病，没有钱看病也没有地方看病。很多孩子想读书都很困难。

他们实在是太穷了、太苦了。同志们，他们现在多么渴望别人的帮助啊！

我们要帮助他们，我们一定要帮助他们。我们要把帮扶毕节 100 多万贫困人口实现脱贫，作为恒大的历史使命。我们能够让他们早日脱贫，过上好日子，这是我们最大的欣慰，也是我们每一位恒大人一生当中的光荣，一辈子的荣耀！

我们要完成这个非常艰巨的历史重任，我们要集全公司的力量，全力支持乌蒙山区扶贫前线的工作，我们 2100 多人的扶贫团队，要在当地各级党委政府的领导下，和当地干部群众并肩作战、精准作战，要大干苦干实干，要深入基层、工作到村、包干到户、责任到人，不脱贫不收兵！

我坚信，我们一定能够打赢乌蒙山区这场脱贫攻坚战，为实现习近平总书记提出的"确保到 2020 年所有贫困地区和贫困人口一道迈入全面小康社会"的目标，贡献我们的力量！

（此文发表在 2018 年 1 月 19 日《人民政协报》）

不忘初心　砥砺前行

我今天讲的主题是：不忘初心，砥砺前行。2017 年是恒大第七个"三年计划"的收官之年，也是恒大战略转型的丰收之年。各级领导和全体员工齐心协力、顽强拼搏、努力奋战，响应党和国家高质量发展号召，坚决推动战略转型，取得了前所未有的辉煌业绩，谱写了恒大战略转型的宏伟篇章，创造了高质量增长的发展奇迹。

今天的讲话分两个部分，恒大砥砺前行的二十二年和新恒大、新起点、新战略、新蓝图。

一、恒大砥砺前行的二十二年

（一）恒大发展历史上的两大阶段

恒大从 1996 年成立到现在，已经二十二年，主要分为两个阶段。第一个阶段是 1996 年到 2006 年的十一年，这是恒大打基础、练内功的十一年。第二阶段是 2007 年到 2017 年的十一年，是恒大大跨越、大发展的十一年。

不忘初心，方得始终。恒大于 1996 年成立，只有七八个人挤在不到 100 平方米的民房里办公，从零开始、由小变大、由弱变强，到 2006 年用了十一年时间，为恒大发展打下坚实基础。

一是确立了恒大的宗旨、精神和作风，明确了人才培养和引进的高标准，建立了从严管理、重奖重罚的各项规章制度，奠定了恒大文化建设、队伍建设和制度建设的基础。

二是创立了独特的"目标计划管理"体系，将目标管理和计划管理合二为一，鞭策员工不懈奋斗，成为恒大多年来保持高速增长的一大法宝，奠定了恒大强大的执行力。

三是探索出独有的紧密型集团化管理模式，实施了统一规划、统一招标、统一采购、统一配送的标准化运营模式，奠定了恒大强大的成本控制和质量管控能力。

四是实现产品升级换代，打造高品质、高性价比的精品住宅，确立了民生地产的定位，契合老百姓的刚需，成为行业唯一一家全部精装修交楼的房企，奠定了恒大强大的产品优势。

正因为前十一年打下的坚实基础，造就了恒大强大的竞争力，牢牢奠定了公司后十一年实现跨越式发展的根基，这是最宝贵的财富。

从2006年开始，公司决定"拓展全国、迈向国际"，我们当年就进入了武汉、沈阳、重庆、成都四个城市，开始拓展全国。同时，引进了美银美林、德意志银行、淡马锡等世界级财团，正式迈向国际。我清楚记得，在2006年4月30日中层干部会议上，我提出了"用三年时间再造20个恒大"的宏伟目标，这对当时还没走出广州市场的恒大而言，是非常不简单的。所以说，恒大在2006年迈出了非常重要的一步，是公司发展历史上承上启下的一年。

接下来的2007年到2017年，是公司实现大跨越、大发展的十一年。我们统计了一下恒大在这十一年的主要经济指标增长情况：

总资产，2006年是78亿，2017年是17618亿，增长了226倍；

净资产，2006年是10.1亿，2017年是2422亿，增长了240倍；

销售额，2006年是17亿，2017年是5010亿，增长了294倍；

利税，2006年是5.4亿，2017年利润370亿、税收420亿，也就是利税790亿，增长了146倍；

现金余额，2006年是20.3亿，2017年是2877亿，增长了142倍。

这些重要指标都增长了 142 倍以上，这一组天文数字，见证了一个企业的发展奇迹。

在公司高速发展的同时，我们竭尽所能，积极承担社会责任。2006 到 2017 年，公司纳税由 2.1 亿增长到 420 亿，增长 200 倍；解决就业人数由 3 万人增长到 220 多万人，增长约 73 倍；累计为民生、扶贫、教育、体育等慈善公益事业捐款 100 余次，金额超 105 亿元。

这就是恒大砥砺前行二十二年的两个阶段，也就是在前十一年打基础、练内功，在后十一年实现大跨越、大发展。

（二）恒大发展历史上的六次重大战略决策

恒大二十二年的发展历史上，共做出了六次重大战略决策，在根本上决定了公司的发展，也决定了公司今天的地位。

第一次重大战略决策，是 1997 年 3 月 1 日公司在西樵山召开了第一次 20 人的全体员工大会，确定了"质量树品牌、诚信立伟业"的恒大宗旨，"艰苦创业、无私奉献、努力拼搏、开拓进取"的恒大精神和"精心策划、狠抓落实、办事高效"的恒大作风，形成了恒大的企业文化。我们在二十多年前确定的企业宗旨、精神和作风，至今一字未改，这与国家现在提倡的企业家精神是不谋而合的，与国家现在提倡的社会主义核心价值观也是不谋而合的。

第二次重大战略决策，是 2004 年公司做出了打造精品的重大战略决策，要实现产品的升级换代。同时这也为两年后 2006 年提出的拓展全国、迈向国际战略做准备。

当时恒大的产品还是以小面积、低价格、低成本为主，这是公司初创时的客观条件决定的，当时行业上已经有很多大企业，我们才从零开始，必须通过这种短快平的产品迅速打开市场、做大规模。但公司要拓展全国，产品品质就一定要确保，所以必须做出打造精品的战略决策。

此外，我们还在这个时期研究和探讨了公司拓展全国后的发展模式，也就是现在的紧密型集团化管理模式。为什么要用这样的模式？这种模式能实现"三个确保"，也就是能确保防控风险、确保控制成本、确保产品质量。基于这种模式，恒大在上马项目、规划设计、材料供应、招投标、预决算、工程管理、质量管理、销售、交楼等方面均由集团进行直接严格把控。所以，这么多年来，恒大的总体成本控制得比较好，而且保证了全国产品的品质。

第三次重大战略决策，是2006年公司提出"拓展全国、迈向国际"。我在2006年4月30日的中层干部会议上宣布，要用三年时间再造20个恒大。虽然是2006年提出这个战略决策，但实际上在2004年提出精品战略的时候，我们已经在做这次决策的研究和探讨。等到2006年正式提出要拓展全国、迈向国际时，满足这个战略发展需求的产品标准和管理模式都已经形成了，基础已经奠定，因此取得了非常快速的发展。

第四次重大战略决策，是2007年6月作出公司上市的重大决策。上市看起来简单，但事实上却困难重重。2008年3月，我们到美国路演的时候，遇到雷曼兄弟倒闭，世界金融危机爆发，上市不得不搁浅。可以说，我们在2008年遭遇了全球金融危机和公司上市受阻的两个寒冬。这是公司发展历程中最艰难的时刻。但是，我们的领导干部团队没有气馁，没有一个中层以上领导离职。2009年春节，所有领导除夕下午放假，正月初二正式上班，大家封闭开会研究对策。最终我们克服了重重难关，在2009年11月5日成功在香港主板上市，为公司发展提供非常强劲的动力。

第五次重大战略决策，是2013年1月4日我在年度大会上提出"大智慧、大战略、大发展、大胜利"。党的十八大在2012年11月胜利召开，我们年度大会在2013年1月召开，可以说是乘着十八大东风。我们根据当时公司内部自身条件和外部市场环境，提出了这个重大战略决策，制定出"到2020年实现销售额5500亿、土地储备超过3亿平方米、解决就业超过200万人"的奋斗目标。这在当时是不能想象的，要知道我们2012年销售额只有923亿、土地储备只有1.4亿平方米，解决就业42万人。

但是，到 2017 年底，我们就已经实现年销售额 5010 亿，土地储备达到 3.12 亿平方米，解决就业 220 多万人。总资产也从 2012 年底的 2390 亿，增长到 17618 亿，完成 7 倍的高增长。可以说，通过我们的共同努力，恒大提前 3 年实现了 2020 年的奋斗目标。

第六次重大战略决策，就是 2017 年我们启动战略转型。2016 年，我们在销售额等各项经济指标创下新高，成为世界最大的房企。2017 年开始，我们在发展模式上，从原来的"规模型"向"规模 + 效益型"模式转变，在经营模式上，从原来的高负债、高杠杆、高周转、低成本的"三高一低"，向低负债、低杠杆、低成本、高周转的"三低一高"模式转变。这是去年初在年度会议上提出的战略决策。党的十九大报告提出我国经济已转向高质量发展阶段，我们的战略决策顺应了新时代的新要求。通过大家一年的努力，我们的总资产大增、净资产大增、利润大增、负债率大降，实现了高质量增长，完成了战略转型，这就是战略决策成功带来的显著成果。

战略决策对于一个企业来说非常重要，我们历次的战略决策，都经历了时间和市场的充分检验，证明了恒大战略决策的前瞻性、科学性和正确性，同时进一步的说明战略决定成败的真理。因此，我们要坚定不移的实施我们的战略决策。

二、新恒大、新起点、新战略、新蓝图

今年，我们开始实施第七次重大战略决策，也就是"新恒大、新起点、新战略、新蓝图"。

所谓的"新恒大"，就是今天的恒大。今天的恒大是什么样的概念？今天的恒大是一家总资产 17618 亿、净资产 2422 亿、年销售额 5010 亿、毛利润 1122 亿、利税 790 亿、核心利润 405 亿、现金余额 2877 亿、土地储备 3.12 亿平方米的世界两百强企业。

"新恒大"概念后面有三个关键词：新起点、新战略、新蓝图。2017 年

的各项核心经济指标是"新恒大"的发展基础，是恒大的新起跑线。

所谓的"新战略"，就是要坚定不移地实施"规模＋效益型"发展模式，要坚定不移地实施低负债、低杠杆、低成本、高周转的"三低一高"经营模式，并在产业布局上积极探索高科技产业，逐渐形成以民生地产为基础，文化旅游、健康养生为两翼，以高科技产业为龙头的产业格局。

根据新战略的发展要求，我们的发展重点在于提升增长质量，提高发展效益。但我要特别强调的是，恒大从成立到现在，始终坚持让利于民，这是我们应该承担的社会责任。我们的效益提升主要通过不断地提升服务、提升管理、增加产品附加值，以及强大的成本控制能力。尤其是从去年开始，我们大力降低营销、管理、财务三大费用，去年我们的三费占比同比下降2.5个百分点，成效非常明显。

在产业布局上，我们还要积极探索高科技产业，在量子通讯、量子计算机、航天工业、航天技术、人工智能、生命科学、现代农业等领域进行积极探索。

作出探索高科技产业的重大决定，一方面从社会责任的角度，这是企业家应有的家国情怀和民营企业应尽的社会责任。党和国家提出，要推动我国科技实力进入世界前列，恒大作为民营企业龙头，必须要为国家的科技强国战略作出贡献。另一方面，从企业经营的角度，我们坚信如果用十年的时间，从科研、到孵化、再到产业化，一定可以培养出一大批世界领先的前沿科技技术成果，高科技产业也将成为恒大的龙头产业。旅游、健康、高科技产业都是千亿甚至万亿级规模的朝阳产业，发展前景非常好，因此我们在产业布局上才做出这样的重大战略部署。

所谓"新蓝图"，就是到2020年底，我们要实现总资产3万亿，年销售规模8000亿，年利税1500亿，负债率下降到同行中低水平，成为世界百强企业。

今年是恒大的第八个"三年计划"的开局之年，主题是"深化转型、提质增效"。第一句话是"深化转型"，前面讲的坚定不移地实施发展模式和经营模式转变，以及积极探索高科技产业，都属于这个范畴。第二句话是"提质增效"，国家现在提倡高质量发展，恒大也一再强调规模适度增长、注重增长质量。"提质增效"的核心就是通过打造精品、增加产品附加价值、降低成本，实现企业效益提升，同时大力降负债、去杠杆。

2020年是恒大第八个"三年计划"的收官之年，恒大进入世界百强不是梦，根据去年的世界500强榜单，百强的营业额门槛是5000亿，到2020年即便有所提高也应该在5500亿左右，而到时相信恒大营业额应该超过5500亿，那就能顺利成为世界百强企业。

同志们，我们要不忘初心，砥砺前行，始终牢记"质量树品牌、诚信立伟业"的恒大宗旨，不断弘扬"艰苦创业、无私奉献、努力拼搏、开拓进取"的恒大精神，永远保持"精心策划、狠抓落实、办事高效"的恒大作风。我们要依法依规、专心专注、兢兢业业做好我们的企业，为社会创造更多的财富，解决更多的就业，缴纳更多的税收，同时积极参与脱贫攻坚战，多承担社会责任，为实现中华民族伟大复兴的中国梦做出恒大应有的贡献！

（此文系作者2018年3月29日在恒大集团2018年度工作会议上的讲话）

对话许家印：为精准扶贫与改善民生贡献民企力量

张赟珏

记者：我们都知道，贵州是全国脱贫攻坚的主战场，恒大在贵州帮扶毕节全市10个县区，无偿投入110亿元，同时还派出了2100多人的扶贫团队，要帮100多万人实现脱贫。我也专门查了一组这样的数据，到目前为止，恒大已经帮扶30.67万人初步脱贫，接下来还要帮扶72.46万人脱贫。我想提问许家印委员，在整个的帮扶实践中，您有什么样的体会和经验？谢谢。

许家印：谢谢你对扶贫的关注。

我们通过两年多来的对口帮扶，我的最大体会是：企业参与扶贫，必须在各级党委政府的坚强领导下，要派出一支懂管理、懂技术、能吃苦耐劳、能打硬仗的扶贫队伍，必须和当地干部群众齐心协力、并肩作战，形成强大的合力，才能做好帮扶工作。

至于帮扶的经验，谈不上，但我认为，扶贫一定要抓住产业扶贫、搬迁扶贫、就业扶贫这个扶贫的"牛鼻子"。

首先，产业扶贫非常重要，尤其是因地制宜的产业扶贫更为重要。各个地方的情况不一样，针对毕节10个县区独特的生态、气候，我们帮助毕节打造中国西南部的两大基地，一个是中国西南部最大的蔬菜瓜果基地，一个是中国西南部最大的肉牛养殖基地。

蔬菜基地，我们建设 15 万栋蔬菜大棚、100 万亩蔬菜瓜果大田基地及配套的育苗中心。同时，引进 79 家上下游企业，帮助贫困户解决种什么、怎么种、种多少、卖给谁的根本性问题。

现在，蔬菜大棚快的 40 多天就可以收一茬，一年可以收 6 茬；一个大棚一年收入 8000 到 1 万元，就可以帮 2 个人脱贫。

肉牛养殖，我们建设 1000 个养牛基地，引进 15 万头安格斯、西门塔尔种牛，进口 200 万支冻精，改良 100 万头当地土牛。现在养一头牛，一年平均可增收 4000 多元，也就是说，养一头牛就可以帮 1 个人脱贫。

另外，我们还因地制宜地做了其他产业扶贫项目，比如经果林方面有 50 万亩油用牡丹基地，中药材方面有 50 万亩的丹参、天麻基地，以及乡村旅游、农家乐等。

第二是搬迁扶贫。搬迁扶贫也很重要。毕节市是乌蒙山区的一部分，尤其是那些住在深山老林里的贫困老百姓，路不通、水不通、电不通，房子不遮风不挡雨，从山里走出来要几个小时，孩子上学要跑很远的地方，不搬出来就根本没有办法脱贫。

我们在毕节 10 个县区内，建设 50 个新农村、9 个移民搬迁社区和 1 个奢香古镇，共解决 4.2 万户、18.4 万贫困老百姓的移民搬迁，并且给每户都配了蔬菜大棚、肉牛养殖、乡村旅游等两个以上的产业项目，确保他们搬得出，还得稳得住，实现持续脱贫。

50 个新农村现在已经建好并搬迁完毕，到今年年底，我们就可以把 18.4 万贫困老百姓全部移民搬迁完毕。

第三，就业扶贫。就业扶贫是见效最快的。我们组织贫困户进行职业技能培训，解决 8 万人就业。已经帮扶了 4.3 万人在当地产业就地就业和异地就业，人均年收入 4.2 万元，实现了"一人就业、全家脱贫"。

当然，扶贫不仅仅就是产业、搬迁和就业扶贫，还包括教育扶贫等其他帮扶措施，我们建成了几十所大中小学校，还建成了医院、老人院、儿童福利院等等。

目前，全国还有 3000 多万贫困人口，8 万个左右的贫困村。我们现在有 2500 多万家民营企业，如果每 300 家民营企业中有 1 家帮 1 个村，就可以实现村村都有企业帮扶，这样就可以形成庞大的社会帮扶力量，就能为实现习总书记提出的"到 2020 年所有贫困地区和贫困人口一道迈入全面小康社会"的目标，做出民营企业应有的贡献。

记者：今年政府工作报告把改善民生列为经济社会发展的主要任务之一。作为中国经济的重要组成部分，近年来民营企业承担的社会责任也越来越大。请问许家印委员，您认为民营企业在改善民生方面应该发挥怎样的作用？

许家印：我认为，民营企业依法依规、专心专注、兢兢业业地做好企业的经营、管理和发展，把自己的企业做大做强，为社会创造更多的财富、解决更多的就业、上缴更多的税收，这就是最大的民生。实际上，民营企业在改善民生方面已经发挥了重要作用。截至去年底，民营经济对 GDP 的贡献已经超过 60%，解决就业超过 80%，纳税超过 50%。

我们国家从 1984 年成立第一家民营企业开始，到现在中国民营企业已经发展到 2500 多万家。短短三十多年，民营企业从无到有、从小到大、由弱变强；尤其是十八大以来，一大批民营企业迅速壮大，比如像阿里、腾讯、华为、苏宁等等。民营企业的发展，都离不开党的非常好的政策和社会各界的关心支持。我相信，民营企业乘着十九大的东风，在这个伟大的新时代一定会发展得更快、更好、更大、更强，为改善民生会发挥更大的作用。

（此文系作者 2018 年 3 月 10 日在全国政协十三届一次会议记者会上的答记者问）

李书福

李书福，男，1963年6月生，浙江台州人。于1986年创办吉利集团，1997年进入汽车行业，多年来专注实业，大力发展民族汽车工业，始终坚持技术创新和人才培养，打造全球型企业文化，坚守企业社会责任。

在他的带领下，企业已连续6年位列世界500强。目前，集团业务覆盖汽车全产业链，在全球拥有逾8万名员工，为一家立足中国、面向世界的全球型企业。吉利控股集团在2000年创办了中国最大的民办大学北京吉利学院，并随后创办了三亚学院、湖南吉利汽车职业技术学院、浙江汽车工程学院等教育机构。2018年当选为第十三届全国人民代表大会代表，曾连任三届全国政协委员，并为全国工商联副主席。

自主创新，提升中国制造的短板

4月23日，第十一届北京国际车展开幕后，吉利接连召开两场新闻发布会，分别用中、英文向与会的全球媒体介绍吉利参展情况和吉利战略规划。此次车展，吉利展台面积超过3000平方米，54件展品、39款整车、14款动力总成产品、1款模拟器构成了庞大的吉利参展阵容。

一直以来，缺乏品牌竞争力、低端产品定位是大部分中国制造品牌走向世界时所面对的普遍迷局。近来吉利在一系列海外并购上集中发力，使中国自主品牌受到国内外的高度关注，改变了吉利定位低端的品牌形象。

如今，甚嚣尘上的吉利并购事件已经尘埃落定，虽然对于吉利"后并购时代"的发展路径各方评论不一，但不可置疑的是，吉利已经依靠自己的发展坐上了中国汽车制造的头把交椅。而这得益于吉利的品牌经，即以技术和人才为支撑点，用自主创新提升中国制造的短板。

自主品牌汽车工业真正要发展不能简单地依靠政策。作为自主品牌汽车工业一定要走高技术、高品牌、高附加值的发展道路，不能图蝇头小利，最起码我们是不能想这些东西的。我们要想怎么提高技术、提高质量、降低成本、加强人才培训培养。战略转型就是基于此。

2007年吉利择机进行了战略性转型，要把企业的核心竞争力从成本优势重新定位为技术优势、品质至上和服务优秀。战略转型最显著的表现就在于产品的更新换代——由低端经济型轿车向功能齐全、高性价比的中高端轿车进发。企业理念也从"造老百姓买得起的好车"转变为"造最安全、最节能、最环保的好车"。

汽车是人才、技术、资本高度密集、高度国际化、高度竞争的特殊产业，既现代又传统，是各种高技术应用的载体。

自主品牌的成长是要靠技术、品牌、质量、管理，靠一点一点的努力才能做得到的，吉利一定要通过自己默默无闻的努力真正地在技术、品质、服务、管理上能够做到让人信服，让人发自内心地来选择自主品牌汽车。

吉利到今天为什么不断地显现着生命力和竞争力，是因为吉利尊重汽车产业的基本规律、基本要求。整个吉利集团像一所大学校，为了产业的发展培养各方面的人才。通过人才培养，汽车装配有人做了，设计有人做了，销售售后服务有人做了，零部件制造也开始了。吉利汽车工业的成长主要是人才培养培训，主要是吉利在教育方面努力的结果。

为了培养吉利技术人员的新产品开发能力，吉利还与德国、韩国、法国等国家的专业技术公司以项目合作或在中国联合成立专业研发公司等形式展开广泛合作，涉及造型设计研发、结构分析研发、化学应用研究，还有物理性能、功能等方面的研究。例如在与韩国大宇进行合作的过程中，就有十几名大宇的技术专家对吉利的相关人员进行培训。

技术进步与新产品开发是企业竞争的龙头，是决定企业生死的基因组。对一个汽车品牌来说，技术进步能够提高其产品的技术含量、技术水平，能够增加其产品的市场竞争力，同时又能配合公司实施远景战略。自有技术是吉利的核心竞争力，吉利在一个设定的技术进步方向上不断取得进步，在赶超同行技术的同时，推广自己的理念，这也是形成自己产品个性和逐渐走进用户心里的过程。

吉利不断强调自主创新，但是并没有排斥技术设备的引进，2002年耗资数千万元从大宇国际引进了相关设备来改造吉利生产基地。站在同行的肩膀上，吉利对技术发展提出了更加严格的要求——技术进步与新产品开发必须做到与众不同，既不能完全否定同行的方法，也不能完全照抄同行的方法。

一直以来我都对自己从事的事业怀有坚定的信念，做的事情一定要做成功，而且我坚定地认为中国汽车一定要强起来并一定会强起来。

（此文发表在 2010 年 4 月 30 日《中国企业报》）

打造全球型企业文化

2015年6月10日，我在重庆"全球汽车论坛"上发表题为"融入国际化与全球型企业文化建设"的演讲，提到了我们在并购沃尔沃过程中的心得体会。我认为，文化因素是并购过程中的关键点，企业的经济效益是企业生存的血液，没有效益的企业就会破产，而企业愿景、宗旨、使命及核心价值追求是企业发展的文化原动力，两者都很重要，缺一不可。只有这样，才能保证企业在全球市场不断取得成功。

成功的吉利战略取向

吉利早在2001年就对世界汽车工业格局的变化做了战略性评估，认为未来十年根据全球经济发展规律，一些传统的世界汽车巨头将面临新一轮的洗牌，这对吉利的发展可能是个机会。2007年5月我们开始实施战略转型，宣布不打价格战，从"低价策略"向"技术领先、质量可靠、服务满意、全面领先"转型，为企业"走出去"做好了战略安排。因此，当全球金融危机突然降临时，我们非但没有束手无策，反而显得胸有成竹。

曾有人问我，吉利成功融合沃尔沃靠的是什么？我的体会是，靠沟通互信；靠合规合法；靠和而不同的中华文化底蕴；靠与工会组织建立良好沟通，坦诚相见，同舟共济；靠尊重欧洲成熟的商业文明，严格目标管理，有效放权，让管理层充分发挥"主人翁作用"；鼓励思想碰撞，强调人文关怀，用"和而不同"包容各种建设性意见，确保企业沿着设定的战略轨道可持续发展。

国际并购中存在一种"七七规律",即70％的并购未达到预期商业目的，其中70％的原因是文化因素。我认为，就文化因素而言，最难逾越的鸿沟，一是与工会组织的关系；二是管理方式的差异，而这两条鸿沟并未对吉利融合沃尔沃形成障碍。在我眼里，东西方文化并非不可调和，关键在于包容互信，彼此尊重，和而不同。整个并购过程历时2年多，吉利和沃尔沃之间从不了解到羞羞答答，直到充分了解，建立互信，这是一个非常艰难的过程。

在西方人眼里，中国企业比较异样。西方人喜欢中国市场，但不一定理解中国企业的治理方法与价值伦理。因此，如何让沃尔沃更多地了解吉利，更好地了解中国非常重要。沃尔沃有四个工会，他们分别来中国，到工厂、车间全面了解吉利与员工的关系，他们去全国总工会、浙江省总工会了解相关情况，吉利在并购陈述中也明确了并购后的管理安排。

"沃尔沃是沃尔沃，吉利是吉利，两者是兄弟关系，而非父子关系。同时吉利还明确，巩固与加强沃尔沃在欧美传统市场的地位，开拓包括中国在内的新兴国家市场，迅速实现沃尔沃放虎归山。吉利要让沃尔沃重新出山，自由发展，充分释放活力和闯劲"。这个战略安排，吉利做到了。随着时间推移，信任关系也就水到渠成了。沃尔沃的竞争品牌是奔驰、宝马、奥迪，过去沃尔沃是领头雁。我相信，经过吉利的战略调整，沃尔沃将来一定会回到原来的位置，这也是吉利的目标。近5年的实践表明，吉利的战略取向是成功的。

文化引导与建设

在文化融合方面，吉利做了大量研究，并且专门成立了全球型企业文化研究中心，与全球各有关机构携手合作，共同探讨全球整合型企业的发展课题。

纵观世界现状，全球经济一体化、世界贸易自由化已经成为不可阻挡的潮流。大量外国企业进入中国市场的同时，中国的一些企业也在走出去，逐渐融入全球经济和社会。因此我们认为，研究和推动全球型企业文化的形成与发展对于中国及全球经济的可持续发展，对于世界和平及全人类幸福事业的建设具有重要而深远的意义。

无论是跨国公司还是全球性公司都已经认识到文化引导与建设的重要性。为了适应和支持全球各个细分市场的需求，调配和整合全球资源，有些公司已经开始淡化国家背景，突出本土化与全球化的细分与合作，强化本土化发展与全球化协调的重要性。淡化或打破了原有的国家、民族、宗教信仰、语言和局部文化特征，逐渐形成一种全新的企业文化和价值理念，其核心特点是尊重、适应、包容与融合，最终目标是达到合作共赢和实现企业在全球市场的成功。

我认为，全球型企业文化是指跨越国界、跨越民族、跨越宗教信仰，放之四海都受欢迎的企业形态。这种文化有利于推动世界和平发展，有利于人类文明进步、幸福快乐，有利于企业创新、创造，具体体现在用户满意度高、员工自豪感强、管理层成就感大，企业整体全面可持续发展。这种文化极度开放兼容，极度远见卓识，积极承担企业社会责任，勇于挑战科技高峰，勇于探索商业文明，充分体现依法、公平、透明、相互尊重的企业治理理念。

吉利并购沃尔沃的初衷不是为了跨文化研究，而是为了继承和发展沃尔沃在安全与环保领域的全球领先地位，是为了实现沃尔沃零伤亡、零排放的愿景。随着时间推移，随着对沃尔沃汽车公司的深入了解，我进一步坚定了对沃尔沃未来的信念，产生了成立全球型企业文化研究中心的念头。一个企业的诞生、生存与发展，其目的不仅仅是为了产生较好的经济效益，而且还要承担相应的社会责任，要有自己的核心价值追求。企业的经济效益是企业生存的血液，没有效益的企业就会破产，而企业愿景、宗旨、使命及核心价值追求是企业发展的文化原动力，两者都很重要，缺一不可。只有这样，才能保证企业在全球市场不断取得成功。

战略性并购的本质

吉利并购沃尔沃是典型的战略性并购，其目的之一是为了让吉利汽车得到更好的技术。2012 年，沃尔沃与吉利签署汽车安全技术和车内空气质量技术合作协议；2013 年 9 月，吉利又在瑞典哥德堡与沃尔沃联合成立欧洲研发中心，共同打造紧凑型模块化基础架构，简称 CMA 基础架构模块。该架构模块是汽车工业的基础性技术研究平台，分别向沃尔沃与吉利汽车公司提供基础性技术支持，吉利与沃尔沃在此基础上分别各自开发自己的汽车产品。沃尔沃将继续专注其在全球豪华车市场，而吉利汽车主攻大众化汽车市场。

2015 年 4 月 9 日吉利汽车成功上市的博瑞车型，也是吉利控股收购沃尔沃后推出的首款中高级车型，由原沃尔沃设计副总裁彼得·霍布里操刀设计。这是一款完全自主研发的车型，但采用了部分沃尔沃技术，在设计、安全和车内空气质量管理技术方面取得了很大突破，是吉利整合全球资源打造出的第一款标杆汽车，被誉为"最美中国车"。产品一上市，便受到市场热捧，并被外交部选为外交礼宾用车。基于吉利与沃尔沃联合开发的模块架构基础上开发的吉利新车型将在 2016 年 3 月正式对外亮相，并于 2016 年底上市，标志着吉利与沃尔沃在产品开发方面的融合真正开花结果。我相信，在 2016 年 3 月份的日内瓦车展上，吉利新车将大放异彩，吉利公司也一定会因此而踏上一条更加健康快速的转型升级发展道路。

从成功并购，到稳定业绩，再到快速发展，从"中国投资"与"欧洲技术"顺利对接，到东方所有权与西方治理架构相互融合。对沃尔沃如此，对其他国际性并购也是如此，吉利收购伦敦出租车公司，走的也正是这条路。2013 年吉利全资收购了该公司，2015 年 3 月 26 日，吉利集团又投资 2.5 亿英镑，在考文垂兴建一座新工厂，生产新一代电动和超低排放的伦敦出租车，这座集研发和组装为一体的新工厂年产量是现有产量的 10 倍。伦敦出租车市场竞争非常激烈，奔驰、日产尼桑及其他不少国际知名汽车公司都在争夺这个市场，但由于技术、成本及服务等综合竞争力原因，吉利成为最后的赢家。

　　一方面，吉利汽车研发的新款车型充分满足了伦敦政府的技术要求，同时吉利收购沃尔沃所带来的优势形成了强大的技术支持。英国首相卡梅伦、伦敦市长约翰逊·鲍里斯、商务与投资大臣利文斯顿勋爵三位英国重量级人物亲自到场支持，足以说明吉利的海外并购战略已开始赢得世界的尊重和信任。这件事给我的体会是，西方人紧扣市场，贴近民心的做事风格，他们对自身文化的传承非常重视，只要做出 200% 的努力，就能得到 100% 的回报。境外竞争中，只有做得比西方人更好，才能得到西方人同等的尊重，才会有成功的机会。

（此文发表在 2015 年第 7 期《现代企业文化》）

提升中国制造业竞争力迫在眉睫

　　制造业是立国之本、兴国之器、强国之基。但中国制造业大而不强，很多产品处于产业链低端。近年来，许多制造业企业普遍遇到"三座大山"即"市场的冰山、融资的高山、转型的火山"；发展中面临"四高四低"：人工成本高、融资成本高、税费负担高、制度性交易成本高，产品质量低、技术标准低、品牌认可度低、企业诚信度低，制约了中国制造业竞争力的提升。我们要把实施制造强国战略真正落到实处。

　　一是科技创新要强发力。没有科技创新就没有制造业的崛起。很多企业不想创新，也不敢创新，甚至创新不如"抄新"，致使中国制造业创新水平在低位徘徊。中国制造业要提高竞争力，企业必须舍得投入，同时要加强产学研协同创新和企业联合创新，政府要在加大财税支持和科技资源共享平台建设上更给力。要防止出现"科研做得好不如报告写得好""项目做得好不如与领导专家处得好"等不良现象，更加注重制造业高端人才的引进、培养和激励，造就一大批能工巧匠。要完善市场准入机制，扶持国产自主研发的重大技术装备和新产品的推广应用。要深刻认识到，不保护知识产权，创新就是一句空话！要坚决严厉打击侵权行为，保护创新成果，为企业乐于创新、敢于创新营造良好环境。

　　二是降低成本要动真格。据调查，劳动力成本十年来上升了 2.7 倍，民营企业融资成本超过银行基准利率 2 倍以上，物流成本是发达国家 2 倍，许多企业"五险一金"占工资总额的 40% 左右，企业还要承担很重的税费负担，制造业的利润已经比刀片还薄了！有的制造业企业自嘲："辛辛苦苦一辈子，不如在资本市场讲个小故事！"希望把降成本行动落到实处，不能"只听楼梯响，不见人下来"。要对制造业实施结构性减税，尤其是要较大幅度降低增值税税率，降低制造业用地价格，精简归并降低"五险一金"，让制造业企业"落得了户、安得起家"。要继续清理各种不合理的行政事业性收费，特别是垄断性中介收费。要大力发展多层次资本市场，提高制造业直接融资比重，切实降低融资成本。

三是品牌建设要下功夫。品牌就是企业的命牌！品牌建设是扩大有效供给、推动供给侧结构性改革的重要内容，必须给予高度重视。我国制造业品牌市场认可度低，竞争力弱，在世界品牌500强中仅有31个，百强品牌中仅有7个。成就一个品牌是长期艰辛的过程，需要发扬以创新、执着、责任为主要内容的企业家精神，耐得住寂寞，经得起诱惑，脚踏实地、专心致志！要大力加强国家技术标准建设，提高产品认可度、知名度和美誉度，不断创造高品质产品，满足多样化、个性化需求。要加强诚信建设，打牢品牌信誉的基石。要加强法治建设，提高市场监管水平。当前，假冒伪劣已经成为影响中国品牌的毒瘤，必须毫不手软坚决打击，让制假售假者付出惨痛代价，挽回消费者对"中国制造"的信心。要尽快处置"僵尸企业"，化解产能过剩，为高品质产品制造腾出资源和市场空间。

提升中国制造业竞争力已迫在眉睫。改革不能靠口号，创新不能靠包装！我们一定要在以习近平同志为核心的党中央领导下，坚定信心，保持定力，强化创新，坚决贯彻落实"十三五"规划，为建设制造强国而努力拼搏！

（此文发表在2016年第3期《时代汽车》）

对接国际市场　在新常态中寻求新突破

　　加快推进浙江省"两个高水平"建设是省第十四次党代会报告中提出来的新要求，凤凰行动计划是执行落实新要求的战略性举措，这个举措非常务实，这次会议安排非常及时。下面，我结合吉利集团的实践，与大家分享吉利对未来的思考。

　　早在2003年我就提出中国汽车工业的希望在浙江，那个时候，浙江没有一个经国家批准的汽车工厂，而二十几年前，国家批准的一些汽车工厂由于存在体制性保护，缺乏有效的竞争机制，产品供不应求，危机意识淡薄，市场竞争能力较弱。浙江企业为市场而生，因市场而活，随着深化改革的持续推进而不断积累经验，不断形成竞争力。浙江企业从制造业起步，从小商品起家，不断地跨领域发展，不断扩大规模，历届省委省政府因势利导，不断深化改革，不断突破体制性障碍，推动与引领浙江企业不断做强做大。但是，经过几十年的发展，今天的浙江经济已经到达转型升级的关键时刻，已经到达非转型升级不可的时候，虽然转型升级也不一定成功，但不转型升级一定死路一条。为了更快更好地顺应经济规律，主动适应经济发展新常态，浙江省人民政府印发浙江省推进企业上市和并购重组"凤凰行动"计划的通知，意义非常深远。吉利汽车公司自动、自觉、自发地响应浙江省委省政府的号召，积极对接全球资本市场，大胆利用各种资本资源，沿着"一带一路"沿线国家存在的商机，积极开展以共商共建共享为前提的商务讨论，取得了一些成果。感谢省委省政府的支持，感谢袁省长、朱省长的支持，吉利在对接A股、港股及全球其他资本市场方面都取得了比较好的进展，为全球业务开展起到了十分有效的资金保障作用。

2017年9月底，我们又完成了对马来西亚宝腾汽车公司及英国路特斯汽车公司的并购，这两个项目规模不大，但战略意义深远，既可以帮助马来西亚政府解决长期困扰宝腾汽车的亏损难题，又可以帮助解决吉利汽车进入东南亚市场的技术性障碍，同时还可以增进中马两国及两国人民的伟大友谊，可谓一举多得。英国路特斯汽车是全球三大跑车公司之一，其轻量化技术举世闻名，大家都知道美国有个特斯拉，而特斯拉的原型车及原型技术来自于英国路特斯，路特斯进入吉利大家庭后，吉利的技术队伍更加强大，更加多元，吉利的全球适应能力得到了进一步提高，这一次并购吉利输出的是管理，得到的是市场与技术。

在美国，沃尔沃汽车公司正在建设一座非常现代化的整车工厂，明年初就能投入生产，这座工厂将为沃尔沃整个北美市场提供产能。在欧洲，我们拥有三个整车工厂，在全球，我们拥有广泛的营销及服务网络。在中国，吉利建有若干个世界一流的整车工厂，成功实现了中国生产的沃尔沃汽车批量出口到欧洲、美国及全球其他市场，成功实现了全球主要生产基地产品的对流互补，成功实现了沃尔沃汽车全球执行一个标准，尤其是安全技术、车内空气质量技术，举世无双，无与伦比。为了更好地适应未来汽车工业竞争的需要，我们正在加快建设包括供应商体系、金融服务体系在内的汽车上下游产业链。我们在汽车的设计与研发方面已经走在行业前列，在全球设有四大设计中心，三大工程技术中心，设计研发人员接近2万人，每年的研发投入超过300亿人民币。如果吉利在浙江完成年产销200万辆整车，那么吉利在浙江就可以拉动超过1万亿上下游产业链直接销售额。吉利在宁波、台州、杭州、义乌正在形成较大规模产能，今年吉利在中国境内缴税将超过200亿人民币。

当然吉利汽车工业的发展也和其他兄弟单位一样充满了坎坷曲折，唯有不断总结，不断自我超越，依靠各级党委政府的关怀帮助，依靠全体员工干部的智慧与勤奋，才能继续推动企业的可持续发展。为了更好地推动吉利汽车工业的全球化进程，吉利正在建设一种适应全球发展的企业文化，我们称之为全球型企业文化，不分人种、语言、宗教信仰，不分民族、国别、政治主张，大家都是为了一个共同的商业追求而走到一起。这种文化可以团结更广泛的力量，不断寻求技术与商业的突破，不断探索更加美好、更加和平的未来经济全球化新进程。

我们要在走出去、引进来、科技创新等方面继续努力，我们要在人才培养培训、产品研发等方面继续加大投入，在无人驾驶技术、人机交互技术等方面继续提升能力，在电动化、轻量化技术方面不断寻求突破，在汽车共享、陆空一体化飞行汽车研发方面不断完善解决方案。我们的梦想正在不断成为现实，我们志存高远，脚踏实地，请袁省长及各位领导放心，吉利正走在一条健康发展、转型升级的阳光大道上，正在沿着习总书记7·26重要讲话所指引的方向跨步前进。

（此文系作者2017年10月9日在浙江省企业上市与并购重组推进工作电视电话会议上的发言）

中国标准能否引领世界智能汽车发展

在当今全球汽车版图上，中国拥有世界规模最大的汽车市场，也因此成为全球汽车制造商趋之若鹜的"必争之地"。无需讳言，中国庞大的市场体量也将很大程度上左右全球汽车行业的未来发展格局。目前，全球汽车行业正在快速迈向智能汽车时代。相关企业纷纷宣布高级自动驾驶汽车的上市时间表。包括中国在内的各国政府也在为自动驾驶汽车测试颁布相关指导规范，以鼓励这一新技术早日实现商用，造福社会。如同任何其他新技术的发展一样，高级自动驾驶汽车从技术日趋成熟，到真正走进普通老百姓的生活，真正改变我们的日常出行，还有相当长的一段路要走，而且注定不会是一帆风顺的。近期不幸发生的自动驾驶汽车致死事件，我们对受难者家属失去至亲深表同情，相关事件也再次提醒我们，无论汽车技术如何发展，安全都是一个任何时候都不能忽视的问题。但另一方面，研究表明，自动驾驶汽车要行驶超过数十亿公里或行驶几百年以后，才能证明其更安全。自动驾驶汽车开发者如何证明自动驾驶汽车的安全性？政府监管机构如何测试并批准自动驾驶汽车并允许其量产上市？如何在确保驾乘者及周围其他道路使用者安全的前提下，又能够同时鼓励创新技术的发展？是各国政府在制定相关法律法规时面临的共同挑战。我希望在下面的研讨环节能够听到各位专家的真知灼见。

中国标准能否引领世界智能汽车发展？在这里我和大家分享一些个人看法。中国拥有世界上最为庞大的汽车消费群体，未来在中国市场销售的自动驾驶汽车，必须符合中国消费者的习惯及道路交通环境。我认为中国先天已经拥有了引领世界智能汽车发展的强大市场基础。中国政府在鼓励和推广电动汽车发展方面所取得的成就举世瞩目，现在已是该领域的全球领导者，这为在中国进一步推广鼓励智能汽车发展积累了丰富的宝贵经验。此外，汽车智能化离不开无线通讯技术的迅猛发展，5G 技术更是高级自动驾驶汽车未来规模化量产应用的必要条件。中国已经积极参与制定了世界相关无线通讯技术标准，而 5G 技术更有望在中国率先实现商用。我国甚至已经开始着手研究 6G 技术。中国在无线通讯技术的全球领先地位也为中国标准引领世界智能汽车发展创造了良好条件。但是，我们也必须看到，技术发展的速度总是超越法律完善的速度，全球智能汽车发展对现有政策法规的挑战是巨大的，中国只有与时俱进地完善相关政策法规，才有机会实现引领全球智能汽车发展这一目标。

2018 年 3 月，上海、北京刚刚发放了中国首批智能汽车开放道路测试牌照。我们为之振奋并欢呼雀跃。而美国早在 2014 年就允许自动驾驶汽车在公共道路测试。加利福尼亚州目前已经有 50 多家企业获得开展智能汽车开放道路测试的许可，其中 14 家企业有中资背景。这种状况大大加快了美国智能汽车技术的研发进度，也积聚了全世界顶尖的智能汽车技术人才。参与测试的企业通过道路测试来不断验证技术的成熟度，而测试工作反过来也为政府推进相关立法工作积累丰富的数据和事实依据。我们在公共道路测试立法方面，已经有了整整 4 年的"时差"。这也意味着，要抢占领先地位，我们必须立足当下，奋起直追。自动驾驶汽车公共道路测试的下一阶段，将是部分技术领先企业的商业化上市，目前来看，这一阶段将在 2019—2021 年之间实现。我国现有的法律法规如何适应智能汽车技术的商业化应用推广？

沃尔沃汽车等主动安全及自动驾驶技术领先者的实践表明，与在欧美开发自动驾驶技术相比，在中国面临更多的法律法规方面的挑战。比如，根据《中华人民共和国测绘法（修订草案）》第二条规定，车载传感器采集地标信息以对驾驶辅助技术进行开发验证的行为，属于"对地标人工设施的形状，大小，空间位置的采集及数据处理"的测绘行为，需取得测绘资质证书，且由取得相应职业资格条件的专业人员进行，实行测绘成果汇交制度。即在中国开发验证驾驶辅助功能，也需要获得测绘资质。而测绘资质是针对传统地图测绘企业制定，进入门槛非常高，一般主机厂或自动驾驶技术开发企业所具有的技术及人才储备无法满足取得测绘资质的要求，从而无法在中国的公共道路上合法地验证驾驶辅助等主动安全技术。中高级自动驾驶汽车更加需要利用车载传感器采集地表信息，从而进行技术开发验证，及车载地图绘制，已经商用后高精地图的实时维护与更新。再比如，开发高级自动驾驶技术，在欧洲与美国，企业一般是采集绝对地理位置信息以进行必要的技术验证。但在中国采集的所有地理位置必须经过偏转，这对有计划针对中国道路情况开发自动驾驶技术的企业，是一个额外的挑战，增加了在中国开发自动驾驶技术的难度及不确定性。但是，我相信我们的政府有能力、有决心解决这些困难，从而实现国家《智能汽车创新发展战略》（征求意见稿）中的宏伟目标。

最后，我谨代表沃尔沃汽车，希望提出以下几个行动倡议，并期盼能够尽快实现：

首先，无论是公共道路测试，还是商业化上市，自动驾驶汽车必须首先确保安全，毕竟我们开发自动驾驶汽车的初衷是相信自动驾驶汽车更安全，能有效地提高道路交通安全。为此，可以考虑鼓励在道路交通环境相对简单的，没有行人或自行车的城市快速路上率先实现高级自动驾驶汽车的商业化推广上市。

其次，要吸引培养更多的工程师和研发人员从事智能汽车开发。据调查，目前中国有2万多名智能汽车研发人员，而美国有6万多人。中国政府应该加大鼓励大学在此方面的人才培养力度。最后，可以考虑建立一个智库，建议由来自政府、国内外企业和学术机构的成员组成，就中国如何成为智能汽车研发领域全球的领导者和受益者开展研究。

我相信，在中国政府的领导下，中国标准必将引领世界智能汽车发展！

（此文系作者2018年3月28日在"2018智能汽车国际研讨会"的演讲）

仰望星空，脚踏实地，主动适应汽车新时代

2018 年北京车展的主题是"定义汽车新生活"，意味着汽车行业正面临着各种挑战，包括科技带来的颠覆性的变化、更严格的政府监管以及不断开展的汽车公司间的股权并购或重组。

在过去的 20 年，汽车行业所推崇的是适者生存法则，企业不遗余力地削减成本、提高运营效率、削减平台数量和提高劳动生产率。效率低下或者缺乏基本规模的品牌逐渐消失，其中包括庞蒂亚克、大宇、罗孚、萨博、奥兹莫比尔、水星和土星等知名汽车品牌。取代它们的是拥有全新商业模式的挑战者们：从滴滴出行到优步，从 Waymo 到特斯拉。当然，挑战者们能否取得最后成功，真正形成生存与可持续发展能力，还需要时间的检验。

在不到一代人的历史进程中，中国市场，这个全球最大的汽车市场上涌现了一批新的品牌。这其中包括由技术创业公司成立的品牌，如蔚来汽车等。中国传统汽车企业正在奋力争夺市场份额，它们中很多都已经与外国品牌合资。中国市场上目前已经有 1.85 亿辆汽车，今年预计还将销售 3000 万辆新车。

然而，我们并不能依靠中国市场的销量增长来抵消新入品牌和颠覆性技术在世界各地带来的挑战。中国正面临着与北美和西欧等成熟市场类似的问题。我们正在与交通拥堵和污染做斗争：中国有 35 个城市拥有 100 万辆以上的汽车，这些车辆都在有限的道路上争夺空间。法规越来越严格：中国政府规定，到 2025 年，低排放的新能源汽车的销量占比至少为 20%。中国消费者同样也希望能获得类似于其他市场正在开发的更清洁、更智能化及具备

互联基础设施支持的汽车产品。

中国市场的一枝独秀并不是灵丹妙药，不能解决全球汽车工业面临的问题，因而中国汽车品牌需要超越国界考虑问题。浙江吉利控股集团也认识到了这一点。吉利控股集团于 1997 年创建，如今已发展成为中国最大的民营汽车集团。我们不仅重塑了国内的业务，同时也积极向海外拓展。

我们海外拓展中最广为人知的案例便是沃尔沃汽车集团的成功转型和融合。我们 2010 年从福特汽车手中收购了沃尔沃汽车。在沃尔沃汽车全体员工及管理层的努力下，沃尔沃汽车已经找到了正确的方向，海外市场也不断增长，包括在中国建设制造基地、投产和出口，形成了良好的全球协同效应。2013 年，我们收购了标志性的伦敦出租车公司，后改名为伦敦电动车公司，并且在英国的新工厂形成了电动黑色出租车的产能。去年，我们入股马来西亚宝腾汽车，并全面负责运营管理，也成为英国路特斯跑车的控股股东。

2017 年底，我们收购瑞典商用车公司沃尔沃集团 8.2% 的股份，成为第一大持股股东，并获得 15.6% 的投票权。沃尔沃集团与沃尔沃汽车本属兄弟公司，于 1999 年分拆独立。我们最新的海外投资是收购德国戴姆勒汽车公司 9.69% 的股份，成为其最大股东。戴姆勒汽车公司的创始者们在 100 多年前开创了人类内燃机汽车技术的先河。

但如今，内燃机汽车的未来备受质疑，新科技拥有彻底重塑行业的力量。展望未来，我们汽车行业必须思考如何协作与创新的新路径，几乎没有公司可以单打独斗。咨询公司麦肯锡最近发布的汽车行业报告表示，随着新汽车软件及其电子系统时代的来临，曾经行业固有的商业模式、客户需求以及竞争的本质正在发生剧烈的改变。所有行业参与者都需要在这一新环境中，仔细思考并重新定位新的价值主张。

为了迎接挑战、降低各自企业的竞争风险，形成各自企业的战略主动。我们近来做出对戴姆勒和沃尔沃集团投资决策。这两家公司，像我们一样，正在斟酌如何面对颠覆性的技术和日新月异的产品挑战。我们必须在巩固硬件制造优势的前提下，发展线上数字技术解决方案。在进行这一转型的同时，我们认为，更多的公司需要协作开发未来技术和通用的系统。这些合作可以在不影响各自企业独立性的前提下，依法、合规、透明地进行市场化协同，不会改变各自公司战略自主性，更不会有卷入反垄断竞争审查的风险。

我们治理沃尔沃汽车集团的经验和心得就是保护品牌和产品的独立性。但在汽车行业里，按照市场化的方式探索合资、合作的可能性是长期存在的。只要符合法律与规范的要求，一切互惠互利的双边、多边合作都是可以讨论的，这是市场经济的魅力，也是战略创新的一种探索。

为了确保下一代科技成果的商业可行性，我们必须积极探索广泛联合的可能性，而不是回避现实，自我封闭。我们必须确保对新技术的研发具有相应的投资回报。新兴移动出行服务，比如曹操专车，在中国 20 多个城市提供电动汽车打车服务，平台运营车辆超过 16000 辆，受到市场的广泛欢迎。但伴随着此类服务在国际上拓展，我们在这一领域的投资同样需要得到回报，而不是跟风烧钱。我们认为，所谓的互联网思维不能包治百病。

从上海到旧金山，甚至更远的地方，我们行业面临的主要挑战在于：如何以可持续、盈利的方式参与这个变革的时代。我们必须做到在尊重品牌独立性和管理自主性的同时，能够在全球范围内寻求协同，产生规模经济，降低风险。同样，必须在保护产品差异性和尊重知识产权的同时，提升股东回报率和员工就业稳定性。

这样做并不会对各自的战略独立性构成威胁，而是这个行业百年历史变革中始终贯穿的商业现实。拿供应链来举例：50 多年前，一些汽车制造商仍在制造自己的玻璃和钢材；而如今没有车企这样做。20 年前，一些公司认为需要垂直整合，提供从高档到大众化的产品组合；而如今，跨企业联盟合作也可以取得同样效果。10 年前，一些国家政府认定柴油为减排的最佳燃料；而如今，它正被逐渐抛弃。

虽然我们不能过度迷信互联网思维，但必须重视互联网的未来，我们不能滥用互联网概念，但必须面对现实，抓住时代机遇，脚踏实地展开相关技术的研究，形成车载移动技术及相关数字科技的竞争优势。21世纪是科技革命、产业变革、商业重塑的世纪，汽车产业也无法摆脱应有的命运。平台经济是大势所趋，单打独斗只能成为平台的俘虏，谁赢得了平台，谁就赢得了未来。我认为，主宰未来汽车工业的命运在于传统汽车公司的自我觉悟，只有大家联合起来，打造自己的共享数字平台，形成线上优势，才是决胜未来的关键。

当今世界汽车工业分成三种形态，第一种是主动适应行业变化，主动改变而且具备改变能力的汽车公司。第二种是坚持传统思维，不主动改变或者想改变而不具备改变能力的汽车公司。造车新势力就是第三种汽车公司。这三种汽车公司在汽车行业同时展开竞争，最终谁能胜出，取得成功，现在下定论为时过早，但可以肯定的是，传统思维在汽车行业很难取得成功。

行业变革的春风将吹遍本月的北京车展，人们将清晰地在沃尔沃展出的低排放车辆，以及吉利和领克最新的车型中发现其身影。我们的品牌管理者们也深知，在中国的发展，不能取代对突破性技术和服务的长期投资，两者不可偏废。

不仅相互尊重合作，而且彼此承认独立性，这为迎接变革开创了一条新的途径。虽然风险依旧存在，但只要按照依法合规、公平透明、互利共赢的原则展开坦诚的讨论，汽车行业的可持续发展伟大变革及对投资者的较好回报依然可期。

（此文系作者 2018 年 4 月 26 日在"中国汽车论坛"上的演讲）

马化腾

马化腾，男，1971 年 10 月生，广东汕头人。深圳大学毕业，1998 年创办腾讯公司，是腾讯公司主要创办人之一。现任腾讯公司控股董事会主席兼首席执行官；第十三届全国人大代表，全国青联副主席。

被美国《时代周刊》评选为 2004 全球最具影响力商界人士，2007 年入选《中国经济周刊》评选的中国改革开放 30 年经济百人榜，2014 年被《财富》杂志评为"中国最具影响力的 50 位商界领袖"首位。

关于以"互联网+"为驱动 推进我国经济社会创新发展的建议

"互联网+"是以互联网平台为基础，利用信息通信技术与各行业的跨界融合，推动产业转型升级，并不断创造出新产品、新业务与新模式，构建连接一切的新生态，大力促进着我国经济社会的发展。

当前中国经济正面临增长放缓、生产过剩、外需不振等严峻挑战，需要持续以"互联网+"为驱动，推动我国经济和社会的持续发展与转型升级。

为此建议：

（一）制定推动"互联网+"全面发展的国家战略。建议从顶层设计层面制定国家"互联网+"发展战略，推动"互联网+"健康发展的指导意见尽快出台，促进互联网与各产业融合创新，在技术、标准、政策等多个方面实现互联网与传统行业的充分对接，推动"互联网+金融互联网+交通互联网+医疗"等新业态发展。

（二）推进公共数据的开放，建立数据安全与相关方权益保护的保障体系。研究并出台我国公共数据开放战略，将政府公共信息与数据率先向全社会开放，打破行业信息孤岛，加强信息资源的供给与传播，以提升可用性和利用率，确保社会公众能及时获取和使用公共信息；同时逐步建立数据安全保护体系和数据开发利用的标准，确保数据的有效使用和相关方权益。

（三）推动全社会对互联网平台的广泛应用，推动经济社会发展与进步。政府治理方面，建议推进"互联网+公共服务"模式，鼓励政府利用新媒体、社交网络等互联网平台建立"智慧城市"的管理和服务体系。企业信息化方面，支持和推进广大的中小微企业进一步对低成本、高效率的互联网平台资源进行开发利用，深入挖掘互联网价值，全面提升企业竞争力。

（此文发表在 2016 年第 3 期《中国科技产业》）

促进分享经济发展，释放新动能

当前，分享经济正在全球高速发展，成为金融危机之后经济增长的新亮点。分享经济借助创新平台，以更低成本和更高效率实现经济剩余资源的供需匹配，达到了"人尽其能，物尽其用"，取得了巨大成功。根据初步统计，2015年分享经济在全球的市场交易规模约为8100亿美元。分享经济在我国的发展方兴未艾，在租赁、出行等领域的创新取得了显著成绩，中共十八届五中全会公报中也提出发展分享经济，但目前分享经济的发展还面临一些问题，值得我们重视和解决。

分享经济释放经济发展新动能

随着科技的发展，生产力和社会财富快速提升，经济过剩成为全球新问题。经济过剩带来了经济剩余资源，在企业层面体现为闲置库存和闲置产能，在个人层面则表现为闲置资金、物品和认知盈余。分享经济，可以通过大规模盘活经济剩余而激发新的经济效益。正如李克强总理在2015年夏季达沃斯论坛指出：分享经济是拉动经济增长的新路子，通过分享、协作方式搞创业创新，门槛更低、成本更小、速度更快，这有利于拓展我国分享经济的新领域，让更多的人参与进来。

目前我国分享经济在许多领域取得了不错的成绩：在闲置房产领域，一些网站通过以租代售的分享方法，催生了旅游住宿新模式，促进了旅游经济的发展；在劳动服务领域，在线服务众包模式得到社会认同，目前已创造了上千万的就业机会，极大缓解了就业压力；在交通出行领域，滴滴顺风车仅在春节前就输送 81 万人合乘返乡，一定程度上缓解了春运运力不足的问题，体现了分享经济化解社会问题的强大适应性。另外，在制造业领域，分享经济带来的生产革新也开始萌芽，已出现了分享供应链和通过以租代售化解企业库存的做法等。

当前，我国的分享经济正从交通出行和住宿领域，拓展到个人消费的许多领域，同时企业端市场也正在逐渐成型。随着分享经济发展，"闲置就是浪费、使用但不购买"的新消费观念逐步盛行，利用更少的资源消耗，满足更多人群的日常生活需求，为绿色发展、可持续发展提供了条件。可以预见，这场已影响了数亿人的分享经济风潮，将为我国经济增长注入一股强大的新动能，有助于中国经济实现"动力转换"，把服务业变成经济增长的"主引擎"。

影响分享经济发展的问题

当前，我国分享经济还处于发展初期，市场发育不完善。2015 年中国分享经济市场规模超过 1 万亿元（占 GDP 比例不足 1.6%），其中非金融类的规模不足一成，而美国分享经济总量已超过 3 万亿元（占美国 GDP 的 3%），并且，非金融类的占比超过九成。相比而言，我国的分享经济还有很远的路要走。目前主要有以下几个制约问题：

（一）对于分享经济的监管，仍然坚持传统行业的管理理念，不利于行业创新。我国现有的监管思路，主要强调在细分市场基础上的市场准入监管，通过牌照等方式管理。而在分享经济时代，融合性新业态大量出现，突破了传统的细分式管理模式，如果直接套用已有的监管模式，监管效果不仅会大打折扣，更有可能直接扼杀新兴的经济业态。与此同时，在分享经济的监管方面，"泛安全化"现象值得深思。安全问题往往成为否定分享经济新业态的重要原因。但对于安全问题的讨论，失之于宽泛和空洞，往往缺乏充分具体的论证。

（二）征信制度等配套制度不完善。信用是分享经济的"硬通货"，市场的供需双方必须建立互信关系，才会发生分享行为，才能达成交易。分享经济下，需要通过二代身份证信息验证、社交账号登录、好友关系提示、双方互评体系、个人展示、保险赔付等制度，来快速增加经济参与主体之间的信用关系。但由于目前我国的征信体系仍不完善，例如在分享经济中，平台企业审查供应方的信用，只能依靠商业征信以及点评体系等方式。而更为真实有效的以人民银行征信中心为代表的金融征信，以及各类行政管理征信（包括公安、工商、税务、海关等）难以与平台企业实现有效对接，使得平台企业对服务提供者的资质审查可能存在一定的风险和漏洞，会影响分享经济的安全性。

（三）基础设施能力不足，影响社会参与程度。分享经济是互联网高度发达的产物，其需求广泛存在我国各地城乡之间。然而，我国网络基础设施建设还有待进一步提高。首先，我国互联网普及率虽然已增长至50.3%，但比发达国家80%以上的普及率仍有不小差距。其次，移动宽带4G/3G应用主要分布在经济发达地区，部分三四级城市和农村地区发展不够理想。最后，上网的资费依然偏高，有进一步降低的空间。基础设施能力不足直接影响了13亿国民对分享经济的参与。

关于促进我国分享经济发展的建议

（一）认识层面，需进一步普及分享经济的理念和价值，并完善分享经济数据统计机制。政府可以从社会意识、学校教育以及设立分享经济示范城市等多方面着手，宣传分享经济给经济、社会和环境带来的良好效果，鼓励青年学生参与分享经济的创业创新项目，消除社会公众对于分享经济的一些疑虑和误解，最终提升社会公众对于分享经济的认识和参与热情。另外，分享经济带来的经济增量数据并没有体现在GDP统计中，建议政府建立新型数据收集机制，有效统计分享经济对 GDP 和消费者价格指数（CPI）的影响，为政府决策提供精准数据分析。

（二）监管层面，坚持包容性治理，营造开放包容监管环境。目前世界各国高度重视发展分享经济，许多政府出台鼓励政策促进分享经济发展。如英国政府 2014 年制定分享经济计划，旨在打造分享经济的全球中心；韩国政府也在放松市场管制，提出发展分享经济"示范城市"。面对分享经济新型商业模式、经营方式等与传统产业的不同，不能削足适履，强迫新事物符合旧的监管框架，应因地制宜地调整监管策略，坚持具体问题具体分析，及时清理阻碍发展的不合理规章制度，促进分享经济发展。

（三）配套制度层面，完善信用机制等配套制度的建设。首先，应大力发展征信市场，加快社会征信体系建设，推进各类信用信息平台无缝对接，打破信息孤岛。加强信用记录、风险预警、违法失信行为等信息资源在线披露和共享，为经营者提供信用信息查询、企业网上身份认证等服务。其次，进一步完善社会保障和福利机制。有关机构应为分享经济参与者提供必要的保险和福利，提供分享经济就业指导，以帮助求职者提高经验、技术和收入。鼓励分享经济平台与保险机构合作成立赔付基金，或双方合作提供保险产品等。

（四）加快分享经济所需的基础设施建设。进一步加强宽带基础设施建设，提速降费，消除数字鸿沟，使更多人融入分享经济平台，参与分享经济服务；推出分享经济示范城市，树立示范效应；将分享经济纳入政府采购范畴，鼓励各级机构使用分享经济平台采购交通、住宿等服务。

（此文发表在 2016 年第 5 期《新经济导刊》）

数字经济与实体经济的分野终将消失

随着移动互联网和物联网的蓬勃发展，人与人、人与物、物与物的互联互通得以实现，数据量呈爆发式增长。庞大的数据量及其处理和应用需求催生了大数据概念，数据日益成为重要的战略资产。数据资源将是企业的核心实力，谁掌握了数据，谁就具备了优势。对国家也是如此。美国政府认为，大数据是"未来的新石油"，数字经济中的"货币"是"陆权、海权、空权之外的另一种国家核心资产"数据，已成为驱动经济发展的关键生产要素。

数字经济已经占到中国 GDP 30.6% 的比重，带来 280 万新增就业人数，占中国年新增就业人数的 21%。毋庸置疑，数字经济是近年来中国经济发展最为活跃的领域。2017 年，数字经济首次写入政府工作报告，被视为撬动中国经济高速增长的新动力。

中国数字经济发展的初步成果向全球呈现了科技引领的跨越式成长的巨大潜能与魅力。中国通过短短几年的时间普及了移动支付，跨越了已构建几十年甚至上百年的信用卡时代。在一二线城市，已经可以做到无须依赖 POS 机（销售点情报管理系统），一部手机就可以解决日常交易的绝大部分需求。

数字经济在民生领域的应用以中国速度在全球经济发展中取得了务实又璀璨的成果。人们用手机挂号看病、缴付水电费、处理交通事故，在台风、暴雨等极端天气下，全民通过手机共同参与险情上报与预警。数字信息取之于民而用之于民，形成了良性循环。

"互联网 +"是数字经济发展的手段。过去两年，"互联网 +"在中国落地生根。在金融、医疗、教育、交通、O2O(线上到线下）等领域中直接贴近消费者的环节，"互联网+"已经成为工具，或是改变着和用户的交互方式，或是催生出新的商业模式，或是用信息的交互带来效率的提升。可以肯定的是，目前"互联网+"带来的各行业的改变只是开始。就像"互联网+医疗"，绝不仅限于用手机挂号、打通医保支付这么简单。未来，数字经济的发展会重塑各个行业的核心竞争力。数字经济的发展改变着人们的生活观念和思维模式。数字经济推动了共享经济在更多领域的融入。物品的所有权和使用权通过数字交互完成分离。共享单车、共享租车，甚至共享房屋，让拥有不再是必需。租用带来的便利使得整体的社会资源得到最佳利用和最大节约。

数字经济也在用科技构建凝聚社会的基础要素——信任。数字时代以前所未有的低成本、可记录、实时可查询等优势为参与其中的每一个人构建数字信用。得益于数字信用，我们可以采购远在千里之外的各种物品，放心地搭乘陌生人的顺风车，方便快捷地得到金融借贷服务。

数字经济造就了中国互联网企业发展的最好时代。中国互联网企业生于草莽、长于丛林，成就了和西方发达国家不尽相同的生态。去中心化的发展让数字连接下沉为基础设施，进而使得生态体系中的各个主体得以自发式高速成长。以内容产业为例，中国引领了全球数字内容变现的新趋势。从内容产业版权缺乏保护，到自创内容全球最高价格的变现，再到音频、直播、自媒体、文学等多种内容，问答、打赏等多样化变现途径，内容产业在野蛮生长的丛林中独辟蹊径，俨然已经步入内容创作与收益齐头并进的高增长时代。穿越丛林，将是一片更为广阔的发展天地。

数字经济接下来最值得期待的是与制造业的融合。制造业是中国经济发展的根本，也是经济增长的脊梁。数字经济在贴近用户侧采用轻量级、小步快跑、高速迭代的发展模式，但数字经济与制造业的融合，应当有更加系统的规划、从顶层设计开始改变，由需求引发供给，通过云、大数据、柔性制造，让生产资料得到效率最佳的配置，真正让数据提升效率、爆发力量。

数字经济是全球经济实现可持续发展的路径。数字经济不仅仅能提高不发达地区的经济产出，更重要的是能为不发达地区的人们带来种种改变的可能。数字连接之下，即便是最偏远地区的人，也能够无差异、无区别地得到和一线城市人们同样的优质内容。不发达地区的人们能以最低的数字成本，获得教育、医疗、交易等最必需的信息，以更合理的价格卖出他们的农产品。数字经济为如何触达那些真正贫穷、急需帮助的人群提供了路径，有助于实现精准扶贫。这一点，对全球不发达国家很有启示。

我们有幸生活在一个能够亲眼见证科技改变生活的时代。时至今日，全球还有 39 亿人口未能上网，超过全球人口的一半。对于那些还没有联网的人们，4G（第四代移动通信技术）等基础设施的铺设、移动互联网服务的跟进，无疑是改善他们生活现状的性价比最高的投入。数字经济在全球的发展是我们共同期待的未来。

人工智能、虚拟现实、机器学习等最新技术已经开始渗入生产生活的方方面面。数字经济和实体经济的分野会日渐模糊，最终将消失。既没有纯粹的互联网企业，因为互联网已经是覆盖全社会的基础设施；也没有纯粹的传统产业，因为所有传统产业都已经嫁接了互联网基因。也就是我们常说的，当没人再单独提互联网的时候，就是"互联网+"进程真正完成的时候。大融合，才是科技进步的真正主题。

（此文发表在 2017 年第 18 期《中国经济周刊》）

我的八个建议

今天非常高兴和大家又一次见面，这次我是第六年参加两会，最近两三年我们都组织这样的见面会，在座很多都是老朋友了。

我作为连任代表也有一个总结，从过去五年看，我从原来只懂自己行业的知识，包括提的建议也都在自己熟悉的行业和领域，到民生、社会各个方面，要更加打开视野，去关注、关心，以及写成书面建议。我觉得，人大代表的资格也是倒逼我在这方面投入更多精力去学习，对我来说是一个锻炼。

回顾过去五年，我总共提了22份书面建议，涉及科技、民生、区域、文化、安全五个领域。整个互联网从几年前的PC时代转型到移动时代，现在大家日常使用计算机的习惯绝大部分在手机上可以完成，这正式打开了线上线下，也就是互联网经济和实体经济相互融合的大门。我们可以看到整个实体世界和数字世界开始进行深度融合。

翻看过去几年的建议，我发现一些很有意思的逻辑。比如，2013年移动互联网刚刚起来，我当时的建议更多还是关注所在行业本身，提了《关于实施互联网发展战略　加快经济社会创新发展的建议》，还只是模模糊糊的。

到2015年，我提了"互联网+"推动经济发展的建议，很有幸纳入了政府的行动计划，目前在各地也在实施，已经过去了两年多，效果是非常显著的。

2017年，我们感觉到互联网和各行各业的融合已经形成了一个趋势，而且这个趋势越来越明显。所以，我去年提交的两会建议是《关于大力发展数字经济推进网络强国战略的建议》，还在说"互联网+"是手段，数字经济是结果，网络强国是目标。

2018 年，又过去了一年，我们观察到什么情况呢？感觉又有延展，也就是说我们现在看到越来越多的大数据、云计算、AI，特别是这一年发展很快，已经扩展到政务、智慧城市等等。各地政府已经纷纷开启了数字化时间表。

我今年带来的第一份建议是《关于加快建设数字中国，不断增进民生福祉的建议》。

在我们看来，数字中国的概念比数字经济更加延展，原来只是聚焦在经济，但是现在不仅是这样，社会上的很多事物都可以扩展，变成数字化。

我们看到这里面有一个逻辑关系，从 2015 年讲"互联网＋"，再到数字经济，主要是纵向延展。到了数字经济之后，我们再横向扩展，到民生、政务等等，形成了数字中国这样一个概念。所以，一纵一横的发展逻辑是我们在梳理这五六年时间的感受。

今年的建议比较多，我在讲数字中国这个大框架之下，提出"一带五，再加二"，总共八个建议，后续这五个建议实际上跟数字中国有关，但是侧重在不同的方面，包括工业、文化、金融、医疗、教育。

下面，我花一点时间简单介绍一下这五个建议，以及后面两个建议的简短内容。

第一，工业

题目：《加快发展工业互联网，促进实体经济转型升级的建议》

大家过去用互联网基本上都是消费互联网，实际上还有一个后台的部分，我们认为未来消费互联网会渗透到工业互联网，实际上就是目前实体经济转型升级的关键，也就是说它要数字化、信息化、科技化，当然它的网络绝对是重要的。

工业互联网还很新，现在社会上还没有看到太多成功案例。有一个比较好的案例，就是我们跟三一重工做的工业互联网案例。现在其实有很多的案例，我们前不久跟重庆市很多工业制造业企业座谈之后，我们发现他们的想法已经很多了，交流时我们也受到很多启发。我想下一步在实体经济，特别是制造业方面如何用好互联网，用好数字化是一个大有前景的事情。

这里面有几个问题，消费者使用生产者制造的产品，过去是割裂的，现在有了网络信息化、数字化之后，可以打破中间原来的很多环节，在生产制造的时候实时感受到需求方的需求。再到农业，很多农业生产其实也都跟制造有关系，我记得有一个养鸡的案例，很多鸡是 45 天速成的，消费者说，我能不能贵一倍，买一个 90 天养成的鸡，我愿意付费，过去是不可能的，这个流通数据没有，以后可以溯源、可以定制，消费升级之后，这种需求就可以实现了。这些都是跟工业、农业有关系的领域。

另外，在生产企业内部的 IT 化、信息化，以及它的标准、数据如何放在云端等等，这些都是息息相关的。我在建议里提了这几方面建议。

中国是制造业大国，从过去的中国制造再到创造，这是中国必经的，而且是主战场，非常有优势的地方，我们闯出一条路绝对是全球实体经济转型的典范，也是一个中国方案。

第二，文化

题目:《推动"科技＋文化"融合创新　打造数字文化中国的建议》

关于文化，去年我提了"文化出海"，也是希望中国文化企业更多输出，掌握全球文化主导权。今年，我的建议主要是针对国内文化发展，十九大报告说，"人民日益增长的美好生活的需要和不平衡不充分的发展是当前的主要矛盾"。美好生活不仅与物质有关，更多还是与精神层面息息相关。

但是，文化领域存在很多资源分布和使用不均衡的情况。目前的数据是，文化消费仅占居民总支出 10％ 左右，这个未来需求还是非常旺盛的，很大的。我建议，要做文化精品，推动经济发展等等，促进国家文化软实力。

我认为，文化要跟科技结合，科技和文化是关联的，用很多新技术其实可以促进文化发展，例如 AR、VR、AI 等技术都是可以跟文化结合的，数字文化是未来的方向。对外，我们也说，腾讯的定位是"科技＋文化"。

从全球来看，很少有我们这样的公司定位，要么是纯科技公司，不做内容，不做文化产品；要么是纯内容公司，可能与互联网科技不沾边。对于腾讯来讲，我们刚好两方面都比较强，这是我们新的定位。

当然过去中国有很多传统 IP，大家熟悉的故宫、长城、敦煌等等，在这几个方面我们都有很多合作，让传统文化焕发新的生机。

第三，金融

题目:《关于防范互联网环境下的金融风险，筑牢金融安全防线的建议》

去年有记者朋友问我在金融方面的看法，包括为什么腾讯不搞一个金服集团等。我的观点是，现在最担心金融的稳定和稳健，这是一个长跑，不是看谁跑得快，而是看谁的命长、谁跑得久，这才是最关键的。

我们现在看到，实际上很多打着"金融创新"包装的非法金融活动，比如最近的钱宝案，以高收益为诱饵，让大批投资者血本无归。我们在网上还看到很多，包括返利的、传销的，甚至打着"大众创业、万众创新"旗号的骗子也越来越多，这个风险还是非常大的。

在过去的半年到一年来，政府和平台都加大了这方面的打击力度，应该说压制住了，但还是有风险，是特别要提醒的风险。

另外，货币基金的市场规模也越来越大，因为流动性很强，如果有什么波动，发生危机会有巨大风险。现在大量的现金贷公司其实都有很多严重的"共债问题"。共债的意思是说，几个大的互联网平台有大量用户数据，可以知道用户的信用度，借贷额度比较有科学依据。

但是，很多社会上所谓的现金贷公司没有数据资源，它要求借贷者去腾讯或其他公司看能批准的贷款额度，根据这个额度来提供贷款。这会带来很大风险，因为会叠加风险。其实对于腾讯这样的公司来说，本来判断借贷者可以还得起，如果他在外面贷了十份八份，那有可能还不起了。这里面会引发很多问题。信用没有归集，会有结构性的风险问题。所以这方面也算国家的攻坚战之一，要解决。

我们还建议，打击非法金融活动，要建立联防联控和分级响应制度。也就是对这类业务要打早、打小。举一个案例，我们曾经看到，有人在公众号上做投资平台。初看项目挺好，收益挺高，但我们感觉到有风险。运营主体一天没有卷款逃走，一天没有报案的话，从法律上很难定性说有问题。去报案，主体还在正常经营。但一旦卷款逃走，造成损失就晚了。

所以，就要打早、打小，一看到有苗头，应该分级处置。要去看，到底有没有投资好项目，还是纯粹拆东墙补西墙，挪来挪去，这就是很大的风险。这里面可以利用很多科技手段，大数据、AI在后台看他们的资金走向有什么问题，是可以找出问题的，这方面我们建议加强金融监管科技。

第四，医疗

题目《以数字技术驱动健康医疗事业平衡充分发展的建议》

互联网＋各行各业都还是比较顺利的，就是医疗和教育最难，特别难。主要是与人有关，医生、老师都是个体，经验就在脑子里；而且要跟人互动，医疗要跟病人沟通，教育要跟学生沟通，这里面非常复杂，链条很多，虽然我们投了很多互联网教育、医疗公司，但都是从不同角度切入的。

教育还好，有几个上百亿级美元的公司，医疗还没有一个特别大的超级独角兽。唯一一个比较大的是我们投的微医集团。但整体来看，它和这个产业该有的规模是不太匹配的。但我觉得医疗非常重要，我们还是不放弃，觉得这块应该大有可为。

它为什么这么重要呢？中国老龄化在加快，慢性病患者也在增多，未来十几二十年，人口老龄化在加剧，劳动者要养更多老人，这是很大的压力。在这医疗领域，如果不用借助科技手段，按照过去传统方式做，会面临极大挑战。

所以，我们建议多用科技＋医疗，腾讯人工智能实验室开发出"绝艺"，在围棋方面拿了几个比赛的冠军之后，我们把同类的人工智能技术（深度学习）也应用在医疗上，我们推出了"腾讯觅影"，也就是在医疗影像的人工智能识别方面，能早期用最低成本解决，包括在偏远的、医疗不发达地区，能在读核磁共振、MRI 片子的医生缺乏的情况下，能用人工智能技术快速地筛查出疾病。目前效果非常好，过去半年多在 100 多家三甲医院已经落地，未来我们甚至要整合到仪器里，片子扫描完直接出结果，我觉得这个也是非常有意义的。我们还在开发辅助诊断系统，不仅是看片子，还能根据症状给医生辅诊。

还有很多我们建议可以做，包括电子病历、电子处方、健康管理，院务管理的运行效率等，这些都可以用数字技术包括互联网来解决。

第五，教育

题目《加强青少年科学教育和网络素养，培养面向未来的创新人才》

在过去我那个年代，我的理想就是成为天文学家，后来成为学计算机的，也跟科技沾边，也还行。但你看现在的孩子，想成为科学家的不多了，不像我们当年那么多。

为什么那么强调科技呢？最近几年大家看到全球的科技变革又到了一个大的风口，我们认为未来科技是引领全球发展的第一动力，可以说各个国家的竞争主要来自于科技力量。现在常常讲说"全球十大市值"的公司，从过去能源运营商等资源型公司，现在变成，十家里有七家都是科技型企业。所以，科技对未来人才，包括孩子未来学什么东西，都是一个前瞻性的引导。

所以，除了我们在过去提出"保护未成年人上网"以外，我们觉得应该更扩展，不仅要保护还要引导。

我想科学教育培养是他的才能，另外网络素养更加强调德。所以德才兼备的数字一代，才能够挑起未来发展的大梁。

这是一个非常复杂重要的事情，但需要的是政府、企业、教育机构、科研机构，最重要还有家庭的共同努力等等。

接下来的内容很多，我不一一介绍，但我们也尝试利用一些新兴的科技和技术，包括 VR、AR、AI 等等，包括远程的，让边远地区的孩子能够通过网络享受到教育和科技的方方面面。在今年，我们也推出一批功能游戏，所谓的功能游戏不是一般的娱乐游戏，而是把教育，包括科普、物理、化学，还有很多互动等等，用游戏的形式和孩子们，或者更多人去接触，这个是我们把教育和游戏结合的方向。

上面我介绍的数字中国，大概是说一带五，都是围绕数字化的方面。

最后两个建议，也是延续去年的传统：第一个建议是"区域发展"。第二个建议是"环境"。

区域发展方面，去年我提了粤港澳大湾区或者说科技湾区方面的建议。今年我的建议是《加快粤港澳大湾区建设，推动区域融合发展的建议》。

粤港澳大湾区这一年来是非常热，我们去年 6 月份也举办了粤港澳大湾区的论坛，效果也是非常好。

这里面我有几个建议：

建议一，现在各方还没有一个很好的顶层决策协商机制，我建议在中央层面设立粤港澳大湾区的协同领导小组，各方负责人组成，最好是有更高级的人能够去领衔，促进大湾区发展。

建议二，我们也和香港特首沟通，比如在出入境、人才流动方面，他们有时候会抱怨，港澳同胞到内地，看你们用微信支付很羡慕，很方便，他们用不了。我还记得香港金融管理局总裁陈德霖说，他说香港人来内地吃饭，结果买单的时候，看人家用的很好，想用移动支付个小费，也没有办法，他很羡慕，看什么时候能够开通。但是有一个沟通问题，港澳同胞，在国内的金融机构，以及网络服务方面，他的身份证没有办法像国内一样，你填完之后，我们后台有一个跟公安部的接口，可以核实你的身份证真伪，照片是不是符合，等等。但是港澳地区没有这个系统，所以这是一个缺陷。没有这样的条件，很多服务是用不了的。

我们建议，能不能建一个粤港澳大湾区的"E证通"，或者"EID"这样的试点，事实上我们也在推动，希望能够去做。

当然，香港有很多观点说，如果能够把回乡证、身份证、港澳通行证做进去，我出入境海关的时候是不是更方便了，当然这个是很好的建议，但是这里还是很复杂的，还要跟海关的系统打通。从技术上，从我的角度上来讲都是可行的。

我们想这个是一小步，至少是一个实实在在的建议。

建议三，鼓励大湾区要产业共建，大家知道深圳、广州在创新产业方面是比较强的，香港在金融方面是非常强的，当然它还可以发展金融科技。我们知道整个珠三角很多城市，在智能制造、高端制造业很强，其实这三者软硬服务一加起来，这个力量是非常强的。

我们建议凡是能够发挥软硬服务，三者结合起来，能够凸显优势的产业，都适合放在大湾区，这里面要大家协同，而不是说互相还排挤，我的业务跟你的业务是不是竞争了，我觉得大家应该拧成一股绳，把这个产业共建。

建议四，文化融合，因为长期的粤港澳隔离，最大的问题还是年轻人之间的心，是不是能够互相理解，他们很陌生，以前没有太多的交往，我觉得这个是最大的问题。所以，去年大湾区论坛，我们请来的周其仁教授，他提到的观点很有意思。他说这个融合就像煲汤，怎么煲这个汤才好喝，关键是大家能够融合，这个料都熟了，如果料还是生的，大家很生疏，很陌生，这个汤是不行的，关键是要让彼此熟悉、融合，所以我们也在做一些尝试，去年我们发起了一个夏令营，我们希望把三地的孩子能够聚在一块儿，给他们一个夏令营，到深圳，我们找了很多科技企业，像腾讯、大疆、万科的建筑科技，还有很多文化的产业等等，让他们有很多的机会能够了解内地一些科技方面的发展，效果非常好，我们想每年还要办，而且规模扩大。很多港澳大的企业，其实他们都很愿意在这方面出力。

建议五，我们希望打造成为中国企业和中国资本走向全球的桥头堡，而且我们也希望国家出台政策，鼓励内地大型央企、民企，在港澳设立国际总部。我觉得有这个政策，我相信很多企业内外都是可以发挥力量的。

最后一个就是环保方面了，去年我提了海绵城市，今年我关注的是国家公园的建设和管理。总书记也提过，绿水青山就是金山银山，如何保护和利用好，建设美丽中国，我觉得从国外的经验可以看到，国家公园制度是一个核心的抓手，到去年9月政府才推出了建设国家公园的方案，但是我觉得还有很多事情可以做，我们提点建议：

从法律上，我们希望能够制定出一套《国家公园法》，包括我们参与在内的桃花源这种国内的公益环保组织，就可以有法可依，能够边界清晰。也可以健全国家公园的公益捐赠和协议、保护的一些制度。比如说，像国家公园里面，从国外也可以看到，你可以让企业或者公益组织，或者个人捐助，比如说修一条栈道，修一条路，可以让你的企业冠名，我觉得非常有意义，而且是对这个环境保护，对国家公园的旅游非常好，而不要像过去那样，搞一个4A景区、5A景区圈起来开发房地产，外面进去收门票，我觉得这个太过时了，我觉得应该做国家公园，而且不用门票，大家进去，但是控制人数，不能过多，我觉得这是一个非常好的方向，所以我提了这些建议。

（此文系作者2018年3月3日在第十三届全国人民代表大会第一次会议上的发言）

对话马化腾：运用移动互联网推进智慧民生发展

丽　珍

　　当下，全球已经步入移动互联网连接一切的时代。2015 年 1 月，全球接入互联网的移动设备超过 70 亿台。我国的移动互联网发展也已走在世界前列，据统计，目前我国互联网用户达 6.49 亿，其中手机网民规模达 5.57 亿，渗透率达到 85.8%，高于全球 58% 的渗透率。以移动互联网为主体的信息经济成为国家经济增长的重要动力。2013 年，中国信息经济规模达到 2.18 万亿美元，成为仅次于美国的全球第二大信息经济体，占 GDP 的比重由 1996 年的 5.0% 提高至 2013 年的 23.7%。

　　移动互联网的巨大潜力和优势，成为许多互联网领军人物关注和创新的广阔舞台。2015 年的全国两会上，全国人大代表、腾讯公司控股董事会主席兼首席执行官马化腾提出一个极具创新性的建议：运用移动互联网推进智慧民生发展，具体来说就是加快移动互联网在民生领域的普及和应用。未来，如何把"人与公共服务"通过数字化的方式全面连接起来，实现这一想法对我们的生活将会有什么改变？本刊专访了马化腾。

移动互联影响并改变人们的生活

　　记者：马总，当下移动互联网究竟在哪些方面与人们的生活息息相关？

马化腾：首先，我们要认识到移动互联正在全方位影响着人们的生活方式。CNNIC 数据显示，2014 年中国互联网人均每日使用时长为 3.7 个小时，比 2010 年增加了 1.1 个小时。从使用深度来看，移动互联网已经成为重要的生活服务平台，给人们办公、娱乐、购物、学习、看病、理财等日常生活带来了重大变革。以移动电商为例，人们可以随时随地更为便捷地购物，网店经营的门槛进一步降低，大数据系统个性化、精准推送、互动分享的社交特性更是让购物变成了一种社交体验。在广度上，移动互联让广大不发达地区的人们也有机会享受数字红利。传统互联网时代，国家需要投入巨额资金铺设宽带以满足社会公众的上网需求。移动互联网时代，公众可以通过智能手机更加便捷、低成本地连接到网络，同时手机的易操作性大大降低了使用门槛。这点对于广大农村地区尤为重要，目前，我国农村网民规模已达 1.78 亿，50% 以上的农村网民通过手机 APP 进行交流沟通、获取资讯、学习娱乐等。而远程医疗、在线教育的深化应用也将有效弥补家庭教育、优质医疗资源的缺失，提升农民的生活质量。

不仅如此，移动互联对政府提高公共服务水平也具有显著效果。据统计，118 个国家的政府部门使用社交媒体进行信息公开、在线咨询，70% 的国家将其用于电子政务的开展。在我国，政务微信、政务 APP 等应用，使用户在移动端也能享受行政服务大厅式的一站式服务。例如广州市通过开通微信"城市服务"功能，将医疗、交管、交通、公安户政、出入境、缴费、教育、公积金等 17 项民生服务汇聚到统一的平台上，市民通过一个入口即可找到所需服务，诸如户口办理等基础服务也无需多次往返公安办事窗口，手机上即可一次性完结。目前该账号已经服务 91 万广州市民。截至 2014 年底，各级政府已经在微信上开通了近 2 万个公众账号面向社会提供各类服务。

移动互联还被应用于解决看病难、教育资源分布不均和防治雾霾等新老重大民生问题。目前，移动医疗、在线教育、打车软件、智慧停车等线上线下结合的服务模式已经成为深受公众喜爱的热点应用。例如基于微信公众号、支付宝服务窗平台的移动医疗模式使得患者在手机上可直接预约挂号、交费、候诊、查询报告等，无需在医院大厅多次排队，有效缩短了就医流程。丁香医生、春雨医生等手机医生问答类 APP 通过医生在线问诊，远程即可解决患者 30%—40% 的咨询问题，减少患者去医院就诊的次数。还有空气质量监测 APP，它不仅让每个人都能实时了解自己家门口的空气质量情况，而且当发现污染空气的行为或现象时还可进行在线举报，从而实现全民参与环保；车载智能系统、定制公交等应用的广泛普及对于绿色出行、降低能耗方面也起到了重要作用。

解决突出问题推动移动互联服务民生

记者：当下，将移动互联应用于民生领域是否存在什么瓶颈？

马化腾：要谈问题，首先应该是对移动互联服务民生的认识还不够高。利用移动互联服务民生在全球范围内尚处于发展初期，在我国也刚刚起步。由于尚未形成规范的解决方案和可成功复制的运行模式，导致各级地方政府对移动互联服务民生的优势和价值还未充分认识，部分城市还停留在传统信息化的理念上。此外，移动互联网在民生领域的应用还有待进一步挖掘和深化、公共数据资源的开放共享程度也有待进一步提高等都是瓶颈。

记者：对于解决这些问题，更好地推动移动互联服务民生，您有什么好的建议？

马化腾：解决这些问题，首先要做好顶层设计。建议各级政府充分认识移动互联对于智慧民生、信息惠民的重要作用和意义，把加快推进移动互联对民生领域的应用渗透，纳入整体工作布局，统筹协调相关资源，稳步推进。同时建立以环保为考核原则的发展思路，将节能降耗的指标纳入国家智慧城市等工程的考核标准。

其次要完善移动互联环境下的电子政务评价体系，驱动电子政务强化公共服务功能。需要加快建立适用移动互联网环境下的电子政务评估体系，切实把发展电子政务的积极性引导到建设服务型政府、推进治理能力现代化上来。通过正向评价鼓励引导各级政府建立和完善基于移动平台的电子政务系统，深化云计算、移动互联、物联网、大数据等新一代信息技术在社会管理和公共服务的深度应用，提升移动互联时代的政府公共服务和管理能力。

再次要完善产业环境，不断提升智慧民生应用的针对性。建议通过税收减免、资金补贴等财税政策，引导企业和开发者不断进行民生类移动应用的创新。同时鼓励公共服务部门加大与软硬件企业、互联网企业等的合作力度，深化移动互联网在智慧城市、智能交通、在线教育、移动医疗等公共服务领域的应用。

对于农村移动互联网的发展，建议发挥专项资金的引导扶持作用，满足"三农"对移动互联网日益增长的需求。例如建设面向"三农"的移动互联网综合信息平台，创新"三农"信息资源采集方式，为定制化开发面向农民的移动互联产品和服务提供数据基础。

此外，针对雾霾治理、城市拥堵等日益紧迫的重大民生问题，需要集中资源，动员全社会力量，积极应用大数据、物联网、移动互联等技术，开发和推广空气质量实时监测、预警报警等针对性的应用和解决方案。此外要稳步推动公共数据资源开放，共建公共数据资源池。政府部门应该加强信息系统开发的顶层设计，破除"信息孤岛"，形成面向民生的公共数据资源池，实现数据共享应用，引导有大数据分析能力的平台企业和机构基于这些数据开发更多的民生类应用，并反向将进一步采集到的数据开放给公共数据资源池，形成全社会开放大数据的氛围和良性循环。

当然，为了更好地将移动互联应用于民生领域，建议选择信息化程度较高、基础较好的城市做试点，在教育、养老、医疗、交通、环保等普及面广、供需矛盾突出等重大民生领域，以政府为引导、企业为主导的合作模式，开展试点示范，重点在信息资源共享设施建设、公共数据开放模式、完善公共服务平台和应用体系、移动互联深度应用等方面先行探索，形成一套成熟可推广的方案。

相信未来随着"互联网+"思维的逐步渗透，将会有更多搭载移动互联的民生应用被开发出来，这将大幅提升社会整体服务效率和水平，使更多的百姓获益。

（原文刊载于 2015 年第 4 期《紫光阁》）